Grundfragen zur Einkommensteuerpflicht

Europäische Hochschulschriften

Publications Universitaires Européennes
European University Studies

Reihe II
Rechtswissenschaft

Série II Series II
Droit
Law

Bd./Vol. 4093

PETER LANG
Frankfurt am Main · Berlin · Bern · Bruxelles · New York · Oxford · Wien

Volker Pannen

Grundfragen zur Einkommensteuerpflicht

Markteinkommenstheorie kontra Wohnsitz- und Welteinkommensbesteuerung

PETER LANG
Europäischer Verlag der Wissenschaften

Bibliografische Information Der Deutschen Bibliothek
Die Deutsche Bibliothek verzeichnet diese Publikation in der Deutschen Nationalbibliografie; detaillierte bibliografische Daten sind im Internet über <http://dnb.ddb.de> abrufbar.

Zugl.: Osnabrück, Univ., Diss., 2004

D 700
ISSN 0531-7312
ISBN 3-631-52533-8

www.peterlang.de

Meinem Vater

Vorwort

Die vorliegende Arbeit wurde im Wintersemester 2003/2004 vom Fachbereich Rechtswissenschaften der Universität Osnabrück als Dissertation angenommen. Rechtsprechung und Literatur konnten aufgrund der in jüngster Zeit weltweit, vor allem aber in den Vereinigten Staaten von Amerika verstärkt geführten Diskussion um sach- und systemgerechte Anknüpfungspunkte internationaler Einkommensbesteuerung nur teilweise Berücksichtigung finden. Diese Dissertation ist am Ende das, als was sie thematisch angelegt war: eine politische These.

Ganz herzlich danke ich Herrn Prof. Dr. Jörg Manfred Mössner für die Anregung des Themas und die Betreuung der Arbeit. Dank sage ich auch Herrn Prof. Dr. Alfons Brune für die Erstellung des Zweitgutachtens. Herrn Kurt Ehemann danke ich für die Unterstützung in der ersten Arbeitsphase.

Ich danke schließlich meiner Familie, die mir Antrieb und Inhalt gibt und ohne deren Begleitung die Arbeit nicht möglich gewesen wäre.

Bad Bentheim, im Juni 2004 Volker Pannen

Inhaltsverzeichnis

Literaturverzeichnis

Abrams, Howard E./ Doernberg, Richard L.	Essentials of United States Taxation, The Hague, London, Boston 1999
Adonnino, Pietro	Das Welteinkommensprinzip, in: Klaus Tipke/Nadya Bozza (Hrsg.), Besteuerung von Einkommen, Berlin 2000, S. 271
Albrecht, A. R.	The Taxation of Aliens under International Law, The British Year Book of International Law 29 (1952), p. 148
Arndt, Hans-Wolfgang	Entwicklungstendenzen der beschränkten Steuerpflicht im deutschen und amerikanischen Einkommensteuerrecht, StuW 1990, S. 364
Bayer, Hermann-Wilfried	Die unbeschränkte und die beschränkte Einkommensteuer - ein Vergleich, in: Festschrift für Hermann Mosler, Berlin, Heidelberg, New York 1983, S. 59
Becker, Enno	Die Grundlagen der Einkommensteuer, München, Berlin 1940
Becker, Helmut	Erschleichung der Abkommensberechtigung durch Zwischenpersonen, in: Klaus Vogel (Hrsg.), Grundfragen des Internationalen Steuerrechts, JDStJG, Band 8, Köln 1985, S. 171
Becker, Helmut/ Kiblböck, Ingrid	Unternehmensbesteuerung in Südafrika, IWB Fach 7 Gruppe 2 S. 89
Beiser, Reinhold	Das Leistungsfähigkeitsprinzip – Irrweg oder Richtschnur? ÖStZ 2000, S. 413
Berkes, Jörg	Die beschränkte Steuerpflicht der Arbeitnehmer im System des Einkommensteuergesetzes, Frankfurt am Main 1991
Bilsdorfer, Peter	Ausländischer Wohnsitz und inländische Wohnungsbauförderung – zwei Dinge, die nicht zusammengehen? IStR 2001, S. 403
Birk, Dieter	Das Leistungsfähigkeitsprinzip als Maßstab der Steuernormen, Köln 1983
ders.	Steuergerechtigkeit und Transfergerechtigkeit, ZRP 1979, S. 221
ders.	Steuerrecht, 3. Aufl., Heidelberg 2000
ders.	Steuerrecht I, Allgemeines Steuerrecht, 2. Aufl., München 1994 (Altauflage)

Blümich, Walter (Begr.)	Einkommensteuergesetz, Körperschaftsteuergesetz, Gewerbesteuergesetz (bearb. v. Peter Brandis, Walter Danelsing, Klaus Ebling u. a.), München 2002
Bobbett, Catherine S. (Editor)	International Bureau of Fiscal Documentation, Taxation of Individuals in Europe, France (Mark Henderson), Italy (Carlo Galli), Netherlands (René Offermanns), Spain (Stella Raventós Calvo and Álvaro de la Cueva González-Cotera), United Kingdom (Thor Leegaard), Amsterdam 2001
Buchanan, James M.	The Pure Theory of Government Finance: A Suggested Approach, Journal of Political Economy 1949, S. 496, neu veröffentlicht in: James M. Buchanan, Fiscal Theory and Political Economy, Chapel Hill 1960, S. 8
Bühler, Ottmar	Prinzipien des Internationalen Steuerrechts IStR, München, Berlin 1964
ders.	Über einige Prinzipien des internationalen Steuerrechts, FA 1960 (NF Bd. 20), S. 151
Church, William F.	Richelieu and Reason of State, Princeton 1972
Clausen, Uwe	Die beschränkte Steuerpflicht: Grundzüge und gesetzliche Neuregelungen durch das 2. StÄndG 1973, DStZ/A 1974, S. 315
Crezelius, Georg	Beschränkte Steuerpflicht und Gestaltungsmißbrauch, DB 1984, S. 530
ders.	Die isolierende Betrachtungsweise, insbesondere die grenzüberschreitende Betriebsaufspaltung, -StVj 1992, S. 322; - in: Haarmann, Wilhelm (Hrsg.), Die beschränkte Steuerpflicht, Forum der Internationalen Besteuerung, Band 2, Köln 1993, S. 75
ders.	Steuerrecht II - Die einzelnen Steuerarten, 2. Aufl., München 1994
ders.	Steuerrechtliche Verfahrensfragen bei grenzüberschreitenden Sachverhalten, IStR 2002, S. 433
Dautzenberg, Norbert	Die Problematik der Grenzgängerregelungen nach dem Schumacker-Urteil des Europäischen Gerichtshofes, BB 1995, S. 2397
ders.	Zur notwendigen Reform der beschränkten Steuerpflicht aufgrund des Maastrichter Vertrags, IWB Fach 2 S. 645
Debatin, Helmut	Die beschränkte Steuerpflicht bei der Einkommen- und Körperschaftsteuer, BB 1960, S. 1015
ders.	Die Bestimmung der Einkunftsart bei der beschränkten Steuerpflicht, DB 1961, S. 785

ders.	Konzeptionen zur Steuerpflicht, FR 1969, S. 277
ders.	Perspektiven im internationalen Steuerrecht, StbJb. 1964/65, S. 399
Doralt, Werner/ Ruppe, Hans Georg	Grundriss des österreichischen Steuerrechts, Band I, 7. Aufl., Wien 2000
Dorn, Herbert	Das Recht der internationalen Doppelbesteuerung, VJSchrStFR 1927, S. 189
ders.	Der deutsch-italienische Doppelbesteuerungsvertrag, StuW 1926, Sp. 97
ders.	Die Bedeutung des internationalen Steuerrechts für das nationale Steuersystem, StuW 1928, Sp. 909
Eberhard, Rudolf/ Troeger, Heinrich u. a.	Gutachten der Steuerreformkommission 1971, Schriftenreihe des Bundesministeriums der Finanzen, Heft 17, Bonn 1971
Eckert, Ralf	Die beschränkte Steuerpflicht - Rechtfertigung und Systematik -, Jur. Diss., Bonn 1994
Endriss, Horst Walter	Ist die Unterscheidung zwischen unbeschränkter und beschränkter Steuerpflicht noch zeitgemäß? FR 1968, S. 338; GmbHR 1968, S. 338
ders.	Wohnsitz- oder Ursprungsprinzip? - Die Vermeidung der internationalen Doppelbesteuerung sowie der internationalen Steuerflucht durch Wohnsitzverlagerung bei ausschließlicher Anwendung des Ursprungsprinzips, Köln-Marienburg 1967
Engelschalk, Michael	Die Besteuerung von Steuerausländern auf Bruttobasis - Bestandsaufnahme, Rechtliche Grenzen, Alternativen, Jur. Diss., Heidelberg 1988
Fecher, Hans	Persönliche allgemeine Vermögensteuer, in: Fritz Neumark (Hrsg.), Handbuch der Finanzwissenschaften, Band II (bearb. v. Norbert Andel, Clemens-August Andreae, Peter Bohley u. a.), 3. Aufl., Tübingen 1980, S. 453
Feldmann, Horst	Konstitutionelle Begrenzung der Steuerbelastung, StuW 1998, S. 114
Fischer, Lutz/ Warnecke, Perygrin	Internationale betriebswirtschaftliche Steuerlehre, 4. Aufl., Bielefeld/Berlin 1998
Flick, Hans	Folgerungen und Fortentwicklung, in: Engelschalk/Flick u. a., Steuern auf ausländische Einkünfte, Münchener Schriften zum Internationalen Steuerrecht, Heft 7, 1985, S. 93

ders. — Methoden zur Ausschaltung der internationalen Doppelbesteuerung bei den direkten Steuern - Eine rechtsvergleichende systematische Übersicht, entwickelt an den deutschen Doppelbesteuerungsmaßnahmen, FA 1961 (Bd. 21), S. 86

ders. — Recht und Gerechtigkeit im internationalen Steuerrecht - Zur Entwicklung der Staatenpraxis, FR 1961, S. 171

Forsthoff, Ernst — Begriff und Wesen des sozialen Rechtsstaates, in: Veröffentlichungen der Vereinigung der Deutschen Staatsrechtslehrer, Heft 12, Berlin 1954, S. 8

Friauf, Karl Heinrich — Unser Steuerstaat als Rechtsstaat, StbJb 1977/78, S. 39

Fuisting, B. — Die Preußischen direkten Steuern, Vierter Band, Grundzüge der Steuerlehre, Berlin 1902

Gandenberger, Otto — Der Einfluss der Einkommen- und Körperschaftsteuer auf die internationalen Wirtschaftströme, in: Klaus Vogel (Hrsg.), Grundfragen des Internationalen Steuerrechts, JDStJG Bd. 8, Köln 1985, S. 133

Gerloff, Wilhelm — Die Rechtfertigung der Besteuerung, in: Hans Teschemacher (Hrsg.), Beiträge zur Finanzwissenschaft, Festgabe für Georg von Schanz, Band II, Tübingen 1928, S. 141

ders. — Die öffentliche Finanzwirtschaft, Band I, Allgemeiner Teil, Frankfurt am Main 1948

Göttsche, Max — Anmerkungen zu Gschwind, DStR 1999, S. 1612

Grabitz, Eberhard — Kommentar zur Europäischen Union: Vertrag über die Europäische Union, Vertrag zur Gründung der Europäischen Gemeinschaft, München 1994

Grams, Harald — Das Verfassungsrecht und die Besteuerung beschränkt steuerpflichtiger Künstler unter Berücksichtigung des Jahressteuergesetzes 1997, DStZ 1997, S. 635

Grotherr, Siegfried/ Herfort, Claus/ Strunk, Günter — Internationales Steuerrecht, 1. Aufl., Achim 1998

Heining, Arnold — Besteuerung der Ausländer, Köln 1956

Hensel, Albert — Steuerrecht, Berlin 1924

Henseler, Paul — Die Künstlersozialabgabe im System der öffentlichen Abgaben, NJW 1987, S. 3103

Herrmann, Carl/ Heuer, Gerhard/ Raupach, Arndt (Hrsg.) — Einkommensteuer- und Körperschaftsteuergesetz, 21. Aufl. (bearb. v. Winfried Bergkemper, Dieter Birk, Jan Boetius u. a.), Köln 1996

Herzig, Norbert/ Dautzenberg, Norbert	Die Einwirkung des EG-Rechts auf das deutsche Unternehmenssteuerrecht, DB 1997, S. 8
Hessdörfer, Ludwig	Der Rechtsstaat, Sein Wesen und Wege zu seiner Verwirklichung, Stuttgart 1961
Hirsch, Günter	Wichtige Einflüsse der EuGH-Rechtsprechung auf das deutsche Steuerrecht, DStZ 1998, S. 489
Hobbes, Thomas	Leviathan oder Stoff, Form und Gewalt eines kirchlichen und bürgerlichen Staates, 1651, Suhrkamp Taschenbuch, Baden-Baden 1984
Holmes, Kevin	The Concept of Income - a Multi-disciplinary Analysis, Amsterdam 2001
Hoorn Jr., J. van	Besteuerung im Ursprungs- oder im Wohnsitzstaat?, StuW 1964, Sp. 475
ders.	Einige Gedanken über die Entwicklung auf dem Gebiet des internationalen Steuerrechts, StuW 1960, Sp. 201
Hübschmann, Walter/ Hepp, Ernst/ Spitaler, Armin (Begr.)	Abgabenordnung - Finanzgerichtsordnung, Kommentar, 10. Aufl. (bearb. v. Christel Alber, Albert Beermann, Dieter Birk u. a.), Köln 1995
Jacobs, Otto H. (Hrsg.)	Internationale Unternehmensbesteuerung, Handbuch zur Besteuerung deutscher Unternehmen mit Auslandsbeziehungen, 4. Aufl. (bearb. v. Dieter Endres, Otto H. Jacobs, Alexander Selent u. a.), München 1999
Jarach, Dino	Der Gleichheitssatz im Steuerrecht Argentiniens, StuW 1986, S. 210
Jarass, Hans D.	Elemente einer Dogmatik der Grundfreiheiten, EuR 1995, S. 202
Justi, Johann Heinrich Gottlob von	Ausführliche Abhandlung von denen Steuern und Abgaben nach ächten, aus dem Endzweck der bürgerlichen Gesellschaften abfließenden Grundsätzen, und zur Wohlfahrt der Völker dienlichen Maßregeln, Königsberg, Leipzig 1762 (Abdruck Wiesbaden 1977)
Kaefer, Wolfgang	Zur Gleichbehandlung bei der Besteuerung des Einkommens von Nichtansässigen - Fall Schumacker - Anmerkung zu: EuGH, Urt. v. 14.2.1995, Rs. C-279/93 (FA Köln-Altstadt/Roland Schumacker), DStR 1995, S. 329 (329)
Kaefer, Wolfgang/ Saß, Gert	Beschränkte Steuerpflicht und Diskriminierungsverbot im Licht des EuGH-Urteils vom 14.2.1995, DB 1995, S. 642
Kaufman, Nancy H.	Fairness and the Taxation of International Income, Law and Policy in International Business, Georgetown University Law Center, vol. 29 (1998), p. 145

Keßler, Rainer E. Zur Besteuerung von Pendlern über die deutschen Grenzen de lege ferenda, BB 1990, S. 1313

Kiblböck, Ingrid Anmerkungen zum Urteil des EuGH v. 14.2.1995 - Rs. C-279/93 (Finanzamt Köln-Altstadt/Roland Schumacker) -, EC Tax Review 1995, S. 114

Kirchhof, Ferdinand Grundriss des Abgabenrechts, Steuern, Gebühren, Beiträge, EG- und Sonderabgaben, Heidelberg 1991

Kirchhof, Paul Der Karlsruher Entwurf und seine Fortentwicklung zu einer Vereinheitlichten Einkommensteuer, StuW 2002, S. 3

ders. Die Kunst der Steuergesetzgebung, NJW 1987, S. 3217

ders. Die verfassungsrechtliche Rechtfertigung der Steuern, Kirchhof u. a., Steuern im Verfassungsstaat, München 1996, S. 27

ders. Empfiehlt es sich, das Einkommensteuerrecht zur Beseitigung von Ungleichbehandlungen und zur Vereinfachung neu zu ordnen? - Gutachten F für den 57. Deutschen Juristentag, München 1988

ders. (Hrsg.) EStG KompaktKommentar (bearb. v. Hans-Jochem von Beckerath, Georg Crezelius, Thomas Eisgruber u.a.), Heidelberg 2001

ders. Verfassungsrechtliche und steuersystematische Grundlagen der Einkommensteuer, in: Iris Ebling (Hrsg.), Besteuerung von Einkommen, Veröffentlichungen der Deutschen Steuerjuristischen Gesellschaft e.V., Band 24, Köln 2001, S. 9

Kirchhof, Paul/ Söhn, Hartmut (Hrsg.) Einkommensteuergesetz, Kommentar (bearb. v. Hans-Wolfgang Arndt, Heinrich Bauer, Hans-Jochem von Beckerath u. a.), Bd. 2, §§ 2, 2a, Heidelberg 1998

Kischel, Dieter Anmerkung zu: EuGH, Urteil v. 27.06.1996 - Rs. C-107/94 (Asscher ./. niederländische Staatssecretaris van Financien) -, IWB Fach 11a S. 123 (123)

Kluge, Volker Das deutsche Internationale Steuerrecht, 4. Aufl., München 2000

Knechtle, Arnold Grundfragen des Internationalen Steuerrechts erläutert an Beispielen des Internationalen Steuerrechts der Schweiz und der Bundesrepublik Deutschland, Diss., Basel und Stuttgart 1976

Knobbe-Keuk, Brigitte Das Urteil des EuGH im Falle Werner zur Besteuerung der Grenzgänger - ärgerlich, aber nicht das letzte Wort, DStR 1993, S. 425

dies.	Die Einwirkung der Freizügigkeit und der Niederlassungsfreiheit auf die beschränkte Steuerpflicht, EuZW 1991, S. 649
Koslow, Ewgeni	Besteuerung von ausländischen und natürlichen und juristischen Personen in der Russischen Föderation, IWB Fach 5 Gruppe 2 S. 21
Kramer, Jörg-Dietrich	Beschränkte Steuerpflicht und Europarecht - Anmerkungen zum Asscher-Urteil des EuGH, RIW 1996, S. 951
Lademann/ Söffing/ Brockhoff	Kommentar zum Einkommensteuergesetz (bearb. v. Klaus Altehoefer, Sebastian Benz, Heide Boeker u. a.), 4. Aufl., Stuttgart, München, Hannover 1997
Lang, Joachim	Prinzipien und Systeme der Besteuerung von Einkommen, in: Iris Ebling (Hrsg.), Besteuerung von Einkommen, Veröffentlichungen der Deutschen Steuerjuristischen Gesellschaft e.V., Band 24, Köln 2001, S. 49
ders.	Reformentwurf zu Grundvorschriften des Einkommensteuergesetzes, in: Dieter Birk (Hrsg.), Münsteraner Symposium, Band II, Köln 1985
Léger, Phillippe	Schlussantrag in der Rs. C-279/93 (Finanzamt Köln-Altstadt/Roland Schumacker), IStR 1995, S. 27
Littmann, Eberhard	Das Einkommensteuerrecht, 13. Aufl. (bearb. v. Eberhard Littmann, Georg Grube, Peter Hellwig und Heinz George), Stuttgart 1981
ders. (Begr.)	Das Einkommensteuerrecht, 15. Aufl. (bearb. v. Hubertus Barein, Horst Bitz, Carlo H. Borggreve u. a.), Stuttgart 2002
Locke, John	Two Treatises of Government, 1690, Reprint (Ed. Peter Laslett), Camnridge University Press, Cambridge 1988
Lotz, Walther	Finanzwissenschaft, 2. Aufl., Tübingen 1931
Mann, Fritz Karl	Steuerpolitische Ideale: Vergleichende Studien zur Geschichte der ökonomischen und politischen Ideen und ihres Wirkens in der öffentlichen Meinung 1600 - 1935, Jena 1937
Martha, Rutsel Silvestre J.	The Jurisdiction to Tax in International Law, Deventer/Boston 1989
Maunz, Theodor/ Dürig, Günter (Begr.)	Grundgesetz, Kommentar (bearb. v. Roman Herzog, Peter Lerche, Hans-Jürgen Papier u. a.), München 1996
Menck, Thomas	Welteinkommen und Territorialität der Besteuerung nach deutschem Recht und in deutscher Sicht, in: Engelschalck/Flick u. a., Steuern auf ausländische Ein-

künfte, Münchener Schriften zum Internationalen Steuerrecht, Heft 7, 1985, S. 28

Möhrle, Ulrich — Überblick über das Steuersystem der Volksrepublik China, IWB Fach 6 Gruppe 2 S. 47

Mössner, Jörg Manfred — Das Welteinkommensprinzip, in: Klaus Tipke/Nadya Bozza (Hrsg.), Besteuerung von Einkommen, Berlin 2000, S. 253

ders. — Der Begriff des Internationalen Steuerrechts in der neueren Literatur, ÖZfÖR 1974, S. 255

ders. — Die internationale Steuerflucht, in: Staatsfinanzierung im Wandel, Verhandlungen auf der Jahrestagung des Vereins für Socialpolitik, Gesellschaft für Wirtschafts- und Sozialwissenschaften, Neue Folge Band 134, Berlin 1983, S. 817

ders. — Die Methoden zur Vermeidung der Doppelbesteuerung - Vorzüge, Nachteile, aktuelle Probleme -, in: Klaus Vogel (Hrsg.), Grundfragen des Internationalen Steuerrechts, JDStJG, Band 8, Köln 1985, S. 135

ders. — Diskriminierung beschränkt Steuerpflichtiger, in: Wilhelm Haarmann (Hrsg.), Die beschränkte Steuerpflicht, Forum der Internationalen Besteuerung, Band 2, Köln 1993, S. 110

ders. — Einführung in das Vökerrecht, München 1977

ders. — Einwirkung des Gemeinschaftsrechts auf die direkten Steuern, in: Rengeling (Hrsg.), Europäisierung des Rechts, Köln, Berlin, Bonn, München 1996, S. 113

Mössner, Jörg Manfred/ Baumhoff, Hubertus/ Fischer-Zernin, Justus A. u. a. — Steuerrecht international tätiger Unternehmen, 2. Aufl., Köln 1998

Morgenthaler, Gerd — Beschränkte Steuerpflicht und Gleichheitssatz, IStR 1993, S. 258

ders. — Die Lizenzgebühren im System des internationalen Steuerrechts, Heidelberg 1992

Moschetti, Francesco — Der Grundsatz der Steuergerechtigkeit, in: Klaus Tipke/Nadya Bozza (Hrsg.), Besteuerung von Einkommen, Berlin 2000, S. 33

Müller, Peter — Deutsche Steuerhoheit über ausländische Tochtergesellschaften, Herne, Berlin 1970

Musgrave, Richard A. — Finanztheorie, 2. Aufl., Tübingen 1969

Müssener, Ingo	Das brasilianische Steuersystem im Überblick, IWB Fach 8 Gruppe 2 S. 81
Neumark, Fritz	Grundsätze der Besteuerung in Vergangenheit und Gegenwart, 2. Aufl., Wiesbaden 1970
ders.	Grundsätze gerechter und ökonomisch rationaler Steuerpolitik, Tübingen 1970
Otsuka, Masatami/ Otsuka, Ichiro/ Nakatani, Eiichiro	Tax Law in Japan, The Hague, London, Boston 2001
Papier, Hans-Jürgen	Finanzrechtliche Gesetzesvorbehalte und das grundgesetzliche Demokratieprinzip, 1973
Peters, Hans	Lehrbuch der Verwaltung, Berlin, Göttingen, Heidelberg 1949
Pezzer, Heinz-Jürgen	Rechtfertigung der Körperschaftsteuer und ihre Entwicklung zu einer allgemeinen Unternehmensteuer, in: Joachim Lang (Hrsg.), Die Steuerrechtsordnung in der Diskussion, Festschrift für Klaus Tipke zum 70. Geburtstag, Köln 1995, S. 419
Prokisch, Rainer	Probleme der Besteuerung von „Pendlern" aus EG-Mitgliedstaaten, RIW 1991, S. 396
Rädler, Albert J.	Fragen aus dem Schumacker-Urteil des EuGH, DB 1995, S. 793
Rainer, Anno	Anmerkung zu: EuGH, Urteil v. 27.06.1996 - Rs. C 107/94 - (P.H. Asscher ./. Staatssecretaris van Financien), IStR 1996, S. 332
Rau, Günter/ Dürrwächter, Erich/ Hans Flick/ Geist, Reinhold	Kommentar zum Umsatzsteuergesetz, 8. Aufl. (bearb. v. Hans Flick, Eberhard Husmann, Hans Nieskens u. a.), Köln 1997
Reiß, Wolfram	Der Belastungsgrund der Umsatzsteuer und seine Bedeutung für die Auslegung des Umsatzsteuergesetzes, in: Lothar Woerner (Hrsg.), Umsatzsteuer in nationaler und europäischer Sicht, JDStJG Bd. 13, 1990, S. 1
Ritter, Wolfgang	Das Prinzip Rücksicht - Zu den internationalen Grenzen der Steuerhoheit, BB 1984, S. 1109
Rodi, Michael	Die Rechtfertigung von Steuern als Verfassungsproblem - Dargestellt am Beispiel der Gewerbesteuer, Univ. Diss., München 1994
Roer, Hans	Unkonventionelle Überlegungen zur Einkommensbesteuerung im Verhältnis zum Ausland, AWD 1971, S. 73

Rose, Gerd — Grundzüge des Internationalen Steuerrechts, 2. Aufl., Wiesbaden 1991

Rudolf, Walter — Über territoriale Grenzen der Steuergesetze, in: Festschrift Bärmann, 1975, S. 769 ff.

Ruppe, Hans Georg — Möglichkeiten und Grenzen der Übertragung von Einkunftsquellen als Problem des Zurechnung von Einkünften, in: Klaus Tipke (Hrsg.), Übertragung von Einkunftsquellen im Steuerrecht, JDStJG, Band 1, 2. Aufl., Köln 1979, S. 7

Saß, Gert — Anmerkung zum EuGH-Urteil vom 27.6.1996 - Rs. C-107/94 (Fall Asscher), DB 1996, S. 1607

Sax, Emil — Grundlegung der theoretischen Staatswirtschaft, Wien 1887

Schäffle, Albert — Die Steuern, Allgemeiner Teil, Leipzig 1895

Schanz, Georg von — Zur Frage der Steuerpflicht, FA 1892 (9. Jg.), S. 365 (2. Bd., S. 1)

Schaumburg, Harald — Das Leistungsfähigkeitsprinzip im internationalen Steuerrecht, in: Joachim Lang (Hrsg.), Die Steuerrechtsordnung in der Diskussion - Festschrift für Klaus Tipke zum 70. Geburtstag, Köln 1995, S. 125

ders. — Internationales Steuerrecht, Außensteuerrecht, Doppelbesteuerungsrecht, 2. Aufl., Köln 1998

Schmidt, Ludwig — Anmerkung zu: BFH, Urteil v. 20.04.1988 - I R 219/82 -, FR 1988, S. 562

ders. (Hrsg.) — Einkommensteuergesetz (bearb. v. Ludwig Schmidt, Walter Drenseck, Peter Glanegger u. a.), 21. Aufl. München 2002

Schmölders, Günter — Allgemeine Steuerlehre, 3. Aufl., Berlin 1958

ders. — Steuermoral und Steuerbelastung, Berlin 1932

Schön, Wolfgang — Vermeidbare und unvermeidbare Hindernisse der Steuervereinfachung, StuW 2002, S. 23

Schulze-Brachmann, Arno — Totalitäts- oder Territorialitätsprinzip? - Ein Beitrag zum Doppelbesteuerungsrecht, StuW 1964, Sp. 589

Seidl-Hohenveldern, Ignaz/ Stein, Torsten — Völkerrecht, 10. Aufl., Köln, Berlin, Bonn, München 2000

Seligman, Edwin R. A. — Essays in Taxation, Tenth Edition, New York 1931 (Reprint 1969)

ders. — The Income Tax, 1921

Selmer, Peter — Finanzierung des Umweltschutzes und Umweltschutz durch Finanzierung,
in: Werner Thieme (Hrsg.), Umweltschutz im Recht, Schriften zum Umweltrecht, Band 8, Berlin 1988, S. 25

Smith, Adam — An Inquiry into the Nature and Causes of the Wealth of Nations, 1789, Reprint by Random House, Inc.,
New York 1937

Spitaler, Armin — Das Doppelbesteuerungsproblem bei den direkten Steuern, 2. Aufl. (Abdruck der 1. Aufl. von 1936), Köln 1967

ders. — Die Fortschritte der internationalen Angleichung der Systeme der direkten Steuern seit 1939, StuW 1948, Sp. 7

Stein, Lorenz von — Lehrbuch der Finanzwissenschaft,
- 1. Teil: Die Finanzverfassung Europas;
- 2. Teil: Die Finanzverwaltung Europas,
1. Abteilung: Der Staatshaushalt, die Staatsausgaben, die wirtschaftlichen Staatseinnahmen und der allgemeine Teil der Steuerlehre, 5. Aufl., Leipzig 1885

Stern, Klaus — Das Staatsrecht der Bundesrepublik Deutschland, Band I, 2. Aufl., München 1984

Strutz, Georg — Handbuch des Reichssteuerrechts, 3. Aufl.,
Berlin/Wien 1927

ders. — Kommentar zum Einkommensteuergesetz vom 10. August 1925 nebst Ausführungsbestimmungen, Erster Band: Einleitung - §§ 1 - 18, Berlin 1927

Thömmes, Otmar — Tatbestandsmäßigkeit und Rechtfertigung steuerlicher Diskriminierungen nach EG-Recht,
in: Schön (Hrsg.), Gedächtnisschrift für Brigitte Knobbe-Keuk, Köln 1997, S. 795

Tipke, Klaus — Besteuerungsmoral und Steuermoral, 2000

ders. — Der Grundsatz der Steuergerechtigkeit,
in: Klaus Tipke/Nadya Bozza (Hrsg.), Besteuerung von Einkommen, Berlin 2000, S. 9

ders. — Die Steuerrechtsordnung,
Band I: Wissenschaftsorganisatorische, systematische und grundrechtlich-rechtsstaatliche Grundlagen,
2. Aufl., Köln 2000;
Band II: Steuerrechtfertigungstheorie, Anwendung auf alle Steuerarten, sachgerechtes Steuersystem,
1. Aufl., Köln 1993

ders. — Von der Unordnung zur Neuordnung des Einkommensteuerrechts,
in: Arndt Raupach/Klaus Tipke/Adalbert Uelner,

Niedergang oder Neuordnung des deutschen Einkommensteuerrechts?, Münsteraner Symposion, Band I, Köln 1985, S. 133

Tipke, Klaus (Begr.)/ Lang, Joachim — Steuerrecht, 17. Aufl. (bearb. v. Joachim Lang, Heinrich Montag, Heinz-Jürgen Pezzer u. a.), Köln 2002

Trzaskalik, Christoph — Marginalien zur Einkommensteuer der beschränkt steuerpflichtigen Arbeitnehmer, StuW 1990. S. 380

Vann, Richard J. — International Aspects of Income Tax, in: Victor Thuronyi (editor), Tax law drafting an design, The Hague 2000, p. 718

Verdross, Alfred/ Simma, Bruno — Universelles Völkerrecht, 3. Aufl., Berlin 1984

Vocke, W. — Die Idee der Steuer in der Geschichte, FA 1890 (Jg. 7, Bd. 1), S. 1

Vogel, Horst — Zur steuerlichen Behandlung zwischenstaatlicher Kapitalinvestitionen unter besonderer Berücksichtigung des Außensteuerrechts der Bundesrepublik Deutschland, Düsseldorf 1964

Vogel, Klaus — Der offene Finanz- und Steuerstaat, in: Josef Isensee, Paul Kirchhof (Hrsg.), Handbuch des Staatsrechts der Bundesrepublik Deutschland, Band I, Grundlagen von Staat und Verfassung, Heidelberg 1987, § 27 (S. 1151)

ders. — Der Verlust des Rechtsgedankens im Steuerrecht als Herausforderung an das Verfassungsrecht, in: Karl Heinrich Friauf (Hrsg.), Steuerrecht und Verfassungsrecht, JDStJG Bd. 12, Köln 1989, S. 123

ders. — Die Besonderheit des Steuerrechts, DStZ/A 1977, S. 5

ders. — Die Besteuerung von Auslandseinkünften - Prinzipien und Praxis -, in: Klaus Vogel (Hrsg.), Grundfragen des Internationalen Steuerrechts, JDStJG Bd. 8, Köln 1985, S. 3

ders. — Doppelbesteuerungsabkommen, 3. Aufl., München 1996

ders. — Internationales Steuerrecht, DStZ 1997, S. 269

ders. — Rechtfertigung der Steuern: eine vergessene Vorfrage - Zugleich zur „heimlichen Steuerrevolte“ und zum Dreieck Staat/Wirtschaft/Gesellschaft, Der Staat 1986, S. 481, neu veröffentlicht in: Paul Kirchhof (Hrsg.), Der offene Finanz- und Steuerstaat, Klaus Vogel, Ausgewählte Schriften 1964 bis 1990, Festschrift zum 60. Geburtstag, Heidelberg 1991, S. 605

ders. „Source“ und „Jurisdiction“ im Steuerrecht der Vereinigten Staaten und im deutschen Recht,
in: Henry S. Conston (Hrsg.), Aktuelle Themen im US-Deutschen Steuer- und Handelsrecht, Festschrift für Otto L. Walter, Osnabrück 1988, S. 101 ff.

ders. Theorie und Praxis im Internationalen Steuerrecht,
DStR 1968, S. 427

ders. Über "Besteuerungsrechte" und über das Leistungsfähigkeitsprinzip im Internationalen Steuerrecht,
in: Kirchhof, Offerhaus, Schöberle (Hrsg.), Steuerrecht, Verfassungsrecht, Finanzpolitik, Festschrift für Franz Klein, Köln 1994, S. 361

ders. Wie geht es weiter? - Die Zukunft des Oasenproblems,
in: Robert Baconnier, Wolfram Diehl, Maarten J. Ellis u. a., Steueroasen und Außensteuergesetze, Die Bedeutung der Steueroasen heute und die gesetzlichen Maßnahmen zu ihrer Bekämpfung, Münchener Schriften zum Internationalen Steuerrecht, Heft 3, München 1981, S. 125

ders. Worldwide vs. source taxation of income - A review and re-evaluation of arguments (Part I - III),
intertax 1988, S. 216; 310; 393

Wagner, Adolph Finanzwissenschaft, 2. Teil: Theorie der Besteuerung, Gebührenlehre und allgemeine Steuerlehre,
in: Adolph Wagner (Hrsg.), Lehr- und Handbuch der politischen Oekonomie (bearb. v. A. Buchenberger, K. Bücher, H. Dietzel u. a.), 4. Hauptabteilung, Leipzig 1890

Waigel, Theo Anmerkungen zur Geschichte der Steuerverwaltung in Deutschland, Bulletin der Bundesregierung 1995, S. 956

Wassermeyer, Franz Die beschränkte Steuerpflicht,
in: Vogel, Klaus (Hrsg.), Grundfragen des Internationalen Steuerrechts, JDStJG, Band 8, Köln 1985, S. 49

Waterkamp-Faupel, Afra Besteuerung des Einkommens Gebietsfremder - Verpflichtung zur Gleichbehandlung (Art. 48 EWG-Vertrag) - Anmerkung zu: EuGH, Urteil vom 14.2.1995 - Rs. C-279/93 (Schumacker), FR 1995, S. 227

Weber-Grellet, Heinrich Fairness, Aufklärung und Transparenz – Wege zu einer leistungsgerechten Besteuerung, StuW 1999, S. 311

Weerth, Jan de Anmerkung zu: EuGH, Urteil v. 14.09.1999 - Rs. C 391/97 (Franz Gschwind ./. FA Aachen Außenstadt),
RIW 1999, S. 893

Wendt, Rudolf — Empfiehlt es sich, das Einkommensteuerrecht zur Beseitigung von Ungleichbehandlungen und zur Vereinfachung neu zu ordnen?, DÖV 1988, S. 710

Wieland, Joachim — Freiheitsrechtliche Vorgaben für die Besteuerung von Einkommen,
in: Iris Ebling (Hrsg.), Besteuerung von Einkommen, Veröffentlichungen der Deutschen Steuerjuristischen Gesellschaft e.V., Band 24, Köln 2001, S. 29

Wilke, Kay-Michael — Lehrbuch des internationalen Steuerrechts,
7. Aufl., Herne/Berlin 2002

Witteveen, Dirk E. — Taxation of Non-Residents in the European Union: Tax Equality or Patchwork Quilt, EC Tax Review 1995, S. 122

Wurster, Hans-Jürgen — Einkünfte beschränkt steuerpflichtiger Kapitalgesellschaften aus selbständiger Arbeit, RIW 1982, S. 888

Zuber, Barbara — Anknüpfungsmerkmale und Reichweite der internationalen Besteuerung - Eine normative Analyse unter Berücksichtigung der Personensteuern in der BRD und in den USA, Diss., Hamburg 1991

Abkürzungsverzeichnis

a. A.	anderer Ansicht
a. a. O.	am angegebenen Ort
ABl.	Amtsblatt
Abt.	Abteilung
Allg. Teil	Allgemeiner Teil
Anm.	Anmerkung
AO	Abgabenordnung
Art.	Artikel
Aufl.	Auflage
AWD	Außenwirtschaftsdienst
BB	Betriebs-Berater
Bd.	Band
bearb.	bearbeitet
BFH	Bundesfinanzhof
BGBl.	Bundesgesetzblatt
bspw.	beispielsweise
BStBl. I - III	Bundessteuerblatt, Teile I - III
BVerfG	Bundesverfassungsgericht
BVerfGE	Entscheidungen des Bundesverfassungsgerichtes
bzw.	beziehungsweise
DB	Der Betrieb
DBA	Doppelbesteuerungsabkommen
ders.	derselbe
Diss.	Dissertation
DÖV	Die Öffentliche Verwaltung
DStR	Deutsches Steuerrecht
DStZ	Deutsche Steuer Zeitung
DStZ/A	Deutsche Steuer Zeitung/Ausgabe A
Dt. Juristentag	Deutscher Juristentag
EC	European Communities
EFG	Entscheidungen der Finanzgerichte
EG	Europäische Gemeinschaften
EGV	Vertrag zur Gründung der Europäischen Gemeinschaft
Einl.	Einleitung
EStG	Einkommensteuergesetz
EU	Europäische Union
EuGH	Gerichtshof der Europäischen Gemeinschaften
EuR	Europarecht
EuZW	Europäische Zeitschrift für Wirtschaftsrecht
EWS	Europäisches Wirtschafts- und Steuerrecht
f.	folgende
FA	Finanzarchiv
ff.	folgende
FG	Finanzgericht
FS	Festschrift
GrEStG	Grunderwerbsteuergesetz

HFR	Höchstrichterliche Finanzrechtsprechung
HHR	Herrmann/Heuer/Raupach
Hrsg.	Herausgeber
IBFD	International Bureau of Fiscal Documentation
i. d. F.	in der Fassung
I. R. C.	Internal Revenue Code
IStR	Internationales Steuerrecht
IWB	Internationale Wirtschaftsbriefe
JDStJG	Jahrbuch der Deutschen Steuerjuristischen Gesellschaft
Jg.	Jahrgang
L/S	Lademann/Söffing, Kommentar zum Einkom-mensteuergesetz
m. w. N.	mit weiteren Nachweisen
MinöStG	Mineralölsteuergesetz
n. F.	neuer Fassung
NF	Neue Folgen
NJW	Neue Juristische Wochenschrift
Nr.	Nummer
OECD	Organization for Economic Co-operation and Development
OECD-MA	OECD-Musterabkommen
ÖZfÖR	Österreichische Zeitschrift für Öffentliches Recht
p.	page
Rdnr.	Randnummer
RIW	Recht der Internationalen Wirtschaft
Rn.	Randnummer
Rs.	Rechtssache
Rz.	Randzahl
S.	Seite
sec.	section
Slg.	Sammlung
s. o.	siehe oben
sog.	sogenannte/s/r
Sp.	Spalte
StbJb.	Steuerberater-Jahrbuch
SteuerStud	Steuer und Studium
StuW	Steuer und Wirtschaft
StRK	Steuerrechtsprechung in Karteiform
s. u.	siehe unten
u. a.	und andere
UStG	Umsatzsteuergesetz
v.	vom bzw. von
vgl.	vergleiche
v. H.	vom Hundert
VJSchrStFR	Vierteljahresschrift für Steuer- und Finanzrecht
vol.	volume
vs.	versus
VVDStRL	Veröffentlichung der Vereinigung der Deutschen Staatsrechtslehrer
WRV	Weimarer Reichsverfassung
ZRP	Zeitschrift für Rechtspolitik

Einleitung

Die durch das Nebeneinander von unbeschränkter und beschränkter Steuerpflicht geprägte Konzeption des deutschen Einkommensteuerrechtes wurde durch das Einkommensteuergesetz vom 10.08.1925[1] begründet. Grundlegende Veränderungen an der Einkommensteuerpflicht wurden seit diesem Zeitpunkt trotz tiefgreifender politischer, wirtschaftlicher und gesellschaftlicher Veränderungen nicht mehr vorgenommen.

Gleichwohl hat das Streben des Gesetzgebers nach einem höheren Maß an Gerechtigkeit auch bei der Einkommensteuerpflicht Spuren hinterlassen. Gerechtigkeitsdefizite wurden und werden vor allem in der Benachteiligung beschränkt Steuerpflichtiger gesehen. Dabei wird nicht erkannt, dass die Ungleichbehandlung unbeschränkt und beschränkt Steuerpflichtiger beide Arten der Einkommensteuerpflicht in gleichem Maße betrifft. Folglich werden Probleme, die ihrer Art nach die gesamte Einkommensteuerpflicht betreffen, zu solchen der beschränkten Steuerpflicht erklärt.[2]

Die partielle Aufgabe der beschränkten Einkommensteuerpflicht, etwa bei Vorliegen der Voraussetzungen des § 1 Abs. 3 EStG, bewirkt, dass sich die Grenzen zwischen unbeschränkter und beschränkter Einkommensteuerpflicht auflösen und das gesamte System seine Klarheit verliert. Statt Grundstrukturen zu reformieren, werden diese durch Sonderregelungen für beschränkt Steuerpflichtige in Frage gestellt. Wie in anderen Gebieten des Einkommensteuerrechtes besteht die Gefahr, dass Neuerungen nicht zu einem höheren Maß an Gerechtigkeit führen,[3] sondern zu einem Verlust des Rechtsgedankens[4], der das gesamte System rechtfertigt. Eine denkbare Konsequenz dieser Entwicklung ist, dass die Akzeptanz der Einkommensteuerpflicht im Bewusstsein der Bürger schwindet.

Lösungsansätze, die nur die beschränkte Einkommensteuerpflicht betreffen, ohne die unbeschränkte Steuerpflicht in Frage zu stellen, sind damit konzeptionell unbefriedigend. Zu beantworten sind nicht Grundfragen zur beschränkten, sondern Grundfragen zur beschränkten und zur unbeschränkten Einkommensteuerpflicht. -

Ausgangspunkt meiner Antworten ist eine Gegenüberstellung der beiden, in § 1 Abs. 1 und § 1 Abs. 4 EStG verankerten Grundregeln zur Einkommensteuerpflicht im deutschen Steuerrecht. Dabei werden die charakteristischen Unterschiede von unbeschränkter und beschränkter Einkommensteuerpflicht herausgestellt.

Im Anschluss daran wird das vorgestellte Regelungssystem auf seine Rechtfertigung überprüft. Zu diesem Zweck wird der Versuch unternommen, aus der allgemeinen

---

1 RGBl. I 1925, S. 189 ff.

2 Eckert, Die beschränkte Steuerpflicht, 1994, S. 2

3 vgl. Lang, Reformentwurf zu den Grundvorschriften des Einkommensteuergesetzes, 1985, S. 24

4 K. Vogel, in: Friauf (Hrsg.), Steuerrecht und Verfassungsrecht, JbDStJG Bd. 12, 1989, S. 123 (126 f.)

Rechtfertigung jeder dem Fiskalzweck dienenden Steuer auf die allgemeine Rechtfertigung der Einkommensteuer zu schließen und daraus die besondere Rechtfertigung von beschränkter und unbeschränkter Steuerpflicht abzuleiten.

Die Rechtfertigung von beschränkter und unbeschränkter Einkommensteuerpflicht bildet dabei den ersten Prüfungsschwerpunkt. Er betrifft die sachgerechte Einkommensbesteuerung grenzüberschreitend erzielter Einkünfte. Es gilt, die Arten der Einkommensteuerpflicht aus der Perspektive des Steuerpflichtigen sowohl auf ihre inner- als auch auf ihre zwischenstaatliche Gerechtigkeit zu überprüfen. Ferner ist das aus der unterschiedlichen Ausgestaltung von unbeschränkter und beschränkter Einkommensteuerpflicht resultierende Besteuerungssystem daraufhin zu überprüfen, ob es sach- und systemgerecht ist.

Die Konsequenzen aus dieser Prüfung werden im letzten Abschnitt gezogen. In ihm wird nach der Diskussion möglicher Alternativen zum gegenwärtigen Regelungssystem ein eigener Alternativvorschlag vorgestellt und begründet. Kern dieses Vorschlags ist eine Einkommensteuerpflicht, die den politischen, wirtschaftlichen und gesellschaftlichen Bedürfnissen der heutigen Zeit gerecht wird und sich auf wenige, auch international überzeugende Grundgedanken zurückführen lässt.

Das Alternativkonzept bildet den zweiten Schwerpunkt der Bearbeitung. Es soll dazu anregen, die Konzeption der Einkommensteuerpflicht grundlegend zu überdenken.

Erster Abschnitt: Besteuerungskonzeptionen

Im Gleichklang mit anderen direkten Steuern teilt sich der Einkommensteuertatbestand bereits auf der Ebene des Steuersubjektes in zwei Untertatbestände: die sog. unbeschränkte Steuerpflicht nach § 1 Abs. 1 S. 1 EStG und die sog. beschränkte Steuerpflicht nach § 1 Abs. 4 EStG. Es stellt sich die Frage, wodurch sich unbeschränkte und beschränkte Einkommensteuerpflicht voneinander unterscheiden, was ihr Wesen kennzeichnet und welche internationale Bedeutung sie haben.

Auf dieser Grundlage kann beantwortet werden, ob die nach der Ansässigkeit zu unterscheidenden Besteuerungskonzeptionen national und international sach- und systemgerecht sind und ob es Alternativen gibt, die unter Gerechtigkeits- und Zweckmäßigkeitsgesichtspunkten dem geltenden System vorzuziehen sind.

A. Steuerpflicht nach dem EStG - Differenzierung nach der Ansässigkeit

Auf der Unterscheidung zwischen unbeschränkter und beschränkter Einkommensteuerpflicht, die mit der Bestimmung des Steuersubjektes einhergeht, beruhen zwei Besteuerungskonzepte. Sie weisen Unterschiede bei der Definition des Steuerobjektes, bei der Bestimmung der Bemessungsgrundlage und beim Steuertarif auf.

I. Steuersubjekt

Zwischen unbeschränkter und beschränkter Einkommensteuerpflicht wird nach der Ansässigkeit einer natürlichen Person unterschieden.

Der Inlandsansässige, der sog. Steuerinländer oder Gebietsangehörige, ist gem. § 1 Abs. 1 S. 1 EStG unbeschränkt steuerpflichtig. Die unbeschränkte Steuerpflicht trifft „natürliche Personen, die im Inland einen Wohnsitz oder ihren gewöhnlichen Aufenthalt haben."

Der Auslandsansässige, Steuerausländer oder Gebietsfremde ist gem. § 1 Abs. 4 EStG beschränkt steuerpflichtig. Hier trifft die Steuerpflicht „natürliche Personen, die im Inland weder einen Wohnsitz noch ihren gewöhnlichen Aufenthalt haben, ... wenn sie inländische Einkünfte im Sinne des § 49 haben."

Die Staatsangehörigkeit der Betroffenen ist für die Unterscheidung zwischen beiden Personengruppen ebenso bedeutungslos wie der Umfang der Besteuerung.

1. Bestimmung der Ansässigkeit

Über das für die Abgrenzung zwischen unbeschränkter und beschränkter Einkommensteuerpflicht zentrale Kriterium der Ansässigkeit einer natürlichen Person entscheidet gem. § 1 Abs. 1 S. 1, Abs. 4 EStG das Vorhandensein eines inländischen Wohnsitzes bzw. ihr gewöhnlicher Aufenthalt im Inland. Eine Person ist bereits dann im Inland ansässig, wenn Wohnsitz oder gewöhnlicher Aufenthalt im Inland zu bejahen sind.

Wie die Anknüpfungskriterien im Detail auszulegen sind und wie sie zusammenwirken, ist im Einzelnen ungeklärt.[5] Deshalb birgt die Ansässigkeit ein erhebliches Maß an Rechtsunsicherheit für die Betroffenen. Das zeigt auch die erhebliche Zahl von der Presse zu entnehmenden Verwaltungs- und Gerichtsverfahren gegen Künstler und Sportler, in denen über das Vorhandensein eines inländischen Wohnsitzes gestritten wird.[6] Es stellt sich die Frage, ob auf dieser Grundlage eine sachgerechte internationale Zuordnung der Einkommensbesteuerung erreicht werden kann.

a. Wohnsitz (Beispielsfall 1)

Ihren Wohnsitz hat eine natürliche Person gem. § 8 AO an dem Ort, an dem sie eine Wohnung unter Umständen innehat, die darauf schließen lassen, dass sie sie beibehalten und benutzen wird. Der durch eine Willenserklärung bestimmte Wohnsitz i. S. v. § 7 BGB stimmt nicht in allen Fällen mit diesem, steuerlich maßgebenden Wohnsitz überein.[7] An- und Abmeldung bei einer Ordnungsbehörde, § 11 MRRG, haben lediglich Indizwirkung.[8]

Auch die einzelnen Definitionsbestandteile tragen nicht zur Rechtssicherheit bei. So soll eine Wohnung „zum dauerhaften Wohnen geeignete Räumlichkeiten" voraussetzen.[9] Sie werden benutzt, wenn sich die betreffende Person zumindest mit einer gewissen Regelmäßigkeit und Gewohnheit in ihnen aufhält.[10] Dafür werden von der Rechtsprechung widerlegbare Sachverhaltsvermutungen aufgestellt: So soll etwa ein Familienvater die Wohnung benutzen, in der seine Familie wohnt.[11] Ebenfalls vermutet wird, dass ein ins Ausland versetzter Arbeitnehmer eine Wohnung im Inland beibehält, deren Benutzung ihm jederzeit möglich ist und die dergestalt ausgestattet ist, dass sie jederzeit als Bleibe dienen kann.[12]

---

5 Ansatzpunkte für eine Vereinheitlichung auf der Basis des § 9 S. 2 AO enthält: BFH, Urteil v. 30.08.1989 – I R 215/85, BStBl. II 1989, 956 (957)

6 vgl. etwa: „Beckers härtestestes Match" in: Focus, Heft 29 v. 15.07.2002, S. 154 f.

7 AEAO, zu § 8 Tz. 2 S. 2

8 AEAO, a. a. O., S. 3

9 Schmidt/Heinicke EStG § 1 Rz 21

10 BFH, Urteil v. 26.07.1972 - I R 138/70, BStBl. II 1972, 949 (951)

11 BFH, Urteil v. 06.02.1985 - I R 23/82, BStBl. II 1985, 331 (332)

12 BFH, Urteil v. 17.05.1995 - I R 8/94, BStBl. II 1996, 2 (3)

Eine Person kann mehrere Wohnsitze i. S. v. § 8 AO haben. Diese können teils im In- und teils im Ausland gelegen sein. Nicht erforderlich ist ein nach Tagen oder Wochen bemessener jährlicher Mindestaufenthalt in der inländischen Wohnung. Auch setzt die Bestimmung des Wohnsitzes nicht die Lokalisierung des Mittelpunktes der Lebensinteressen voraus.[13]

Beispielsfall 1[14]

A hat Deutschland 1963 nach Abschluss seiner Berufsausbildung verlassen und sich in Hongkong niedergelassen, wo er sich eine berufliche Existenz aufgebaut hat. Er ist seit 1978 bzw. 1992 Eigentümer zweier Häuser in Deutschland, von denen eines als angemessene Bleibe zur ausschließlichen und jederzeitigen Nutzung bereitsteht. Gemeinsam mit seiner Ehefrau verfügt er ferner über ein Haus in London. In Deutschland hält sich das Ehepaar 60 - 80 Tage pro Jahr auf. Der Lebensabend soll in Kanada verbracht werden.

A ist gem. § 1 Abs. 1 S. 1 EStG i. V. m. § 8 AO in Deutschland ansässig, weil er über mindestens einen inländischen Wohnsitz verfügt.[15] Ausschlaggebend dafür ist für den BFH[16] das Vorhandensein einer vollständig eingerichteten, jederzeit verfügbaren und auch tatsächlich genutzten Bleibe im Inland.

Ohne Bedeutung ist demgegenüber, dass A zum Zeitpunkt seines Wegzugs seine inländische Wohnung aufgegeben hatte. Vor allem aber ist bedeutungslos, dass das Ehepaar über mehrere Wohnungen in verschiedenen Staaten verfügt und seinen Lebensmittelpunkt in Hongkong liegt.

Das Kriterium des inländischen Wohnsitzes ermöglicht damit schon nach nationalem Steuerrecht nicht die eindeutige Zuordnung der Ansässigkeit zu einem Ort. Das Ausreichen eines von mehreren Wohnsitzen im Inland wirft die Frage auf, ob damit im Verhältnis zu anderen Staaten auf eine gerechte Verteilung des Steueraufkommens hingewirkt wird.[17]

b. Gewöhnlicher Aufenthalt

Auch wenn eine Person keinen inländischen Wohnsitz hat, kann sie gem. § 1 Abs. 1 S. 1 EStG unbeschränkt einkommensteuerpflichtig sein, weil ihr gewöhnlicher Aufenthalt im Inland liegt.

---

[13] BFH, Urteil v. 19.03.1997 - I R 69/96, BStBl. II 1997, 447 (448)

[14] nach: FG Baden-Württemberg, Urteil v. 04.10.1999 - 12 K 69/97, EFG 2000, 72; BFH, Urteil v. 24.01.2001 – I R 100/99, BFH/NV 2001, 1402, IStR 2001, 349

[15] a. A.: FG Baden-Württemberg, a. a. O. (74)

[16] BFH, Urteil v. 19.03.1997 - I R 69/96, BStBl. II 1997, 447 (448); Urteil v. 24.01.2001 – I R 100/99, IStR 2001, 349 (349)

[17] s. u. 2. Abschnitt C. IV. 2. c. bb. (2)

Ihren gewöhnlichen Aufenthalt hat eine Person nach § 9 S. 1 AO im Inland, wenn die äußeren Umstände für ein nicht nur vorübergehendes Verweilen in Deutschland sprechen. Der Begriff des gewöhnlichen Aufenthaltes knüpft somit wie der Wohnsitzbegriff an äußere Merkmale an und hängt nicht vom Willen des Steuerpflichtigen ab.[18]

§ 9 S. 2 AO enthält zur Vereinfachung der Rechtsanwendung die sog. 183-Tage-Regel. Sie bestimmt, dass durch einen zeitlich zusammenhängenden Aufenthalt in Deutschland von mehr als sechs Monaten stets ein gewöhnlicher Aufenthalt begründet wird. Etwas anderes gilt gem. § 9 S. 3 AO, wenn der Inlandsaufenthalt ausschließlich privaten Zwecken dient und nicht länger als ein Jahr andauert.

Die Vermutung des § 9 S. 2 AO hat in der Praxis Anwendungsvorrang vor § 9 S. 1 AO. Auf die äußeren Umstände eines Inlandsaufenthaltes ist dementsprechend nur dann abzustellen, wenn

- der ununterbrochene Aufenthalt im Inland zu nicht privaten Zwecken nicht länger als sechs Monate dauert oder
- der sich insgesamt über einen Zeitraum von mehr als sechs Monaten erstreckende Inlandsaufenthalt nicht nur kurzfristig, zum Beispiel für Familienheimfahrten am Wochenende oder für einen Urlaub, unterbrochen wird.

In diesen Fällen ist danach zu fragen, ob der Steuerpflichtige von vornherein beabsichtigt hat, nicht nur vorübergehend im Inland zu verweilen, und diese Absicht etwa durch mehrere nacheinander folgende und sachlich miteinander verbundene Inlandsaufenthalte[19] oder durch die Verlagerung seines Schwerpunktaufenthaltes, dem persönlichen und geschäftlichen Lebensmittelpunkt, in das Inland[20] dokumentiert hat.

Ihren gewöhnlichen Aufenthalt kann eine Person anders als ihren Wohnsitz nicht gleichzeitig an mehreren Orten haben.[21] Obwohl das Anknüpfungskriterium des gewöhnlichen Aufenthaltes damit besser geeignet ist, die Besteuerung international abzugrenzen, ist nach deutscher Besteuerungspraxis in erster Linie auf den Wohnsitz abzustellen.[22]

2. Territoriale Anknüpfung des Steuerschuldverhältnisses

Unbeschränkte und beschränkte Einkommensteuerpflicht unterscheidet lediglich die territoriale Anknüpfung des Steuerschuldverhältnisses. Während § 1 Abs. 1 S. 1 EStG

---

[18] Tipke/Kruse, AO, § 9 Tz. 1

[19] BFH, Urteil v. 27.07.1962 - VI1659 U, BStBl. III 1962, 429 (430); Urteil v. 03.08.1977 – I R 210/75, BStBl. II 1978, 118 (119 f.)

[20] BFH, Urteil v. 27.07.1962 - VI1659 U, BStBl. III 1962, 429 (430)

[21] AEAO, zu § 9 Tz. 3 S. 1

[22] BFH, Urteil v. 28.08.1968, BStBl. II 1968, 819; Hellwig, in: Hübschmann/Hepp/Spitaler, AO, § 9 Anm. 24

voraussetzt, dass der Steuerschuldner einen Wohnsitz oder seinen gewöhnlichen Aufenthalt im Inland hat, setzt § 1 Abs. 4 EStG wegen des Fehlens eines inländischen Wohnsitzes und seines gewöhnlichen Aufenthaltes im Inland voraus, dass inländische Einkünfte im Sinne des § 49 EStG vorliegen.

Durch die Kriterien des Wohnsitzes, des gewöhnlichen Aufenthaltes bzw. der inländischen Einkünfte wird das Steuerschuldverhältnis zwischen der Bundesrepublik Deutschland und natürlichen Personen dem Inland zugeordnet. Es handelt sich um sog. „abstrakte Merkmale des inländischen Steuerschuldverhältnisses“[23]. Sie sind erforderlich, um völkerrechtliche Anforderungen an das deutsche Einkommensteuerrecht zu erfüllen. Nach dem sog. eingeschränkten Territorialitätsprinzip[24] ist die Inanspruchnahme für eine inländische Abgabe nämlich nur dann zulässig, wenn sachgerechte Anknüpfungspunkte für die Abgabenerhebung im Inland gegeben sind.[25] Als Anknüpfungspunkte für die Einkommensteuer kommen die rechtliche, die persönliche und die sachliche Zugehörigkeit des Steuerschuldners zum Inland in Betracht.[26]

Bei der unbeschränkten Steuerpflicht stellt der deutsche Gesetzgeber mit der Ansässigkeit auf die persönliche Zugehörigkeit ab. Es gilt das sog. Wohnsitzprinzip. Bei der beschränkten Steuerpflicht wird mit dem Erfordernis der inländischen Einkünfte auf die sachliche Zugehörigkeit abgestellt. Hier gilt das sog. Quellenprinzip.[27] In beiden Fällen wird das Steuerschuldverhältnis jedoch auf der Grundlage einer Verbindung des Steuerschuldners zum Staatsgebiet begründet. Unbeschränkte und beschränkte Einkommensteuerpflicht sind damit auch Ausdruck der sog. territorialen Souveränität, nach der Staaten Macht über Personen und Sachen ausüben, die sich auf ihrem Staatsgebiet befinden.[28]

Die Souveränität der Staaten über ihre Staatsbürger hat demgegenüber für die Einkommensbesteuerung in Deutschland seit langem nur noch eine geringe Bedeutung.[29] Das Personalitätsprinzip, nach dem jeder Staat die rechtlichen Verhältnisse seiner

---

23 Lang, in: Tipke/Lang, Steuerrecht, 2002, § 7 Rz. 30

24 auch: Gebot der internationalen Rücksichtnahme; vgl. Wassermeyer, in: K. Vogel (Hrsg.), Grundfragen des Internationalen Steuerrechts, JDStJG Bd. 8, 1985, S. 49 (53)

25 BVerfG, Beschluss v. 22.03.1983 - 2 BvR 475/78 -, BVerfGE 63, 343 (369); BFH, Urteil v. 18.12.1963 - I 230/61 S -, BStBl. III 1964, 253 (256); Urteil v. 16.12.1964 - II 154/61 U -, BStBl. III 1965, 134 (135); Rudolf, in: FS Bärmann, 1975, S. 769 (777); Mössner, Einführung in das Völkerrecht, 1977, S. 191; ders., in: Haarmann, Die beschränkte Steuerpflicht, 1993, S. 110 (112); ders., in: Mössner u. a., Steuerrecht international tätiger Unternehmen, 1998, Rz. B 3; Verdross/Simma, Universelles Völkerrecht, 1984, § 1183 (S. 778 f.); K. Vogel, DStZ 1997, S. 269 (272)

26 Adonnino, in: Tipke/Bozza, Besteuerung von Einkommen, 2000, S. 271 (279 f.); Albrecht, 29 British Year Book of International Law (1952), S. 145 (148); Kaufman, Law and Policy in International Business, vol. 29 (1998), p. 145 (148)

27 Schaumburg, Internationales Steuerrecht, 1998, S. 108 (Rz. 5.3)

28 Martha, Jurisdiction to Tax, 1989, S. 45; Crezelius, IStR 2002, S. 433 (437 f.)

29 anders letztmals das Preußische Einkommensteuergesetz v. 24.06.1891 (FA 1891, S. 811), § 1 Nr. 1

Staatsangehörigen regeln[30] und demzufolge Steuern von ihnen erheben darf,[31] wird nur noch ausnahmsweise umgesetzt. Ein Ausnahmetatbestand ist die erweiterte beschränkte Einkommensteuerpflicht nach § 2 AStG. Die Grundtatbestände des § 1 Abs. 1 und Abs. 4 EStG knüpfen nicht an die Staatsangehörigkeit an.

3. Abhängigkeit von der Einkünfteerzielung (Beispielsfall 2)

Gem. § 33 Abs. 1 AO ist Steuerpflichtiger in dem hier maßgeblichen Zusammenhang nur, wer eine Steuer schuldet.[32] Daraus, dass § 1 EStG nach seinem Wortlaut die Bejahung der Einkommensteuerpflicht nur im Fall der beschränkten Steuerpflicht mit der Erzielung von Einkünften verbindet, kann deshalb nicht geschlossen werden, dass bei unbeschränkter Steuerpflicht die Existenz des Steuerobjektes keine Rolle spielt. Das Entstehen einer Steuerschuld und damit die individuelle Einkommensteuerpflicht hängt vielmehr generell vom wirtschaftlichen Erfolg der Einkünfteerzielung ab.[33] Das verdeutlicht

Beispielsfall 2

B wohnt in Osnabrück und erzielt keine Einkünfte. C wohnt in Amsterdam und erzielt Einkünfte aus nichtselbständiger Arbeit.

B ist gem. § 1 Abs. 1 S. 1 EStG trotz seiner Inlandsansässigkeit nicht steuerpflichtig, da er keine steuerbaren Einkünfte erzielt. Dieses ist nur bei Vorliegen von Einkünften möglich ist, die gem. § 2 Abs. 1 S. 1 EStG der Einkommensteuer unterliegen.

Bei C setzt die subjektive Steuerpflicht gem. § 1 Abs. 4 EStG voraus, dass er "inländische Einkünfte im Sinne des § 49" hat. Das wiederum setzt gem. § 49 Abs. 1 Nr. 4 EStG voraus, dass er seine Arbeit in Deutschland ausübt, diese im Inland verwertet wird oder das Arbeitsentgelt aus einer inländischen öffentlichen Kasse stammt.

Vorliegen bzw. Nichtvorliegen von Wohnsitz und gewöhnlichem Aufenthalt reichen damit weder bei unbeschränkter noch bei beschränkter Einkommensteuerpflicht aus, um die persönliche Steuerpflicht zu begründen. In beiden Fällen ist gem. § 2 Abs. 1 S. 1 EStG die Erzielung von Einkünften der dort genannten Arten erforderlich. Sie bildet den Ausgangstatbestand der Einkommensteuer.[34]

---

30 Seidl-Hohenveldern/Stein, Völkerrecht, 2000, Rn 1370; Mössner, Einführung in das Völkerrecht, 1977, S. 192

31 Mössner, in: Tipke/Bozza, Besteuerung von Einkommen, 2000, S. 253 (262)

32 Schmidt/Heinicke EStG § 1 Rz 1

33 Blümich/Ebling, § 1 EStG Rz. 50; Kirchhof, DStJG 24 (2001), S. 9 (24); ders., in: EStG KompaktKommentar, Einleitung Rn 13; bezogen auf das italienische Einkommensteuerrecht: Adonnino, in: Tipke/Bozza, Besteuerung von Einkommen, 2000, S. 271 (280); a. A.: Stapperfend in Herrmann/Heuer/Raupach, § 1 EStG Anm. 88; Eicher, in: Littmann, Das Einkommensteuerrecht, § 1 EStG Rdnr. 2, 23

34 BVerfG, Beschluss des Zweiten Senats v. 11.11.1998 - 2 BvL 10/95, BStBl. II 1999, 502 (505)

Über die Steuerpflicht wird damit nicht auf der Ebene des Steuersubjektes, sondern auf derjenigen des Steuerobjektes entschieden. Die Begriffe des Wohnsitzes und des gewöhnlichen Aufenthaltes sind lediglich für die Abgrenzung von unbeschränkter und beschränkter Einkommensteuerpflicht bedeutsam.[35] Für die Begründung der persönlichen Steuerpflicht sind sie bedeutungslos. Es ist demnach vorstellbar, die Steuerpflicht einer natürlichen Person ungeachtet ihrer Ansässigkeit zu begründen. Das Steuerobjekt lässt sich dagegen nicht hinwegdenken, ohne dass die Begründung der Steuerpflicht unmöglich würde.

II. Steuerobjekt

Die gem. §§ 2 Abs. 1, 13 - 24, 49 EStG steuerbaren Einkünfte sind Objekt der Einkommensteuer. §§ 13 – 24 EStG regeln sowohl bei unbeschränkter als auch bei beschränkter Steuerpflicht, zu welcher Einkunftsart Einkünfte gehören.

Es ist zu fragen, weshalb die das Einkommensteuerrecht verkomplizierende, in § 1 Abs. 1 S. 1 und § 1 Abs. 4 EStG angelegte und durch § 49 EStG umgesetzte Differenzierung innerhalb der Einkommensteuerpflicht auf der Ebene des Steuerobjektes erforderlich ist.

1. Reichweite der Besteuerung (Beispielsfall 3)

Zwischen in- und ausländischen Einkünften ist gem. §§ 1 Abs. 4, 2 Abs. 1 S. 1, 49 EStG nur im Rahmen der beschränkten Steuerpflicht zu unterscheiden. Daraus[36] bzw. aus dem Zusammenwirken mit weiteren Vorschriften des Einkommensteuerrechtes[37] wird das sog. Welteinkommensprinzip, d. h., die grundsätzliche Besteuerung der gesamten, weltweit erzielten Einkünfte Inlandsansässiger, abgeleitet und zum tragenden Prinzip der Einkommensteuer erklärt.[38]

Während bei der unbeschränkten Steuerpflicht gem. §§ 1 Abs. 1 S. 1, 2 Abs. 1, 13 - 24 EStG also sowohl in- als auch ausländische Einkünfte besteuert werden, gilt im Rahmen der beschränkten Steuerpflicht das Quellenprinzip.[39] Im Ausland erwirtschaftetes Einkommen wird gem. §§ 1 Abs. 4, 2 Abs. 1 S. 1, 49 Abs. 1 EStG nicht besteuert.

---

35 AEAO, vor §§ 8, 9 Tz. 1 S. 1

36 Schaumburg, in: FS Tipke, 1995, S. 125 (128); ders., Internationales Steuerrecht, 1998, S. 133 (Rz. 5.63 f.)

37 Mössner, in: Tipke/Bozza, Besteuerung von Einkommen, Berlin 2000, S. 253 (254)

38 Blümich/Ebling, § 1 EStG Rz. 41; HHR/Stapperfend, vor §§ 1, 1a EStG Anm. 1, § 1 EStG Anm. 88; Kirchhof/Söhn, EStG § 2 Rn. A 145

39 s. o. zu A. II.

Beispielsfall 3

D ist Eigentümer eines an einen Landwirt verpachteten Grundstücks.

Ist D im Inland ansässig, so hat er die Einkünfte aus der Verpachtung des Grundstücks grundsätzlich gem. §§ 1 Abs. 1 S. 1, 2 Abs. 1 S. 1 Nr. 6, S. 2 i. V. m. § 21 Abs. 1 S. 1 Nr. 1 EStG zu versteuern. Das gilt unabhängig davon, ob das Grundstück im In- oder im Ausland liegt.

Ist D dagegen nicht im Inland ansässig, so beschränkt sich seine Steuerpflicht gem. §§ 1 Abs. 4, 2 Abs. 1 S. 1 Nr. 6, 49 Abs. 1 Nr. 6 EStG auf im Inland belegene Grundstücke. Inländische Steuerfolgen ergeben sich aus der Verpachtung für ihn also nur dann, wenn das Grundstück im Inland liegt.

Zunächst sprechen also fiskalische Gründe dafür, die Einkommensteuerpflicht nicht insgesamt auf inländische Einkünfte zu beschränken.

2. Dauerhafte Anknüpfungsmöglichkeit (Beispielsfall 4)

Gem. § 1 Abs. 4 EStG sind natürliche Personen beschränkt steuerpflichtig, wenn sie inländische Einkünfte im Sinne des § 49 haben. Gem. § 49 Abs. 1 EStG reicht indes nicht jeder Inlandsbezug von Einkünften, die gem. §§ 2 Abs. 1, 13 - 24 EStG im Rahmen der unbeschränkten Steuerpflicht steuerbar sind, für die Begründung der beschränkten Steuerpflicht aus. Erforderlich ist statt dessen die Möglichkeit einer dauerhaften Zuordnung zum Inland oder, mit anderen Worten, eine inländische Verwurzelung[40] der Einkünfte.

Beispielsfall 4

E ist in der Schweiz ansässig und betreibt dort einen Gewerbebetrieb, über den er sich vor allem in Deutschland engagiert. Im Jahr 01 erzielt er erhebliche Gewinne aus seiner Geschäftstätigkeit in Deutschland. Um seine Präsenz auf dem deutschen Markt zu verstärken, entschließt sich E am Ende des Jahres 01, zum 01.01.02 eine Zweigniederlassung seines Unternehmens in Deutschland zu errichten.

Obwohl E im Jahr 01 einen wesentlichen Teil seiner Einkünfte im Inland erzielt hat, handelt es sich nicht um inländische Einkünfte im Sinne von § 49 Abs. 1 EStG, da keines der inländischen Anknüpfungsmerkmale gegeben ist. E ist nicht beschränkt steuerpflichtig in Deutschland. Er hat seine deutschen Einkünfte nicht in Deutschland zu versteuern.

Durch die Gründung der Zweigniederlassung ändert sich die Rechtslage. Nunmehr unterhält E gem. §§ 49 Abs. 1 Nr. 2 Buchst. a EStG i. V. m. § 12 S. 2 Nr. 2 AO eine Betriebsstätte in Deutschland. Die gesamten Gewinne, die E im Jahr 02 durch seine Geschäftstätigkeit in Deutschland erwirtschaftet, werden als inländische Einkünfte im Sinne von § 49 Abs. 1 EStG im Inland besteuert. E ist gem. § 1 Abs. 4 EStG in Deutschland beschränkt steuerpflichtig.

---

40 sog. Inlandsradizierung

Für die Annahme inländischer Einkünfte im Sinne von § 49 Abs. 1 EStG ist somit letztlich nicht die Möglichkeit einer Zuordnung der Einkünfteerzielung zum Inland, sondern deren Mobilitätsgrad ausschlaggebend.[41] Besteuert wird nur dann, wenn inländische Anknüpfungspunkte eine dauerhafte Verankerung des Erwerbs im Inland belegen und eine selbständige Erfassung und Kontrolle der Einkünfte ermöglichen.

Aus Praktikabilitätsgründen wird demnach bei Auslandsansässigen ein besonderer Inlandsbezug der Einkünfteerzielung gefordert und in § 49 EStG verankert.

3. Auswahl bestimmter Einkunftsquellen (Beispielsfall 5)

§ 49 Abs. 1 EStG enthält zwei Regelungsschichten. Zum einen entscheidet die Norm darüber, unter welchen Voraussetzungen eine inländische Einkunftsquelle und demzufolge inländische Einkünfte im Sinne der Vorschrift gegeben sind. Zum anderen bestimmt sie aber auch selbständig über den Kreis der bei beschränkter Steuerpflicht steuerbaren Einkünfte und modifiziert insofern die Bestimmungen der §§ 13 - 24 EStG, die gem. § 2 Abs. 1 S. 1, S. 2 EStG im Grundsatz auch bei beschränkter Steuerpflicht zur Anwendung kommen. Dieses Verständnis wird von Klaus Vogel aus der US-amerikanischen Unterscheidung zwischen „source“[42] und „jurisdiction“[43] abgeleitet.[44]

§ 49 Abs. 1 EStG regelt also nicht nur, wann dauerhafte Inlandseinkünfte vorliegen, sondern enthält daneben eine weitere, eigenständige Regelung zur Steuerbarkeit. Diese besteht darin, dass bestimmte, bei unbeschränkter Steuerpflicht gem. §§ 2 Abs. 1, 13 - 24 EStG steuerbare Einkünfte von der Besteuerung im Rahmen der beschränkten Steuerpflicht ausgenommen werden.[45]

Nicht alle Steuerobjekte, auf die der Steuergläubiger bei unbeschränkter Einkommensteuerpflicht zugreift, unterliegen auch bei beschränkt Steuerpflichtigen der Einkommensteuer. Umgekehrt sind aber alle im Rahmen der beschränkten Steuerpflicht steuerbaren Einkünfte auch im Rahmen der unbeschränkten Steuerpflicht steuerbar. Dadurch erhält die Besteuerung im Rahmen der beschränkten Steuerpflicht den Charakter einer Ausschnittsbesteuerung. § 49 Abs. 1 EStG kommt in keinem Fall steuerbegründende Wirkung zu.[46]

---

41 Endriss, Wohnsitz- oder Ursprungsprinzip, 1967, S. 75; Clausen, DStZ/A 1974, S. 315 (317)

42 sec. 861 - 863, 865 I. R. C.

43 sec. 871 ff. I. R. C.

44 K. Vogel, in: FS Walter, 1988, S. 101 (111)

45 Lüdicke in L/S, EStG, § 49 Anm. 41

46 Debatin, BB 1960, S. 1015 (1016); ders., DB 1961, S. 785 (786); Kirchhof/Söhn, EStG § 2 Rn. B 53

Beispielsfall 5

Im Januar 02 erwirbt F einen Geschäftsanteil von 0,5 % an der XY-GmbH. Bereits einen Monat später veräußert er ihn mit einem Gewinn von 1.000 €. Weitere Veräußerungsgeschäfte nimmt er nicht vor.

Handelt es sich bei F um einen Gebietsansässigen, ist der Gewinn gem. §§ 2 Abs. 1 S. 1 Nr. 7, 22 Nr. 2, 23 Abs. 1 S. 1 Nr. 2 EStG einkommensteuerbar. Ist F hingegen Gebietsfremder, entfällt die sachliche und mit ihr auch die persönliche Steuerpflicht im Hinblick auf die erzielten Einkünfte, weil die Veräußerung einer Kapitalgesellschaftsbeteiligung von weniger als 1 vom Hundert nicht durch §§ 1 Abs. 4, 49 Abs. 1 Nr. 8 EStG erfasst wird.

Private Veräußerungsgeschäfte über andere Wirtschaftsgüter als Grundstücke oder grundstücksgleiche Rechte werden zwar bei Anschaffung und Veräußerung innerhalb von einem Jahr durch §§ 22 Nr. 2, 23 Abs. 1 Nr. 2 EStG, grundsätzlich aber nicht durch § 49 Abs. 1 Nr. 8 EStG erfasst. Etwas anderes gilt nur dann, wenn innerhalb dieses Zeitraumes eine Beteiligung an einer Kapitalgesellschaft angeschafft und veräußert wird, die die Voraussetzungen des § 17 Abs. 1 EStG erfüllt. Das ist hier nicht der Fall.

Die Bestimmung inländischer Einkünfte in § 49 Abs. 1 EStG ist also schließlich auch deshalb erforderlich, weil bei beschränkter Steuerpflicht der Kreis der steuerbaren Einkünfte enger gezogen wird als bei unbeschränkter Steuerpflicht. Sachliche Gründe dafür sind nicht ersichtlich. Die Differenzierung auf der Ebene des Steuerobjektes wird dadurch zusätzlich in Frage gestellt.

4. Ergebnis zu II.

Auf der Ebene des Steuerobjektes bietet die unbeschränkte Steuerpflicht wie bei der Bestimmung des Steuersubjektes[47] ein diffuses, durch fiskalische Interessen und Praktikabilitätserwägungen geprägtes Bild.

Während Begründung und Reichweite der Besteuerung inländischer Einkünfte bei beschränkter Steuerpflicht Gegenstand einkunftsartbezogener Bestimmungen sind, basiert die Welteinkommensbesteuerung auf einem Rückschluss aus anderen Bestimmungen des Einkommensteuerrechtes. Neben der territorialen Anknüpfung des Steuerschuldverhältnisses bei unbeschränkter Steuerpflicht begegnet so auch deren Erstreckung auf ausländische Einkünfte strukturellen Bedenken. Das Welteinkommensprinzip lässt als tragendes Prinzip der Einkommensteuer und aufgrund seiner Auswirkungen für die Steuerpflichtigen eine deutlichere Verankerung in der Rechtsordnung erwarten.

---

47 s. o. zu I.

III. Steuerbemessungsgrundlage

Unbeschränkte und beschränkte Steuerpflicht unterscheiden sich nicht nur im Hinblick auf die Erfassung von Leistungsfähigkeitssteigerungen, sondern auch im Hinblick auf die Berücksichtigung von Leistungsfähigkeitsminderungen. Bei Auslandsansässigen werden anders als bei Inlandsansässigen sowohl einkunfts- als auch personenbezogene Aufwendungen grundsätzlich nicht zum Abzug zugelassen.[48]

Die Besteuerung wird weitgehend von den persönlichen Verhältnissen des Steuerschuldners abgekoppelt. Die bei unbeschränkter Steuerpflicht aus § 2 EStG abgeleitete Nettobesteuerung weicht im Rahmen der beschränkten Steuerpflicht zumindest teilweise einer Bruttobesteuerung.[49] Auch hier stellt sich die Frage, weshalb nicht, basierend auf dem in § 3 Abs. 1 AO verankerten, für unbeschränkte und beschränkte Steuerpflicht gleichermaßen geltenden Fiskalzweck der Einkommensteuer eine einheitliche Entscheidung über die Berücksichtigung von Leistungsfähigkeitsminderungen möglich ist.

1. Abzug einkunftsbezogener Aufwendungen (Beispielsfall 6)

Der Abzug einkunftsbezogener Aufwendungen basiert auf dem objektiven Nettoprinzip. Das objektive Nettoprinzip wird aus § 2 Abs. 2 EStG abgeleitet, da dort die Einkünfte als Rein- oder Nettoeinkünfte geregelt sind. Es gebietet die Berücksichtigung von Erwerbsaufwendungen und Verlusten.[50]

Bei Auslandsansässigen wird das objektive Nettoprinzip insbesondere durch die in § 50 Abs. 5 S. 1 EStG normierte Abgeltungswirkung des Steuerabzugs vom Arbeitslohn oder vom Kapitalertrag oder nach § 50 a EStG an der Einkunftsquelle durchbrochen. Sie bewirkt, dass sich die Einkommensteuer prinzipiell nach den gesamten Einnahmen des Steuerpflichtigen bemisst. Betriebsausgaben und Werbungskosten können grundsätzlich nicht abgezogen werden.

Im Rahmen der beschränkten Steuerpflicht wird demgemäß der Abzug einkunftsbezogener Aufwendungen stark eingeschränkt. Die objektive Leistungsfähigkeit des Steuerschuldners wird bei der Bemessung des durch ihn zu versteuernden Einkommens im Grundsatz nicht berücksichtigt.

---

[48] Lang, in: Tipke/Lang, Steuerrecht, 2002, § 9 Rz. 26

[49] vgl. Schaumburg, Internationales Steuerrecht, 1998, S. 167 (Tz. 5.127)

[50] Lang, in: Tipke/Lang, Steuerrecht, 2002, § 9 Rz. 42, 54

Beispielsfall 6

G fährt als Arbeitnehmer im Jahr 01 an 240 Arbeitstagen von seinem Wohnort zu seinem 50 Kilometer entfernten, im Inland belegenen Arbeitsort. Im Januar 02 möchte er den ihm entstandenen Aufwand steuermindernd geltend machen.

Als Steuerinländer kann G seine Aufwendungen für die Fahrten zwischen Wohnung und Arbeitsstätte als Werbungskosten gem. §§ 2 Abs. 1 S. 1 Nr. 4, Abs. 2 Nr. 2, 9 Abs. 1 S. 3 Nr. 4 EStG jedenfalls dann geltend machen, wenn er gem. § 46 Abs. 2 Nr. 8 EStG bis zum 31.12.03 eine Einkommensteuererklärung abgibt, in der er die Fahrten angibt.

Ist G hingegen Steuerausländer, besteht die Möglichkeit einer Einkommensteuerveranlagung gem. § 50 Abs. 5 S. 1 EStG nicht. Beschränkt steuerpflichtige Arbeitnehmer können statt dessen gem. § 39 d Abs. 2 S. 1 Nr. 1 EStG die Berücksichtigung von Werbungskosten dadurch erreichen, dass sie die Eintragung der Aufwendungen in eine zuvor durch das Finanzamt ausgestellte Bescheinigung beantragen. Dieser Antrag kann jedoch gem. § 39 d Abs. 2 S. 2 EStG nur bis zum Ablauf des Kalenderjahres gestellt werden, für das die Bescheinigung gilt.

G hätte folglich bis zum 31.12.01 eine Bescheinigung nach § 39 d Abs. 1 S. 3 EStG und gem. § 39 d Abs. 2 S. 1 Nr. 1, S. 2 EStG zusätzlich bis zu diesem Zeitpunkt die Eintragung der ihm im Zusammenhang mit den Fahrten zur Arbeitsstätte entstehenden Aufwendungen beantragen müssen. Im Januar 02 ist er dazu nicht mehr in der Lage.

Dementsprechend kann G als Auslandsansässiger Aufwendungen für seine Fahrten zur Arbeitsstätte nicht wie ein Inlandsansässiger steuerlich geltend machen. Im Beispielsfall können seine Aufwendungen für Fahrten zwischen dem ausländischen Wohn- und dem inländischen Arbeitsort überhaupt nicht mehr von der Bemessungsgrundlage abgezogen werden.

2. Abzug personenbezogener Aufwendungen (Beispielsfall 7)

Durch die Möglichkeit zum Abzug personenbezogener Aufwendungen wird das subjektive Nettoprinzip verwirklicht. Es ist in § 2 Abs. 4 und 5 EStG normiert und steht dafür, dass der Steuerschuldner unabwendbare Aufwendungen, die durch seine persönlichen Verhältnisse verursacht werden, abziehen kann.[51]

Bei auslandsansässigen Steuerschuldnern bewirkt § 50 Abs. 1 S. 5 EStG im Regelfall eine so weitgehende Beschränkung der Möglichkeiten des beschränkt Steuerpflichtigen zum Abzug indisponibler privater Aufwendungen, dass sich das subjektive Nettoprinzip in sein Gegenteil verkehrt. Im Rahmen der beschränkten Steuerpflicht wird die subjektive Leistungsfähigkeit des Steuerpflichtigen also grundsätzlich nicht berücksichtigt. Es gilt das subjektive Bruttoprinzip. Unvermeidbare Privatausgaben dürfen nur in Ausnahmefällen abgezogen werden.

[51] Lang, in: Tipke/Lang, Steuerrecht, 2002, § 9 Rz. 42

Beispielsfall 7

H ist alleinerziehende Mutter eine Kindes und im Inland berufstätig.

Wohnt sie mit ihrem Kind im Inland, so kann sie gem. §§ 2 Abs. 5 S. 1, 32 Abs. 6 S. 1, Abs. 7 S. 1 EStG sowohl den Kinderfreibetrag in Höhe von 1.782 € als auch den Haushaltsfreibetrag in Höhe von 2.916 € bei der Veranlagung steuermindernd geltend machen. Wohnt sie dagegen im Ausland, entfallen beide Möglichkeiten gem. § 50 Abs. 1 S. 4 EStG nicht.

3. Ergebnis zu III.

Das Zusammenwirken von Welteinkommensbesteuerung auf der einen und Nettoprinzip auf der anderen Seite im Rahmen der unbeschränkten Steuerpflicht muss bereits strukturbedingt kritisiert werden. Einem Besteuerungsansatz, bei dem der Staat umfassend besteuert, die sich daraus ergebende Steuerlast aber im Hinblick auf die persönlichen Verhältnisse des Steuerpflichtigen umfassend mindert, fehlt es an Klarheit. Gleichzeitig erweckt er den Anschein mangelnder Effizienz.

Dieser Eindruck verstärkt sich, wenn im Einzelfall nach Maßgabe der in vielen Fällen nicht ohne weiteres bestimmbaren Ansässigkeit des Steuerpflichtigen[52] sowohl Erwerbsaufwendungen als auch bestimmte sonstige Kosten in unterschiedlichem Umfange zum Abzug zugelassen werden.

IV. Steuertarif

Die Unterscheidung zwischen Ansässigen und Nichtansässigen äußert sich schließlich auch auf der Ebene des Steuertarifs. Auch hier bewirkt sie grundsätzlich, dass die persönliche Leistungsfähigkeit des Steuerausländers nicht in dem Maße berücksichtigt wird, wie das bei Steuerinländern der Fall ist, obwohl ein Grund dafür nicht ersichtlich ist.

Die Berücksichtigung des Welteinkommens Inlandsansässiger wird mittels Progressionsvorbehalt selbst dann sichergestellt, wenn bilateral auf die tatsächliche Besteuerung im Ausland erzielter Einkünfte verzichtet wird.

1. Veranlagung nach der Grundtabelle; Mindeststeuersatz (Beispielsfall 8)

Wird veranlagt, so geschieht dies gem. § 50 Abs. 3 S. 1 i. V. m. § 32 a Abs. 1 EStG grundsätzlich nach der Grundtabelle. Hinzu kommt, dass gem. § 50 Abs. 3 S. 2 EStG regelmäßig ein Mindeststeuersatz von 25 vom Hundert des Einkommens zur Anwendung kommt.

[52] s. o. zu I. 1.

Beispielsfall 8

Der verheiratete I, der Staatsangehöriger eines nicht zur Europäischen Union oder zum Europäischen Wirtschaftsraum gehörenden Staates ist, ist in Deutschland erwerbstätig und erzielt im Jahre 2001 ein zu versteuerndes Einkommen von DM 50.000,00. Seine Ehefrau geht keiner Erwerbstätigkeit nach.

Sind beide Ehepartner in Deutschland ansässig, können sie gem. §§ 26, 26 b EStG zusammen veranlagt werden. Aufgrund des Splittingtarifs beläuft sich ihre Einkommensteuerbelastung auf DM 5.042.[53]

Ist dagegen einer der Ehegatten nicht im Inland ansässig, ist eine Zusammenveranlagung gem. § 26 Abs. 1 S. 1 EStG ausgeschlossen. Sofern nicht das Steuerabzugsverfahren zur Anwendung kommt, wird nach der Grundtabelle veranlagt. Die Einkommensteuerbelastung erhöht sich demzufolge auf DM 9.657.[54] Ist I selbst im Ausland ansässig, kommt zusätzlich gem. § 50 Abs. 3 S. 2 EStG der Mindeststeuersatz in Höhe von 25 vom Hundert des Einkommens zur Anwendung. Dadurch erhöht sich die Belastung auf DM 12.500.

Der ansässigkeitsbedingte Steuernachteil des I im Jahr 2001 beträgt im ersten Fall DM 4.615, im zweiten Fall erhöht er sich auf DM 7.458.

Es stellt sich die Frage, ob das Kriterium der Ansässigkeit derart gravierende Belastungsunterschiede zu rechtfertigen vermag.[55]

2. Progressionsvorbehalt (Beispielsfall 9)

Gem. § 32 b Abs. 1 Nr. 3 EStG werden bei unbeschränkt Steuerpflichtigen bestimmte, nach dem jeweiligen Doppelbesteuerungsabkommen steuerfreie ausländische Einkünfte bei der Bestimmung des auf die übrigen Einkünfte anzuwendenden Steuersatzes berücksichtigt. Selbiges geschieht bei beschränkt Steuerpflichtigen grundsätzlich nicht. Hier haben ausländische Einkünfte also keinen Einfluss auf den Steuertarif.

Zur Begründung wird ausgeführt, dass es bei beschränkt Steuerpflichtigen um eine isolierte Besteuerung einzelner inländischer Einkünfte gehe, bei der die nur im Ausland feststellbaren Verhältnisse des Steuerpflichtigen aus Praktikabilitätsgründen weitgehend außer Betracht blieben.[56] Dass es indes auch bei unbeschränkt Steuerpflichtigen grundsätzlich wenig praktikabel sein dürfte, die lediglich zur Bestimmung des Steuertarifs benötigten ausländischen Einkünfte zu ermitteln, dürfte außer Frage stehen.[57]

---

[53] vgl. die Einkommensteuer-Splittingtabelle in der ab dem 01.01.2001 gültigen Fassung

[54] vgl. die Einkommensteuer-Grundtabelle in der ab dem 01.01.2001 gültigen Fassung

[55] zur Europarechtskonformität des Mindeststeuersatzes: BFH, Beschluss v. 05.02.2001 – I B 140/00, IStR 2001, 285

[56] BFH, Urteil v. 19.12.2001 - I R 63/00, DB 2002, 874 (877)

[57] ebenso: Schön, StuW 2002, S. 23 (33)

Zu bemängeln ist jedoch, dass sich durch eine Anwendung des Progressionsvorbehaltes nur im Ansässigkeitsstaat keine absolute Belastungsgleichheit erreichen lässt. Der theoretische Vorteil eines auf den Ansässigkeitsstaat beschränkten Progressionsvorbehaltes beschränkt sich darauf, dass es bei harmonisierten Einkommensteuersystemen im Hinblick auf die prozentuale Einkommensteuerbelastung im Ansässigkeitsstaat keine Rolle spielt, ob ein Steuerpflichtiger Einkünfte in einem oder in mehreren Staaten erzielt. Das verdeutlicht

Beispielsfall 9:

J erzielt sein gesamtes Einkommen in Höhe von 100.000 € im Ansässigkeitsstaat X. K erzielt sein Gesamteinkommen in Höhe von ebenfalls 100.000 € zur einen Hälfte in X und zur anderen Hälfte im Quellenstaat Y. Sowohl in X als auch in Y beläuft sich die Steuerbelastung bezogen auf 50.000 € auf 10.000 € und bezogen auf 100.000 € auf 40.000 €.

Ohne Progressionsvorbehalt trägt J eine Steuerbelastung von 40.000 € und K eine Steuerbelastung von insgesamt 20.000 €, obwohl die Gesamtleistungsfähigkeit der beiden Steuerpflichtigen identisch ist. Die Einkommensteuerbelastung des K halbiert sich nur deshalb, weil er in zwei Staaten Einkünfte erzielt. Sachliche Gründe für diesen Progressionsvorteil bestehen nicht.

Deshalb werden die in Y durch K erzielten Einkünfte bei der Ermittlung des auf die inländischen Einkünfte anzuwendenden Steuertarifs einbezogen. Das geschieht wie folgt:

Im Ansässigkeitsstaat X werden die Gesamteinkünfte des K ermittelt. Der effektive Steuersatz, der auf die jeweils im Inland erzielten Einkünfte des K anzuwenden ist, richtet sich folglich nach einem zu versteuernden Einkommen von 100.000 €. Das hat zur Folge, dass sich die Einkommensteuerbelastung des K in X auf 20.000 € erhöht. Damit entspricht zwar noch nicht die Gesamtsteuerbelastung des K in Höhe von 30.000 € derjenigen des J (40.000 €), aber in Relation zum Einkommen in X werden J und K dort gleich stark belastet.

Alleine aus dem Umstand, dass ein Steuerpflichtiger Einkünfte in mehr als einem Staat erzielt, erwachsen ihm also im Ansässigkeitsstaat bezogen auf das Inlandseinkommen keine Vorteile, sofern und solange progressiver Tarif und Progressionsvorbehalt beibehalten bzw. durchgesetzt werden. Beides kann indes vor allem aufgrund der Schwierigkeiten bei der Ermittlung der ausländischen Einkünfte in Frage gestellt werden.[58]

B. Wesen der Einkommensteuerpflicht

Der Vergleich der Besteuerung von Gebietsansässigen und Gebietsfremden zeigt im wesentlichen zwei Unterschiede:

---

[58] s. u. 4. Abschnitt C. II. 1. c. aa.

- Der erste Unterschied besteht darin, dass bei Inlandsansässigen auch auf im Ausland erzielte Einkünfte zugegriffen wird, während sich die Besteuerung bei Auslandsansässigen auf Einkünfte beschränkt, die im Inland erzielt worden sind. Während Leistungsfähigkeitssteigerungen also bei Steuerinländern umfassend berücksichtigt werden, werden sie bei Steuerausländern nur in eingeschränktem Umfang erfasst.

- Der zweite Unterschied betrifft demgegenüber die Berücksichtigung von Leistungsfähigkeitsminderungen bei der Bemessung des zu versteuernden Einkommens und des Steuertarifs. Auch Leistungsfähigkeitsminderungen werden bei Inlandsansässigen umfassend, bei Auslandsansässigen dagegen grundsätzlich überhaupt nicht berücksichtigt.

Die Leistungsfähigkeit des Steuerpflichtigen wird also nur bei unbeschränkter Einkommensteuerpflicht umfassend berücksichtigt. Bei beschränkter Steuerpflicht spielt sie "keine hervorgehobene Rolle"[59].

Gleichwohl wird das Leistungsfähigkeitsprinzip zur Grundlage sowohl der unbeschränkten als auch der beschränkten Einkommensteuerpflicht erklärt.[60] Nur wenn diese Behauptung entgegen dem ersten Anschein aufrechterhalten werden kann und auch die beschränkte Steuerpflicht den Charakter der Einkommensteuer als einer Personensteuer nicht verändert, lassen sich unbeschränkte und beschränkte Steuerpflicht von einer gemeinsamen Argumentationsbasis aus beurteilen.

Zu prüfen ist demnach, ob die Leistungsfähigkeit des Steuerpflichtigen im Grundsatz dem gesamten Einkommensteuerrecht als Orientierungsmaßstab dient[61] und somit die individuelle Steuerbelastung unabhängig von der Ansässigkeit des Steuerpflichtigen nach der Fähigkeit zu bemessen ist, Steuerleistungen aus dem Einkommen und in Abhängigkeit von diesem zu erbringen.[62]

---

59 BFH, Urteil v. 19.12.2001 - I R 63/00, DB 2002, 874 (877)

60 BVerfG, Beschluss v. 12.10.1976 - 1 BvR 2328/73 -, BStBl. II 1977, 190 (192); Beschluss v. 24.02.1989 - 1 BvR 519/87 -, StRK EStG 1975 § 36 b R. 2 a; BFH, Urteil v. 20.04.1988 – I R 219/82, BStBl. II 1990, 701 (704); Kluge, Das Internationale Steuerrecht, 2000, S. 180 (M 28); Wassermeyer, in: K. Vogel (Hrsg.), Grundfragen des Int. Steuerrechts, JDStJG Bd. 8, 1985, S. 49 (76); Schaumburg, in: FS Tipke, 1995, S. 125 (130 f.)

61 P. Kirchhof, in: P. Kirchhof u. a., Steuern im Verfassungsstaat, 1996, S. 27 (31 f.)

62 Tipke, Die Steuerrechtsordnung, Bd. I, 2000, S. 481

I. Unbeschränkte Steuerpflicht - Wohnsitz- und Welteinkommensbesteuerung

Der unbeschränkten Einkommensteuerpflicht liegt der Gedanke zugrunde, Inlandsansässige mit ihrem „individuellen, nicht verwendungsgebundenen Gesamtzuwachs an Einkommen"[63] zu besteuern.

Wesensmerkmal der unbeschränkten Steuerpflicht ist demnach zum einen die Anknüpfung an die Inlandsansässigkeit einer Person und zum anderen die Erfassung der gesamten einkommensrelevanten Leistungsfähigkeit dieser Person, unabhängig insbesondere von der Herkunft des Einkommens. Dementsprechend wird die unbeschränkte Steuerpflicht einerseits durch das Wohnsitzprinzip und andererseits durch das Welteinkommensprinzip, auch Universal-, Universalitäts-, Totalitäts- oder Globalprinzip genannt,[64] gekennzeichnet.

Ist das Steuersubjekt dem Inland zuzuordnen, spielt es keine Rolle, ob die Leistungsfähigkeit in der in- oder in der ausländischen Volkswirtschaft wurzelt. Der Charakter der unbeschränkten Steuerpflicht wird also vor allem dadurch geprägt, dass die Leistungsfähigkeit auf der Grundlage der Inlandsansässigkeit des Steuerpflichtigen umfassend berücksichtigt wird. Dieser Bedeutung der Ansässigkeit muss die Rechtfertigung der unbeschränkten Steuerpflicht Rechnung tragen.[65]

II. Beschränkte Steuerpflicht - Objektsteuercharakter

Die persönliche Steuerpflicht Nichtansässiger setzt im Gegensatz zu derjenigen Ansässiger nicht das Vorliegen bestimmter, auf die Person der Steuerpflichtigen bezogener Merkmale, sondern die Existenz von Einkünften aus inländischen Quellen voraus. Deshalb wird das der beschränkten Einkommensteuerpflicht zugrunde liegende Prinzip als Quellenprinzip bezeichnet.[66] Gleichzeitig werden sowohl in der Person des Steuerpflichtigen als auch in dessen Einkünfteerzielung begründete Leistungsfähigkeitsminderungen im Grundsatz nicht steuermindernd berücksichtigt.[67]

Nach der überwiegend vertretenen Auffassung[68] hat die Einkommensteuer deshalb im Bereich der beschränkten Steuerpflicht objektsteuerartigen Charakter. Einige bezeich-

---

63 P. Kirchhof, in: Kirchhof/Söhn, EStG, § 2 Rdnr. A 145 ff.

64 Fischer/Warnecke, Internationale betriebswirtschaftliche Steuerlehre, 1988, S. 49; Grotherr/Herfort/Strunk, Internationales Steuerrecht, 1998, S. 38; Schaumburg, Internationales Steuerrecht, 1998, S. 108 (Rz. 5.3); Wilke, Lehrbuch des internationalen Steuerrechts, 2002, S. 24; im folgenden: Welteinkommensprinzip

65 s. u. 2. Abschnitt C. IV.

66 s. o. zu A. I. 2.

67 s. o. zu A. III.

68 PrOVG, Entscheidung des VI. Senates v. 31.05.1902 - J. N. XII. b. 24 - Rep. XII. b. 23/02, PrOVGSt 10, 22 (23); BVerfG, Beschluss v. 24.09.1965 - 1 BvR 228/65 -, BVerfGE 19, 119 (124); Beschluss v. 05.09.1975 -

nen sie insofern gar als Objektsteuer.[69] Dem kann indes nicht gefolgt werden.[70] Die Einkommensteuer ist statt dessen insgesamt als Personensteuer und nicht als Objektsteuer konzipiert.[71] Unbeschränkte und beschränkte Einkommensteuerpflicht sind zwei Spielarten einer einheitlichen Besteuerungsidee.

Nach § 1 Abs. 4 EStG wie nach § 1 Abs. 1 S. 1 EStG sind natürliche Personen steuerpflichtig. Bereits nach dem Gesetzeswortlaut knüpft die Einkommensteuer damit auch bei der beschränkten Steuerpflicht an das Steuersubjekt an. Das zusätzliche Merkmal der Erzielung inländischer Einkünfte im Sinne des § 49 EStG bedeutet nur eine objektbezogene Einschränkung der persönlichen Steuerpflicht. Es ist nur deshalb in der steuerpflichtbegründenden Norm enthalten, um den Steuerzugriff auf die Person des Steuerpflichtigen völkerrechtlich zu legitimieren.[72]

Auch die Abstriche bei der Berücksichtigung leistungsfähigkeitsmindernder Aufwendungen des Steuerpflichtigen und die Besonderheiten beim Steuertarif[73] vermögen den Charakter der Einkommensteuer im Bereich der beschränkten Steuerpflicht nicht zu verändern. Sie beruhen im wesentlichen auf der Vermutung, dass die persönliche Situation des Steuerpflichtigen in vollem Umfang im Ansässigkeitsstaat berücksichtigt wird und eine Gleichstellung von beschränkt und unbeschränkt Steuerpflichtigen deshalb einen ungerechtfertigten Steuervorteil des beschränkt Steuerpflichtigen zur Folge hätte.[74] Auch die Nichtberücksichtigung bestimmter persönlicher Umstände eines beschränkt Steuerpflichtigen orientiert sich demnach an dessen persönlicher Situation, die wesentlich dadurch geprägt ist, dass er durch zwei Staaten besteuert wird.

Im übrigen ist zu beachten, dass es bei Steuerausländern aufgrund der abweichenden Lebensverhältnisse im Ausland und der beschränkten Kontrollmöglichkeiten des Ansässigkeitsstaates regelmäßig Schwierigkeiten bereitet, persönliche Verhältnisse zu ermitteln und diesbezügliche Angaben des Steuerpflichtigen zu kontrollieren. Die An-

---

1 BvR 219/75 -, HFR 1975, 540 (540); Hess. FG, EFG 1971, 488 (489); Arndt, StuW 1990, S. 364 (365); Becker, Die Grundlagen der Einkommensteuer, 1940, S. 151; Clausen, DStZ/A 1974, S. 315 (318); Crezelius, DB 1984, S. 530 (531); Debatin, BB 1960, S. 1015 (1015); ders. DB 1961, S. 785 (785); Heining, Die Besteuerung der Ausländer, 1956, S. 101; Kluge, Das Internationale Steuerrecht, 2000, S. 181 (M 29); Eicher, in: Littmann, Das Einkommensteuerrecht, 2002, § 1 Rdnr. 94; Schaumburg, Internationales Steuerrecht, 1998, S. 165 (Rz. 5.123); Wurster, RIW 1982, S. 888 (889); Zuber, Anknüpfungsmerkmale und Reichweite internationaler Besteuerung, 1991, S. 92

[69] so aber: Bayer, in: FS Mosler, 1983, S. 59 (69 f.); Strutz, Handbuch des Reichssteuerrechts, 1927, S. 310

[70] so auch: Berkes, Die beschränkte Steuerpflicht der Arbeitnehmer im System des Einkommensteuergesetzes, 1991, S. 20; Wassermeyer, in: K. Vogel (Hrsg.), Grundfragen des Internationalen Steuerrechts, JDStJG Bd. 8, S. 49 (76)

[71] Becker, Die Grundlagen der Einkommensteuer, 1940, S. 150 ff.

[72] BFH, Beschluss v. 14.04.1993 - I R 29/92 -, BStBl. II 1994, 27 (31); vgl. o. zu A. I. 2.

[73] s. o. zu A. III. bzw. IV.

[74] EuGH, Urteil v. 27.06.1996 - Rs. C-107/94 (P. H. Asscher ./. Staatssecretaris van Financien) -, Slg. 1996, I 3089, 3113 (3126, Rn. 44); BFH, Urteil v. 09.07.1976 - VI R 158/74 -, BStBl. II 1976, 755 (756 f.); Kaefer/Saß, DB 1995, S. 642 (648); Schaumburg, Internationales Steuerrecht, 1998, S. 173 (Rz. 5.138); Wassermeyer, in: K. Vogel (Hrsg.), Grundfragen des Internationalen Steuerrechts, JDStJG Bd. 8, S. 49 (63)

sässigkeit der steuerpflichtigen Person im Ausland erfordert deshalb eine besondere Art der Besteuerung im Quellenstaat. Eine denkbare Möglichkeit ist die beschränkte Berücksichtigung persönlicher Verhältnisse. Von dieser Möglichkeit ist im deutschen Einkommensteuergesetz Gebrauch gemacht worden.

Grundsätzlich reagiert der besteuernde Staat jedoch auch im Rahmen der beschränkten Steuerpflicht auf persönliche Verhältnisse der steuerpflichtigen Person. §§ 50, 50 a EStG sind dementsprechend als Ausnahmevorschriften konzipiert. Mit ihnen geht keine Veränderung des Wesens der Einkommensteuer einher.

Gegen einen objektsteuerartigen Charakter spricht zudem der Vergleich zwischen beschränkter Einkommensteuerpflicht und Gewerbesteuer. Die Gewerbesteuer knüpft als Objektsteuer nach der in § 2 Abs. 1 S. 1 GewStG zum Ausdruck kommenden gesetzgeberischen Konzeption an den inländischen Gewerbebetrieb an. Besteuert wird der Gewerbebetrieb, also das Steuerobjekt. Der Steuerschuldner, § 5 GewStG, ist lediglich für die Erhebung der Gewerbesteuer von Bedeutung. Im Rahmen der beschränkten Einkommensteuerpflicht hingegen wird wie bei der unbeschränkten Steuerpflicht eine Einkünfte erzielende natürliche Person als Steuerpflichtiger besteuert. Die Person des Steuerschuldners, die gem. § 36 Abs. 4 S. 1 EStG derjenigen des Steuerpflichtigen entspricht, hat eine weit über die Steuererhebung hinausgehende Funktion. Sie ist unverzichtbarer Bestandteil des Einkommensteuertatbestandes.

Die Frage, ob die Differenzierung nach der Ansässigkeit eine sach- und systemgerechte Grundlage für die Besteuerung bei unbeschränkter und bei beschränkter Einkommensteuerpflicht darstellt, ist dementsprechend auf der Grundlage des Verständnisses einer einheitlichen, als Personensteuer ausgestalteten und am Leistungsfähigkeitsprinzip zu messenden Einkommensteuer zu beantworten.

III. Verhältnis der Besteuerungskonzeptionen

Trotz dieser einheitlichen Argumentationsbasis ist zur Diskussion der Besteuerungskonzeptionen abschließend die Frage zu beantworten, in welchem Verhältnis die beiden Arten der Steuerpflicht zueinander stehen. Denkbar sind zwei Antworten: Unbeschränkte und beschränkte Einkommensteuerpflicht können einander bedingen oder selbständig nebeneinander stehen und demzufolge auch als alleinige Alternativen zum derzeitigen Gesamtsystem in Betracht kommen.

1. Gesetzesaufbau und Besteuerungspraxis

Nach dem Aufbau des Einkommensteuergesetzes steht die unbeschränkte Steuerpflicht an erster Stelle. Die beschränkte Steuerpflicht bedarf nur dann der Prüfung, wenn die unbeschränkte Einkommensteuerpflicht einer Person mangels Inlandsansässigkeit zu verneinen ist. Auch in der Besteuerungspraxis wird die persönliche Steuerpflicht regelmäßig bereits auf die Ansässigkeit des Steuersubjektes im Inland zurückgeführt werden können. Die grenzüberschreitende Erzielung von Einkünften stellt immer noch die Ausnahme dar. In den meisten Fällen wird das gesamte Einkommen im Ansässigkeitsstaat erwirtschaftet.

Nach dem Aufbau des Einkommensteuergesetzes und der Besteuerungspraxis genießt die unbeschränkte Steuerpflicht demnach Vorrang gegenüber der beschränkten Steuerpflicht. Daraus lässt sich indes nicht darauf schließen, dass die beschränkte Einkommensteuerpflicht die unbeschränkte voraussetzt und demzufolge keinen eigenständig nutzbaren Besteuerungsansatz repräsentiert.

Auch eine Besteuerungskonzeption, bei der natürliche Personen ohne Rücksicht auf ihre Ansässigkeit nur mit ihren inländischen Einkünfte besteuert werden, ist denkbar und völkerrechtlich zulässig.[75] Diese Einschätzung wird dadurch bestätigt, dass die beschränkte Steuerpflicht schon nach ihrer derzeitigen Ausprägung nur teilweise, etwa bei der Bestimmung der steuerbaren Einkünfte,[76] den Charakter einer Ausschnittsbesteuerung hat. Teilweise ist sie dagegen schon jetzt ein Aliud zur unbeschränkten Steuerpflicht. Letzteres trifft beispielsweise für den Steuerabzug nach § 50 a EStG zu, der kein Pendant im Rahmen der unbeschränkten Steuerpflicht hat.

Der Anwendungsvorrang der unbeschränkten Einkommensteuerpflicht ist also nicht denknotwendig, sondern lediglich Bestandteil eines praxisorientierten gesetzgeberischen Konzeptes, das dem Umstand Rechnung trägt, dass nur ausnahmsweise Fälle grenzüberschreitender Einkünfteerzielung zu beurteilen sind.

2. Einfluss der Doppelbesteuerungsabkommen

Der Anwendungsvorrang der Wohnsitz- und Welteinkommensbesteuerung gegenüber der Besteuerung an der Einkunftsquelle wird im übrigen bei der Besteuerung grenzüberschreitend erzielter Einkünfte nach Maßgabe der deutschen Doppelbesteuerungsabkommen in sein Gegenteil verkehrt.

Aufgrund des Steuerzugriffs zweier Staaten bedarf es hier konfliktvermeidender Normen. Diese finden sich sowohl im nationalen als auch im internationalen Bereich. Zieht man nunmehr die Wirkungen dieser Regeln zur Vermeidung der Doppelbesteuerung in Betracht, so ist festzustellen, dass die Besteuerung der Inlandseinkünfte Vorrang vor dem Zugriff auf das Welteinkommen hat.[77] Menck geht soweit, die Beschränkung der Besteuerung auf inländische Einkünfte auch bei Steuerinländern als konstitu-

---

75 s. o. zu A. I. 2.

76 s. o. zu A. II. 3.

77 Schulze-Brachmann, StuW 1964, Sp. 589 (608 f.); Endriss, FR 1968, S. 338 (338); K. Vogel, in: K. Vogel (Hrsg.), Grundfragen des Internationalen Steuerrechts, 1985, S. 3 (5, 9); Trzaskalik, StuW 1990, S. 380 (380)

ierendes Element des Steuersystems zu bezeichnen.[78] Das bedeutet, dass Deutschland im internationalen Kontext auf der Besteuerung inländischer Einkünfte besteht, während auf die nach der nationalen unbeschränkten Steuerpflicht mögliche Besteuerung ausländischer Einkünfte bilateral entweder vollständig oder teilweise verzichtet wird.

3. Ergebnis zu III.

Davon, dass die beschränkte Einkommensteuerpflicht gesetzessystematisch die unbeschränkte Einkommensteuerpflicht bedingt, kann also sowohl nach dem Einkommensteuergesetz als auch nach den deutschen Doppelbesteuerungsabkommen nicht die Rede sein. Statt dessen ist davon auszugehen, dass unbeschränkte und beschränkte Einkommensteuerpflicht zwar eine gemeinsame gedankliche Basis haben, gleichwohl aber selbständige Besteuerungskonzepte darstellen.

C. Internationale Bedeutung der Ansässigkeit

Welche praktische Bedeutung das Nebeneinander von unbeschränkter und beschränkter Einkommensteuerpflicht im deutschen Steuerrecht hat, verdeutlicht ein Blick in die Einkommensteuergesetze anderer Staaten und die mit diesen bestehenden Abkommen zur Vermeidung der Doppelbesteuerung.

I. Steuerrechtsordnungen anderer Staaten

Es ist festzustellen, dass nicht nur im deutschen Einkommensteuergesetz, sondern auch im Einkommensteuerrecht vieler anderer Staaten Inlandsansässige mit ihrem Welteinkommen und Auslandsansässige lediglich mit bestimmten Einkünften aus inländischen Quellen besteuert werden.[79] Die Differenzierung nach Maßgabe der Ansässigkeit prägt dabei nicht nur das Einkommensteuersystem europäischer Staaten,[80] sondern auch die Einkommensbesteuerung durch eine Vielzahl anderer Staaten weltweit.[81]

Die Unterscheidung zwischen Ansässigen und Nichtansässigen zählt damit zu den Grundlagen des internationalen Steuerrechts. Sie ist zurückzuführen auf das Bedürfnis

---

[78] Menck, in: Engelschalk/Flick u.a., Steuern auf ausländische Einkünfte (Münchener Schriften zum Internationalen Steuerrecht, Heft 7), 1985, S. 28 (33)

[79] Kaufman, Law and Policy in International Business, vol. 29 (1998), p. 145 (147)

[80] vgl. Bobbet (Hrsg.), IBFD, Taxation of Individuals in Europe, 2001, dort beispielsweise: France, Tz. 1.2.1.; Italy, Tz. 1.2.; Spain, Tz. 1.2.1.; United Kingdom, Tz. 1.2.1.3.

[81] etwa: Brasilien (vgl. Müssener, IWB Fach 8 Gruppe 2 S. 81 (85)); China (vgl. Möhrle, IWB Fach 6 Gruppe 2 S. 47 (48)); Japan (vgl. Otsuka/Otsuka/Nakatani, Tax Law in Japan, 2001, p. 30 (Tz. 73)); Russland (vgl. Koslow, IWB Fach 5 Gruppe 2 S. 21 (23 f.))

der Staaten, die aus ihrer Souveränität resultierenden Hoheitsrechte nach einem sachgerechten Kriterium gegenüber den Hoheitsrechten anderer Staaten abzugrenzen.[82]

Die Vereinigten Staaten von Amerika machen, soweit ersichtlich, als einziger wirtschaftlich entwickelter Staat[83] die Staatsangehörigkeit zur Grundlage eines nochmals weitergehenden Einkommensteuerzugriffs. Hier werden Staatsangehörige unabhängig von ihrer Ansässigkeit mit ihrem weltweiten Einkommen besteuert, während Ausländer ebenfalls ungeachtet ihrer Ansässigkeit nur Einkünfte aus US-amerikanischen Quellen zu versteuern haben.[84] Diesem Extrem steht ein weiteres gegenüber: Die Republik Südafrika besteuert grundsätzlich nur das Einkommen, das aus Einkunftsquellen innerhalb der Landesgrenzen bezogen wird. In Ausnahmefällen, etwa im Hinblick auf Zahlungen an ausländische Lizenzgeber, werden auch im Ausland erzielte Einkünfte nach dem Quellenprinzip Südafrika zugeordnet. Maßgeblich ist also nicht die Lokalisierung der Ansässigkeit, sondern diejenige der Einkunftsquelle.[85]

Diese letzten Beispiele belegen, dass es nicht abwegig ist, das auf der Ansässigkeit beruhende deutsche Einkommensteuersystem kritisch zu hinterfragen,[86] Alternativvorschläge zu erörtern[87] und ein eigenes Alternativsystem zu entwickeln.[88]

II. Doppelbesteuerungsabkommen

Die Differenzierung der DBA nach der Ansässigkeit führt dazu, dass die Besteuerung von Sachverhalten, deren Besteuerung Deutschland nach dem EStG beansprucht, entfällt oder weitreichenden Einschränkungen unterworfen wird.

1. Steuersubjekt - Differenzierung nach der Ansässigkeit

Doppelbesteuerungsabkommen definieren die Voraussetzungen der Ansässigkeit nicht eigenständig, sondern verweisen im Grundsatz auf die Rechtsordnungen der Vertragsstaaten. Die Definition der Ansässigkeit im deutschen Steuerrecht hat also auch international Bedeutung.

Lediglich wenn danach eine Person in beiden Vertragsstaaten ansässig ist, bestimmen DBA autonom, in welchem Staat die Person für Zwecke der Abkommensanwendung als ansässig gilt. Dabei wird in den Abkommen, die in den Grundzügen regelmäßig

---

82 Thömmes, in: Schön (Hrsg.), Gedächtnisschrift für Brigitte Knobbe-Keuk, 1997, S. 795 (795)

83 vgl. Kaufman, Law and Policy in International Business, vol. 29 (1998), p. 145 (148)

84 vgl. Abrams/Doernberg, Essentials of United States Taxation, 1999, Part 1 Chapter 1 1.2.1.

85 Becker/Kiblböck, IWB Fach 7 Gruppe 2 S. 89 (90)

86 s. insbesondere u.: 2. Abschnitt

87 s. u. 3. Abschnitt

88 s. u. 4. Abschnitt

dem OECD-Musterabkommen nachgebildet sind, nach Maßgabe und in der Reihenfolge der Kriterien ständige Wohnstätte, Mittelpunkt der Lebensinteressen, gewöhnlicher Aufenthalt und Staatsangehörigkeit entschieden. Ermöglicht keines dieser Merkmale eine Zuordnung des Steuersubjektes zu einem der Vertragsstaaten, ist die Ansässigkeit in einem Verständigungsverfahren zu lokalisieren.

Die Bestimmung eines Vertragsstaates als Ansässigkeitsstaat in den DBA ist erforderlich, weil sie in Verbindung mit den Verteilungsnormen über die Rechtsfolgen "vorrangige" oder "nachrangige Besteuerung"[89] entscheidet. Auf der Entscheidung über die Inlandsansässigkeit einer natürlichen Person beruhen damit nicht nur nach dem EStG, sondern auch nach den DBA unterschiedliche Besteuerungskonzeptionen.

Es ist zu bemerken, dass die Ansässigkeitsproblematik auf der Ebene der DBA nur deshalb ein zweites Mal zu lösen ist, weil der Wohnsitzbegriff bereits nach deutschem Recht keine eindeutige Zuordnung der Ansässigkeit zulässt[90] und die nationalen Rechtsordnungen der Vertragsstaaten nicht über eine aufeinander abgestimmte Ansässigkeitsdefinition verfügen. Zweckmäßiger wäre es, bereits auf nationaler Ebene bei der Bestimmung des Wohnsitzes nach dem (einen) Mittelpunkt der Lebensinteressen zu fragen.[91] Dadurch würde die Anwendung der Doppelbesteuerungsabkommen vereinfacht. Außerdem würde der Doppelbesteuerungsfall der doppelten unbeschränkten Einkommensteuerpflicht eliminiert.

2. Steuerobjekt - Reichweite der Besteuerung (Beispielsfall 10)

Von der Ansässigkeit einer natürlichen Person hängt national wie international die Reichweite der Einkommensbesteuerung ab. Die Differenzierung zwischen Ansässigen und Nichtansässigen in den DBA führt zu gravierenden Einschränkungen bei der nach Maßgabe des EStG erfolgenden Besteuerung.

Ausschlaggebend ist, dass die Verteilungsnormen darüber entscheiden, ob der Ansässigkeitsstaat des Steuerpflichtigem oder der andere Staat vorrangig besteuert. Vorrangige Besteuerung bedeutet, dass das materielle Einkommensteuerrecht des betreffenden Vertragsstaates durch das DBA zunächst nicht beeinflusst wird. Der andere Staat stellt den zu beurteilenden Sachverhalt entweder steuerfrei, oder er verpflichtet sich zur Anrechnung der in dem vorrangig besteuernden Vertragsstaat erhobenen Steuer.

<u>Beispielsfall 10</u>

D (Beispielsfall 3)[92] vermietet eine in Amsterdam belegene Immobilie an M.

---

[89] Vogel, DBA, Art. 4 Rn 9

[90] s. o. zu A. I. 1. a.

[91] ebenso: FG Baden-Württemberg, Urteil v. 04.10.1999 – 12 K 69/97, EFG 2000, 72 (74)

[92] s. o. zu A. II. 1.

Ansässigkeitsstaat des D ist bereits aufgrund der nach nationalem Recht Deutschlands und der Niederlande eindeutigen Zuordnung die Bundesrepublik Deutschland, die nach dem EStG die aus der Überlassung der Immobilie an M resultierenden Einkünfte aus Vermietung und Verpachtung der Besteuerung unterwirft.

Die in Art. 4 Abs. 1 des DBA zwischen den Niederlanden und Deutschland[93] enthaltene Verteilungsnorm bestimmt jedoch, dass dem anderen Staat, also den Niederlanden und nicht dem Ansässigkeitsstaat Deutschland die Besteuerung der aus unbeweglichem Vermögen im anderen Staat resultierenden Einkünfte zugewiesen wird. Deutschland stellt die Einkünfte des D aus der Vermietung der niederländischen Immobilie gem. Art. 20 Abs. 2 S. 1 des DBA von der Besteuerung frei.

D. Zusammenfassung

Ob eine Person unbeschränkt oder beschränkt einkommensteuerpflichtig ist, hängt davon ab, ob sie im Inland ansässig ist. Die unbeschränkte Einkommensteuerpflicht einer Person wird durch die Ansässigkeit im Inland und die Erzielung von Einkünften, die beschränkte Einkommensteuerpflicht durch die Erzielung inländischer Einkünfte begründet.

Das Leistungsfähigkeitsprinzip ist für die Ausgestaltung der unbeschränkten und der beschränkten Einkommensteuerpflicht maßgeblich. Bei unbeschränkter Einkommensteuerpflicht wird die Leistungsfähigkeit des Steuerpflichtigen umfassend, bei beschränkter Einkommensteuerpflicht lediglich teilweise berücksichtigt.

Unbeschränkte und beschränkte Einkommensteuerpflicht stehen als Besteuerungskonzepte selbständig nebeneinander. Verbindendes Element ist der Charakter einer Personensteuer. Die unklare Definition der Ansässigkeit in Verbindung mit der Tragweite der an sie geknüpften Steuerfolgen lassen daran zweifeln, ob die unbeschränkte Steuerpflicht ein sachgerechtes Besteuerungssystem darstellt.

Auch in den Einkommensteuergesetzen anderer Staaten, vor allem aber in den deutschen Doppelbesteuerungsabkommen wird nach der Ansässigkeit differenziert. Anders als im nationalen Steuerrecht hängt allerdings in den DBA nicht die tatsächliche Reichweite der Besteuerung, sondern nur das Verfahren ihrer Zuordnung unmittelbar von der Ansässigkeit ab. Die tatsächliche Besteuerung wird im Ergebnis, von Ausnahmen abgesehen, vorrangig dem Quellenstaat zugewiesen.

---

93 Abkommen zwischen der Bundesrepublik Deutschland und dem Königreich der Niederlande zur Vermeidung der Doppelbesteuerung auf dem Gebiete der Steuern vom Einkommen und vom Vermögen sowie verschiedener sonstiger Steuern und zur Regelung anderer Fragen auf steuerlichem Gebiete vom 15. Juni 1959 (BStBl. I 1960, S. 381) i. d. F. des Zusatzprotokolls vom 13. März 1980 (BStBl. I 1980, S. 646) i. d. F. des Zweiten Zusatzprotokolls vom 21. Mai 1991 (BStBl. I 1992, S. 94)

Zweiter Abschnitt: Rechtfertigung der Besteuerungskonzeptionen

Die dargestellten Besteuerungskonzeptionen der unbeschränkten und beschränkten Einkommensteuerpflicht basieren auf der Differenzierung zwischen Ansässigen und Nichtansässigen in § 1 EStG. Im Folgenden wird zu untersuchen sein, ob die Ansässigkeit einer Person dazu geeignet ist, die unterschiedliche Besteuerung grenzüberschreitender Einkünfteerzielung zu rechtfertigen. Damit stehen unbeschränkte und beschränkte Einkommensteuerpflicht gleichermaßen auf dem Prüfstand. Fällt allerdings das Kriterium der Ansässigkeit, so werden die Überlegungen zur Rechtfertigung der beschränkten Einkommensteuerpflicht richtungweisend für ein einheitliches Konzept.

Die Rechtfertigung der unbeschränkten einerseits und der beschränkten Einkommensteuerpflicht andererseits[94] ist aus unterschiedlichen Gründen fraglich: Während bei der unbeschränkten Steuerpflicht vor allem der Zugriff auf das ausländische Einkommen eines Gebietsansässigen rechtfertigungsbedürftig ist, besteht bei der beschränkten Steuerpflicht besonderer Rechtfertigungsbedarf im Hinblick auf die eingeschränkte Berücksichtigung von Leistungsfähigkeitsminderungen Gebietsfremder im Inland.

Die Rechtfertigung des Gesamtsystems von unbeschränkter und beschränkter Einkommensteuerpflicht[95] stellt einen durch die grenzüberschreitende Erzielung von Einkünften und den damit verbundenen Steuerzugriff eines anderen Staates gekennzeichneten Sonderfall der Einkommensteuerrechtfertigung dar. Im Regelfall erzielen Steuerpflichtige Einkünfte in ihrem Ansässigkeitsstaat. Jeder Versuch einer Rechtfertigung des Sonderfalls, der den Regelfall ausklammert, ist unzureichend. Im Gegenzug überzeugt die Rechtfertigung der Besteuerung grenzüberschreitend erzielter Einkünfte besonders dann, wenn sie aus der Rechtfertigung der Besteuerung innerstaatlich erzielter Einkünfte abgeleitet wird und so mit ihr in Einklang steht.

So, wie die Einkommensbesteuerung grenzüberschreitender Sachverhalte einen Teilbereich der Einkommensteuer darstellt, ist die Einkommensteuer eine der Steuern, die in Deutschland nach Maßgabe der Steuerdefinition des § 3 Abs. 1 S. 1 AO erhoben werden. Die die Einkommensbesteuerung rechtfertigenden Gründe[96] überzeugen damit ebenfalls gerade dann, wenn sie sich unter Berücksichtigung der Besonderheiten der Einkommensteuer aus der allgemeinen Rechtfertigung der Steuer[97] ableiten lassen.

Über die allgemeine Steuerrechtfertigung, die Rechtfertigung der Einkommensteuer und die Rechtfertigung der unbeschränkten und der beschränkten Einkommensteuerpflicht führt folglich der Weg, auf dem zu untersuchen ist, ob die Ansässigkeit eine

---

94 s. u. zu C. III./IV.

95 s. u. zu C., insbesondere zu C. V.

96 s. u. zu B.

97 s. u. zu III./IV.

sachgerechte Grundlage für die Unterscheidung zweier Besteuerungskonzeptionen im deutschen Einkommensteuerrecht darstellt.

Ziel ist die Entwicklung eines einheitlichen Rechtfertigungssystems, nach dem nicht nur die gegenwärtigen Konzeptionen der Steuerpflicht, sondern auch mögliche Alternativkonzepte[98] bewertet werden können.

A. Allgemeine Rechtfertigung der Steuer

„Recht kann nur sein, was sich rechtfertigen lässt."[99] Dem gemäß bedarf auch das Steuerrecht der Rechtfertigung. Das gilt vor allem bei grenzüberschreitenden Sachverhalten, die Steuerschuldverhältnisse zwischen zwei Staaten und einer natürlichen Person entstehen lassen.

Das Steuerrecht rechtfertigen heißt, die Steuer als solche zu rechtfertigen. § 3 Abs. 1 S. 1 AO enthält den der Finanzverfassung Deutschlands zugrunde liegenden Begriff der Steuer.[100] Die Steuerdefinition gibt auf die Frage nach der Steuerrechtfertigung allerdings erwartungsgemäß nur eine unzureichende Antwort. Sie lautet:

> „Steuern sind Geldleistungen, die nicht eine Gegenleistung für eine besondere Leistung darstellen und von einem öffentlich-rechtlichen Gemeinwesen zur Erzielung von Einnahmen allen auferlegt werden, bei denen der Tatbestand zutrifft, an den das Gesetz die Leistungspflicht knüpft."

Die Steuer hat danach fünf Wesensmerkmale:[101]

1. Sie ist eine Geldleistung
2. Sie wird von einem öffentlich-rechtlichen Gemeinwesen auferlegt.
3. Sie stellt keine Gegenleistung für eine besondere Leistung dieses Gemeinwesens dar.
4. Sie dient dem Zweck der Einnahmeerzielung.
5. Sie trifft Personen, die den gesetzlichen Steuertatbestand verwirklichen.

Der Steuertatbestand des Einkommensteuergesetzes ist im ersten Abschnitt untersucht worden. Die übrigen Wesensmerkmale der Steuer haben unmittelbaren Einfluss auf die nunmehr im Mittelpunkt stehende Rechtfertigungsfrage.

Auch beim Einkommensteuertatbestand lassen sich vereinfachend die Tatbestandsmerkmale Steuersubjekt, Steuerobjekt, Steuerbemessungsgrundlage und Steuertarif

---

98 s. u. 3. Abschnitt

99 Tipke, Die Steuerrechtsordnung, Bd. I, 2000, S. 472

100 BVerfG, Beschluss v. 04.02.1958 – 2 BvL 31, 33/56, E 7, 244 (251); Beschluss v. 26.05.1976 – 2 BvR 995/75, E 42, 223 (228)

101 Birk in Hübschmann/Hepp/Spitaler (HHSp), § 3 AO Rz. 30

unterscheiden.[102] Zu fragen ist, warum Einkommen besteuert wird, warum gerade die Einkünfteerzielung einer bestimmten natürlichen Person belastet wird, wie das Einkommen zu bemessen ist und in welcher Intensität der Steuerzugriff erfolgen darf.[103]

Die Steuerdefinition gibt keine Antwort auf diese Fragen. Sie wirft statt dessen die Frage auf, ob die Besteuerung voraussetzungslos gerechtfertigt sein soll, wenn nur das Ziel der Einnahmeerzielung unter Einhaltung bestimmter Spielregeln verfolgt wird.

I. Rechtfertigungsbedarf

Ziel rechtswissenschaftlicher Rechtfertigung ist es, etwas dem ersten Anschein nach Ungerechtes als gerecht zu erweisen.[104]

Die Besteuerung bedeutet einen empfindlichen Eingriff in die Vermögens- und Rechtssphäre des durch sie Betroffenen.[105] Sie beschränkt die aus dem Recht auf freie Entfaltung der Persönlichkeit[106] resultierende Möglichkeit des Besteuerten zu investieren, zu konsumieren und zu sparen. Der Staat begrenzt individuelle Möglichkeiten wirtschaftlicher Betätigung,[107] ohne dass er sich im Gegenzug zu einer konkreten Gegenleistung verpflichtet.[108]

Lorenz von Stein hat diese Wirkung der Steuer wie folgt ausgedrückt: „... das Recht des Staates, von mir zu nehmen, was er braucht, bricht das Recht meiner Persönlichkeit, zu behalten, was ich besitze; ... ich empfinde mitten in meinem Widerstreben, das Meinige einem anderen hingeben zu müssen, dass der Staat zu diesem Hingeben keine Berechtigung hat."[109]

Die Steuer belastet den Pflichtigen. Deshalb erscheint sie diesem als ungerecht und bedarf der Rechtfertigung.[110]

---

102 vgl. Lang, in: Tipke/Lang, Steuerrecht, 2002, § 7 Rz. 22 ff.; die Zurechnung des Steuerobjektes (vgl. Lang, a. a. O., Rz. 29) und die Steuervergünstigungen (a. a. O., Rz. 36) bleiben außer Betracht; die abstrakten Merkmale des inländischen Steuerschuldverhältnisses (a. a. O., Rz. 30) bilden den Übergang zwischen Steuersubjekt und -objekt

103 Kirchhof, DStJG 24 (2001), S. 9 (9)

104 K. Vogel, in: Friauf (Hrsg.), Steuerrecht und Verfassungsrecht, 1989, S. 123 (134); ders., in: P. Kirchhof (Hrsg.), Der offene Finanz- und Steuerstaat, 1991, S. 605 (608)

105 BVerfG, Beschluss v. 03.07.1973 - 1 BvR 368, 369/65 -, E 35, 324 (335); Friauf, StbJb. 1977/78, S. 39 (45); K. Vogel, in: P. Kirchhof (Hrsg.), Der offene Finanz- und Steuerstaat, 1991, S. 605 (638)

106 in der Ausprägung der allgemeinen Handlungsfreiheit, vgl. Art. 2 Abs. 1 GG

107 Tipke, Die Steuerrechtsordnung, Bd. I, 2000, S. 5

108 vgl. § 3 Abs. 1 S. 1 AO

109 von Stein, Finanzwissenschaft, 2. Teil, 1. Abt., 1885, S. 347

110 Kirchhof, DStJG 24 (2001), S. 9 (9)

II. Probleme der Steuerrechtfertigung

Die Rechtfertigung eines als ungerecht empfundenen staatlichen Eingriffs in die persönliche Freiheit einer Person orientiert sich im Allgemeinen an dem mit der hoheitlichen Maßnahme verfolgten Zweck. Eine hoheitliche Maßnahme ist gerechtfertigt, wenn sie einen legitimen Zweck verfolgt und ein verhältnismäßiges Mittel zur Verfolgung dieses Zwecks darstellt.[111]

Damit ist der Rechtfertigungsbedarf des Betroffenen jedoch noch nicht in jedem Fall gedeckt. Fühlt dieser sich gerade im Vergleich zu anderen ungerecht behandelt, so ist dieses Verhältnis in die Rechtfertigung einzubeziehen. Das geschieht dadurch, dass bei Vergleichbarkeit der Lebenssachverhalte nach einem „vernünftigen, aus der Natur der Sache folgenden oder sonstwie einleuchtenden Grund für die gesetzliche Differenzierung“[112] gefragt wird.

Sowohl zur Rechtfertigung eines Eingriffs im Verhältnis zwischen dem Staat und dem Betroffenen als auch zur Begründung der Behandlung des Betroffenen im Vergleich zu anderen Personen ist es demnach erforderlich, den entscheidenden Ansatzpunkt für das staatliche Handeln zu ermitteln. Dieser Punkt ist der Schlüssel, mit dem eine dem ersten Anschein nach ungerechte Maßnahme des Staates als gerecht erwiesen werden kann.

Die Besteuerung ist Teil der staatlichen Eingriffsverwaltung.[113] Ihr Zweck besteht gem. § 3 Abs. 1 S. 1 AO in erster Linie darin, Einnahmen zur Deckung des staatlichen Finanzbedarfs zu erzielen.[114] Sozialpolitische Zwecke wie derjenige der gerechten Verteilung des „Volkseinkommens“[115] haben aufgrund der Entwicklung des Sozialstaates in diesem Jahrhundert einen großen Teil ihrer früheren Bedeutung verloren.[116] Andere Lenkungszwecke treten ebenfalls hinter dem Einnahmeerzielungszweck zurück.

Den Fiskalzweck erreichen Steuern jedoch fast ausnahmslos. Daraus kann man allerdings nicht schließen, dass jede Besteuerung dem Grunde nach gerechtfertigt ist. Statt dessen zeigt die Zweckbestimmung der Steuerdefinition, dass es im Steuerrecht an der Existenz eines für die Rechtsanwendung und damit auch für die allgemeine Rechtferti-

---

[111] sog. Verhältnismäßigkeit im weiteren Sinne; vgl. Stern, Staatsrecht I, 1984, S. 866

[112] BFH, Urteil v. 20.04.1988 – I R 219/82, BStBl. II 1990, 701 (704) m. w. N.

[113] BVerfG, Beschluss v. 03.07.1973 - 1 BvR 368/369/65 -, E 35, 324 (335)

[114] vgl. bspw. BFH, Beschluss v. 08.11.1972 - II B 24/72 -, BStBl. II 1973, 94 (96)

[115] Wagner, Finanzwissenschaft, 2. Teil, 1890, S. 207

[116] Birk, ZRP 1979, S. 221 (222 f.)

gung von Eingriffen in die Rechtssphäre einer Person unmittelbar verwertbaren Zwecks fehlt.[117]

Die Besteuerung muss gerechtfertigt werden, ohne dass auf ihren Zweck zurückgegriffen werden kann. An seine Stelle treten Gerechtigkeits-[118] und Zweckmäßigkeitsüberlegungen, die gedankliche Grundlage jeder hoheitlichen Maßnahme sind. Es ist also unmittelbar auf den Ansatzpunkt zurückzugreifen, der bei hoheitlichen Eingriffen zur Ermittlung des für die Eingriffsrechtfertigung unmittelbar bedeutsamen Eingriffszwecks oder als Differenzierungskriterium angeführt wird. Kirchhof spricht in diesem Zusammenhang von einer Konkretisierung der Zielsetzung.[119]

Gerechtigkeit soll nachfolgend – bezogen auf den Zweck einer dynamischen Steuerrechtfertigung - als eine Konvention verstanden werden, die auf den politischen Vorstellungen der Mehrheit basiert und sich mit diesen verändert.[120] Rechtfertigungsfragen stellen sich mit jeder gesellschaftlichen Entwicklung von neuem.[121] Besteuerung und besteuernder Staat sind damit unter sich ändernden Rahmenbedingungen zu rechtfertigen. Das spielt insbesondere im Hinblick auf die mit der Überwindung nationaler Grenzen verbundene Intensivierung grenzüberschreitender, besteuerungsrelevanter Aktivitäten eine große Rolle.

Der Rechtfertigungsvorgang entwickelt sich damit zu einem fortwährenden Abwägungsprozess.[122] Abzuwägen sind je nach Fragestellung das Recht des Staates gegenüber demjenigen des Steuerpflichtigen, das Recht eines Steuerpflichtigen gegenüber demjenigen eines anderen Steuerpflichtigen in vergleichbarer Situation und die Rechte zweier Staaten hinsichtlich eines beide Territorien berührenden, besteuerungsrelevanten Sachverhaltes.

Zu untersuchen ist nicht, ob der Gesetzgeber die völker-, europa- und verfassungsrechtlichen Grenzen seiner Gestaltungsfreiheit eingehalten, sondern ob er die gerechteste und zweckmäßigste Lösung gefunden hat. Gerichtliche Überlegungen zur Steuerrechtfertigung[123] kennzeichnen also lediglich den Rahmen der nachfolgenden Prüfungen. Ihr Kern ist der nicht justitiable Raum.

---

[117] Birk, Das Leistungsfähigkeitsprinzip als Maßstab der Steuernormen, 1983, S. 256; Kirchhof, DStJG 24 (2001), S. 9 (11 f.); Reiß, in: Tipke/Lang, Steuerrecht, 2002, § 14 Rz. 1; Rodi, Die Rechtfertigung von Steuern als Verfassungsproblem, 1994, S. 71

[118] BVerfG, Beschluss v. 03.07.1973 - 1 BvR 368, 369/65 -, E 35, 324 (335); K. Vogel, DStZ/A 1977, S. 5 (9); ders., in: Friauf (Hrsg.), Steuerrecht und Verfassungsrecht, 1989, S. 123 (130, 134)

[119] Kirchhof, DStJG 24 (2001), S. 9 (16)

[120] Eberhard u. a., Gutachten der Steuerreformkommission 1971, Schriftenreihe des Bundesministeriums der Finanzen, 1971, S. 29 (Rz. 36)

[121] Neumark, Grundsätze der Besteuerung in Vergangenheit und Gegenwart, 1970, S. 34

[122] Rodi, Die Rechtfertigung von Steuern als Verfassungsproblem, 1994, S. 72

[123] etwa: BVerfG, Beschluss v. 29.11.1989 - 1 BvR 1402, 1528/87, BStBl. II 1990, 479

III. Gründe gerechtfertigter Besteuerung

Die Steuer wird entweder durch selbständige Gerechtigkeits- und Zweckmäßigkeitsüberlegungen gerechtfertigt, oder sie wird als zweckmäßiges Instrument eines seinerseits gerechtfertigten Staates dargestellt. Wie noch zu zeigen sein wird, lassen sich basierend auf dieser Aussage bis in die Rechtfertigung der Besteuerung internationaler Sachverhalte hinein zwei große Rechtfertigungsstränge unterscheiden: die nutzen- und die opfertheoretische Steuerrechtfertigung.

Geschichtlich wird die Rechtfertigung der direkten Steuern[124] vor allem aus der Nutzentheorie abgeleitet. Sie steht am Anfang der Überlegungen zur allgemeinen Steuerrechtfertigung. Im Einzelnen lassen sich drei Ansätze voneinander unterscheiden: die Assekuranztheorie, die Äquivalenztheorie und die Nutzentheorie. Sie stellen wie die Opfertheorie die Beziehungen zwischen dem Steuerpflichtigen und dem Staat, dem er als Steuerbürger oder aufgrund seines Lebensmittelpunktes persönlich zugeordnet wird, in den Mittelpunkt der Betrachtung.[125] In den zur Steuerrechtfertigung vertretenen Theorien spiegelt sich die jeweils herrschende Staatsauffassung wider.[126]

1. Ursprünglicher nutzentheoretischer Ansatz

Die Entwicklung der Steuer als staatlichem Finanzierungsinstrument geht mit der Herausbildung des modernen Staates einher.[127] Am Anfang wird die Steuer durch die Annahme eines Leistungs-/Gegenleistungsverhältnisses zwischen dem Staat und dem einzelnen Steuerzahler gerechtfertigt. Diese privatwirtschaftliche Deutung des Steuerphänomens hat einen Grund: In der Geburtsstunde der direkten Steuer fehlt eine öffentlich-rechtliche Sphäre.[128]

Mit wachsender Einflussnahme des Staates auf das gesellschaftliche Leben steigt der Umfang der staatlichen Leistungen und damit die Belastungswirkung der Steuer. Die direkte Steuer entwickelte sich von einer punktuellen Maßnahme zur Dauerbelastung. Die Steuerrechtfertigung gewinnt an Bedeutung. Fraglich ist, ob damit auch die nutzentheoretische Rechtfertigung ihre Grundlage verliert.

---

[124] zur Rechtfertigung der Akzise: Mann, Steuerpolitische Ideale, S. 51 ff.

[125] Bühler, Prinzipien des Internationalen Steuerrechts, 1964, S. 145

[126] Schmölders, Allgemeine Steuerlehre, 1958, S. 51

[127] Lorenz von Stein, Finanzwissenschaft, 2. Teil, 1. Abt., 1885, S. 349 f.; K. Vogel, in: P. Kirchhof (Hrsg.), Der offene Finanz- und Steuerstaat, 1991, S. 605 (S. 617)

[128] Mann, Steuerpolitische Ideale, S. 219

a. Assekuranztheorie

An den Anfang der Suche nach einer für die moderne Steuer bedeutsamen Rechtfertigungslehre ist die sog. Assekuranztheorie zu stellen.[129]

Nach ihr werden Steuern gezahlt, damit die Obrigkeit Leben und Eigentum schützt. Die Steuer ist also nicht nur „Prämie für die staatliche Versicherung des Vermögens"[130]. Vielmehr müssen die Schutzbefohlenen die mit ihrem Schutz verbundenen Kosten tragen. Da ihr Leben ungleich wichtiger ist als ihr Hab und Gut, muss auch die Besteuerung an die Person, nicht an die Güter anknüpfen.[131]

Steuern werden also dadurch gerechtfertigt, dass der Einzelne wegen des Schutzes und der Förderung durch den Staat die Erfolge seiner wirtschaftlichen Tätigkeit, sein Eigentum gesichert genießen kann.[132] Die Höhe der Steuerzahlungen bemisst sich nach dem öffentlichen, zweckbezogenen Bedarf. Staat und Bürger werden als Gegenspieler auf steuerlichem Gebiet erkannt.[133]

b. Äquivalenztheorie

Der der Entwicklung der Äquivalenztheorie zugrunde liegende Entwicklungsschritt geht mit der Übernahme neuer Aufgaben durch die Gemeinwesen im Zeitalter des Absolutismus einher.

Nach wie vor wird die Steuer durch eine persönliche Rechtsbeziehung zwischen Staat und Staatsbürger in der Form eines individuellen Leistungs-/Gegenleistungsverhältnisses gerechtfertigt. Die Kollektivwirtschaft wird als Ebenbild der Privatwirtschaft, die Besteuerung als Marktvorgang verstanden. Besteuerung ohne staatliche Gegenleistung ist Diebstahl.[134]

Der Zweck der Steuer wirkt rechtfertigend und begrenzend. Eine Steuer darf nur in Fällen außerordentlichen Bedarfs und auch nur dann erhoben werden, wenn und soweit sie zur Deckung dieses Bedarfs erforderlich ist. Leistung und Gegenleistung mussten einander entsprechen.[135]

---

[129] so auch: Müller, Deutsche Steuerhoheit über ausländische Tochtergesellschaften, Herne/Berlin 1970, S. 114

[130] Fuisting, Grundzüge der Steuerlehre, 1902, S. 9

[131] Christianus Tentophilus, Entdeckte Goldgrube in der Akzise, Zerbst 1685, S. 10 - 14

[132] vgl. Wagner, Finanzwissenschaft, 2. Teil, 1890, S. 217; Gerloff, Die öffentliche Finanzwirtschaft, Bd. I, 1948, S. 168

[133] Mann, Steuerpolitische Ideale, 1937, S. 110

[134] Mann, Steuerpolitische Ideale, 1937, S. 208 f.

[135] Mann, Steuerpolitische Ideale, 1937, S. 46

Im Gegensatz zur Assekuranztheorie ist nach der Äquivalenztheorie die Steuer jedoch als Gegenleistung für einen größeren Kreis genau bestimmter Leistungen zu verstehen, die das Gemeinwesen gegenüber dem einzelnen Steuerpflichtigen erbringt.[136] Die absolutistischen Fürsten erstreben die Vergrößerung des öffentlichen Sektors auch deshalb, weil sie damit diejenige Einnahmeart vermehren, über die sie ohne Befragung der Stände verfügen können. Hinzu kommt, dass sich durch eigene Erwerbseinkünfte der schnell zunehmende Finanzbedarf nicht decken lässt. Der absolutistische Staat wird so auch zur Ausnutzung seiner Steuergewalt gedrängt.[137]

Die Entwicklung der Steuer von einer außerordentlichen zu einer dauernden Abgabe kündigt sich an.

c. Nutzentheorie

Mit der Entstehung des modernen Staates im 19. Jahrhundert gerät die Frage nach seiner Rechtfertigung in den Mittelpunkt des Interesses. Die Frage nach der Rechtfertigung von Steuern wird in diesen größeren Rechtfertigungszusammenhang einbezogen.[138]

Dementsprechend wird die in England entwickelte Staatsvertragslehre[139] Bestandteil der deutschen Steuerrechtfertigungslehre. Das damit verbundene Verständnis des Staates als einer dauerhaften Einrichtung und ein nochmals wachsender Finanzbedarf bewirken, dass sich die Steuer von einer zweckbezogenen Einnahme zu einer ständigen Einnahmequelle entwickelt. Die Steuer wird zu einem dauerhaften staatlichen Finanzierungsmittel.[140]

Der Äquivalenzgedanke bekommt einen anderen Inhalt. Gefragt wird nicht mehr nach dem Nutzen einer Steuer für das Individuum im Einzelfall, sondern nach dem gesamten Nutzen des Staates für den einzelnen Steuerzahler. Eine Steuer ist sowohl dem Grunde als auch der Höhe nach gerechtfertigt, wenn der Steueraufwand des Einzelnen und die Vorzüge aus der Staatsangehörigkeit in einem ausgeglichenen Verhältnis stehen.[141]

Steuern werden als eine Gegenleistung für die Gesamtheit der staatlichen Leistungen verstanden.[142] Daraus wird die Notwendigkeit proportionaler Besteuerung abgelei-

---

136 Clausen, DStZ/A 1974, S. 315 (317 zu Fn. 31); Mann, Steuerpolitische Ideale, 1937, S. 132

137 Mann, Steuerpolitische Ideale, 1937, S. 38

138 K. Vogel, in: P. Kirchhof (Hrsg.), Der offene Finanz- und Steuerstaat, 1991, S. 606 (611)

139 vgl. Th. Hobbes, Leviathan, 1651, S. 131 ff. (134)

140 Waigel, Bulletin 1995, S. 956

141 Fuisting, Grundzüge der Steuerlehre, 1902, S. 8

142 Lorenz von Stein, Lehrbuch der Finanzwissenschaft, 5. Aufl., 2. Teil, 1. Abteilung, 1885, S. 348

tet.[143] Wer mehr staatliche Leistungen in Anspruch nimmt und demzufolge einen größeren Nutzen aus seiner Staatsangehörigkeit zieht als ein anderer, soll in entsprechend größerem Maße zur Finanzierung des Staates herangezogen werden.

In dieser Tradition steht auch Georg von Schanz. Seines Erachtens ist die Steuer ein generelles Entgelt für die Aufwendungen der Gemeinschaft.[144] Eine Steuer, die nicht mit der Erzielung eines Vorteils verbunden ist, gibt es für ihn nicht. Ein Übergang zum Gebührenprinzip ist damit für Schanz allerdings nicht zwangsläufig verbunden. Er unterscheidet Steuergrund und Steuermaß.[145]

Der Hauptverdienst von Schanz besteht in diesem Zusammenhang in der Entwicklung des Grundsatzes der wirtschaftlichen Zugehörigkeit (economic allegiance).[146] Nach ihm soll derjenige zu den Kosten des Staates beitragen, der durch seine wirtschaftliche Betätigung Vorteile der staatlichen Organisation ausnutzt, die es ihm erst ermöglichen, sich wirtschaftlich zu betätigen.[147]

Auch in der Rechtsprechung dieser Zeit spielt die nutzentheoretische Steuerrechtfertigung eine Rolle. Hintergrund ist, dass nach dem Preußischen Einkommensteuergesetz vom 24. Juni 1891 Ausländer in Preußen einkommensteuerpflichtig sind, die sich dort zu Erwerbszwecken aufhalten.[148] Das Preußische Oberverwaltungsgericht rechtfertigt dies mit engen persönlichen und wirtschaftlichen Beziehung des betroffenen Ausländers zum Preußischen Staate und damit, dass die staatlichen Einrichtungen in gleichem Maße wie durch preußische Staatsangehörige in Anspruch genommen werden.[149]

Bis in die jüngste Zeit sind vereinzelt noch Rechtfertigungsversuche auf der Grundlage eines konkreten Leistungs-/Gegenleistungsverhältnisses zu verzeichnen.[150] Selbst das Bundesverfassungsgericht hat die Besteuerung damit begründet, dass der Betroffene am staatlichen Leben teilnimmt und ihm insbesondere Schutz, Ordnung und Leistungen der staatlichen Gemeinschaft zugute kommen.[151]

d. Stellungnahme

Die Nutzentheorie in ihrer ursprünglichen Form ist heute nicht mehr zur Rechtfertigung der Steuer geeignet, weil sie ein konkretes Leistungs-/Gegenleistungsverhältnis

---

143 vgl. Wagner, Finanzwissenschaft, 2. Teil, 1890, S. 217

144 Schanz, FA 1892 (Jg. 9), S. 365 (372, Bd. 2 S. 8)

145 Schanz, a. a. O., S. 373 f./Bd. 2 S. 9 f.

146 s. u. 3. Abschnitt A. I.

147 Mössner, in: Mössner u. a.. Steuerrecht international tätiger Unternehmen, 1998, Rz. B3

148 § 1 Nr. 3 PrEStG 1891, FA 1891, S. 811

149 PrOVG, Entscheidung des V. Senats v. 12.04.1902 - J. N. III 109 - Rep. III. 33/02, PrOVGSt 10, 15 (17)

150 vgl. u. a. FG Baden-Württemberg, Urteil v. 04.10.1999 - 12 K 69/97, EFG 2000, 72 (73)

151 BVerfG, Urteil v. 17.07.1984 - 2 BvE 11, 15/83 -, E 67, 100 (143)

voraussetzt oder, mit anderen Worten: die Steuer als Gegenleistung für eine besondere Leistung des Staates definiert. Damit widerspricht sie der Steuerdefinition in § 3 Abs. 1 S. 1 AO, wonach für eine Steuer wesentlich ist, dass sie ohne konkrete Gegenleistung erhoben wird.[152]

Aber auch der Umfang und die Ziele staatlicher Leistungen bieten keinen Raum, in dem das Instrument der Steuer in seiner heutigen Form aus der Nutzentheorie in ihrer ursprünglichen Form abgeleitet werden könnte. Vielmehr lässt sich die Steuerbelastung in aller Regel nicht mehr dem Nutzen gegenüberstellen, den der Einzelne aus staatlichen Leistungen zieht.[153]

Gegen eine Begründung der Steuer durch ihren konkreten Nutzen spricht also, dass sich der Kreis und die Zielrichtungen staatlicher Leistungen weit differenzierter darstellen als zur Zeit ihrer Entwicklung. So erbringt der Staat beispielsweise Leistungen, deren Empfänger nicht zu den Steuerzahlern gehören. Zu nennen ist etwa die Sozialhilfe. Sie fordert einen großen Teil des Steueraufkommens, ohne dass Sozialhilfeempfänger besteuert würden.[154] Das würde nach der ursprünglichen Nutzentheorie dazu führen, dass Steuerzahlungen in Deutschland nicht mehr zu rechtfertigen wären. Der individuelle Vorteil durch staatliche Leistungen kann aufgrund der sozialhilfebedingten Lasten der Kommunen zwangsläufig nicht mehr den individuellen Nachteil der Steuerzahlung aufwiegen.

Auch der von Schanz'sche Ansatz, zwischen der Rechtfertigung der Steuer dem Grunde nach und derjenigen der Höhe nach zu unterscheiden und nur die grundlegende Rechtfertigung aus einem konkreten Nutzen abzuleiten, ist nicht nur mit dem Begriff der Steuer, sondern auch mit der heutigen Sach- und Rechtslage nicht mehr zu vereinbaren. Besteuert werden auch Personen, die keiner wirtschaftlichen Betätigung nachgehen und keine nennenswerten staatlichen Kosten verursachen. Beispiel dafür ist die Grundsteuer. Sie trifft gem. §§ 2, 10 Abs. 1 GrStG jeden Grundbesitzer. Die staatlichen Kosten, die mit dem Grundbesitz verbunden sind, stehen im Übrigen in keinem Verhältnis zum Steueraufkommen aus der Grundsteuer.

2. Opfertheoretischer Ansatz

Nach der Opfertheorie, die mangels Freiwilligkeit der Steuerzahlung auch Pflichttheorie genannt wird,[155] folgt das Recht des Staates, Zwangsabgaben zu erheben, aus der ihm zugrunde liegenden Idee und der Notwendigkeit von Finanzmitteln für die Erfül-

---

[152] so ebenfalls das BVerfG: Beschluss v. 26.05.1976 – 2 BvR 995/75, E 42, 223 (228)

[153] BVerfG, Urteil v. 27.06.1991 - 2 BvR 1493/89 -, E 84, 239 (269); Wagner, Finanzwissenschaft, 2. Teil, 1890, S. 218

[154] vgl. Birk, Steuerrecht, 2000, S. 11 (Rn. 32)

[155] Schmölders, Allgemeine Steuerlehre, 1958, S. 27

lung staatlicher Aufgaben.[156] Diese Begründung beruht auf dem Gedanken, dass dem Staat als einem unpersönlichen Wesen ohne eine genaue Abrechnung gegenüber jedem Einzelnen ein freiwilliger Anteil an allen Einkommen der Staatsbürger zustehe.[157]

Die Opfertheorie ist der gedankliche Ursprung der Besteuerung nach der Leistungsfähigkeit sowie darüber hinausgehender, sozialpolitischer Erwägungen im Zusammenhang mit der Besteuerung.

a. Ableitung aus der organische Staatslehre

Der Opfertheorie in ihrer heutigen Ausprägung liegt die sog. organische Staatslehre zugrunde, die sich im 19. Jahrhundert in Deutschland entwickelt hat.[158] Nach ihr ist der Staat eine gegenüber dem Einzelnen höherwertige Einheit,[159] die „geschichtlich gegebene und sittlich notwendige höchste Form des menschlichen Zusammenlebens“[160].

Steuern werden als Opfer bezeichnet, die der Inhaber der Finanzgewalt kraft einseitig durch ihn festgesetzter Normen ohne Gewährung einer besonderen Gegenleistung von den durch die Finanzgewalt erreichbaren Personen fordere.[161] Die Rechtfertigung des Gemeinwesens wird als gegeben unterstellt und die Steuer als unausweichliche und daher keiner Rechtfertigung bedürfende Konsequenz der Existenz des Gemeinwesens aufgefasst.[162] Der Belastungsgrund aller Steuern wird in dem Finanzbedarf des besteuernden Gemeinwesens gesehen.[163]

Argumentiert wird, der Staat, die öffentliche Wirtschaftsführung und damit auch die Steuer seien für das gesellschaftliche Zusammenleben der Menschen „organisch notwendig“.[164] Damit ist die Steuer kein lästiger Fremdkörper mehr, sondern notwendige Voraussetzung blühenden Lebens.[165] Gleichzeitig kündigt sich die der organischen Staatslehre zugrunde liegende Verselbständigung des Staates an.

---

[156] Vocke, in: FA 1890 (Jg. 7, Bd. 1), 1 (4); Wagner, Finanzwissenschaft, 2. Teil, 1890, S. 216; Fuisting, Grundzüge der Steuerlehre, 1902, S. 1, 5; Gerloff, in: FS Schanz, 1928, S. 141 (156 f.); ders., Die öffentliche Finanzwirtschaft, Bd. I, 1948, S. 170

[157] Mann, Steuerpolitische Ideale, 1937, S. 47

[158] vgl. Lorenz von Stein, Lehrbuch der Finanzwissenschaft, 1. Teil, 1885, S. 5 ff. (7)

[159] Schäffle, Die Steuern, Allg. Teil, 1895, S. 78

[160] Fuisting, Grundzüge der Steuerlehre, 1902, S. 1

[161] Lotz, Finanzwissenschaft, 1931, S. 270; Strutz, Grundlehren des Steuerrechts, 1922, S. 9, 23

[162] jüngst: Tipke, in: Tipke/Bozza, Besteuerung von Einkommen, 2000, S. 9 (13); andeutungsweise auch schon: Richelieu, Politisches Testament und kleinere Schriften, in: Klassiker der Politik XIV, Berlin 1926, S. 246/247

[163] Holmes, The Concept of Income, 2001, S. 3; Tipke, Die Steuerrechtsordnung, Bd. II, 1993, S. 532

[164] Lotz, Finanzwissenschaft, 1931, S. 271; Spitaler, Das Doppelbesteuerungssystem bei den direkten Steuern, 1936, S. 229

[165] Mann, Steuerpolitische Ideale, S. 88

Johann Heinrich Gottlob von Justi fasst dieses Verständnis bereits 1762 wie folgt zusammen: „Eine bürgerliche Verfassung, die einen moralischen Körper ausmacht, kann so wenig ohne Unterhalt sich in seinem Zustande erhalten, als ein natürlicher Körper ohne Nahrung leben kann.“[166]

b. Ablehnung der Nutzentheorie

Der Gedanke der Entgeltlichkeit, der den bis dahin vertretenen Rechtfertigungslehren zugrunde lag,[167] wird verworfen,[168] die Staatsvertragslehre für überwunden und deshalb für nicht widerlegungsbedürftig erklärt.[169]

Lotz kritisiert die Nutzentheorie, indem er ausführt, sie setze eine stets erfolgreiche und am Grundsatz der Wirtschaftlichkeit orientierte Tätigkeit der „öffentlichen Körper“ voraus.[170] Diese seien jedoch mit Erwerbskonsortien nicht zu vergleichen. Vielmehr gehöre der Steuerzahler dem Vaterland, in das er hineingeboren werde, auf Gedeih und Verderb an und habe deshalb für die Kosten erfolgloser und verfehlter Politik ebenso aufzukommen wie für die Kosten erfolgreicher Leistungen.[171]

Auch heute noch gibt es Befürworter einer opfertheoretischen Rechtfertigung der Steuer.[172] Bezogen auf das deutsche Steuerrecht wird vertreten, dass das Verständnis der Steuer als eines Opfers in der Steuerdefinition des § 3 AO zum Ausdruck komme.[173]

c. Leistungsfähigkeitsprinzip und Umverteilung

Auf der Grundlage des opfertheoretischen Rechtfertigungsansatzes wird der Grundsatz der Besteuerung nach der Leistungsfähigkeit entwickelt.[174] Die Steuer wird nicht bloß als Opfer, sondern als Grundpflicht der steuerlich Leistungsfähigen verstanden.[175]

---

166 Johann Heinrich Gottlob von Justi, Steuern und Abgaben, 1977 (Abdruck des Originals aus dem Jahre 1762), S. 4

167 s. o. zu 1.

168 Vocke, in: FA 1890 (Jg. 7, Bd. 1), 1 (4); Wagner, Finanzwissenschaft, 2. Teil, 1890, S. 217 f.; Fuisting, Grundzüge der Steuerlehre, 1902, S. 4; Gerloff, in: FS Schanz, 1928, S. 141 (143); Lotz, Finanzwissenschaft, 1931, S. 273

169 Fuisting, Grundzüge der Steuerlehre, 1902, S. 4; Gerloff, Die öffentliche Finanzwirtschaft, Bd. I, 1948, S. 170

170 Lotz, Finanzwissenschaft, 1931, S. 272

171 Lotz, a. a. O., S. 273

172 Musgrave, Finanztheorie, 1969, S. 77 f.; Zuber, Anknüpfungsmerkmale und Reichweite internationaler Besteuerung, 1991, S. 36

173 Zuber, Anknüpfungsmerkmale und Reichweite internationaler Besteuerung, 1991, S. 36

174 Wagner, Finanzwissenschaft, 2. Teil, 1890, S. 432 f.; Gerloff, in: FS Schanz, 1928, S. 141 (143)

175 Tipke, Die Steuerrechtsordnung, Bd. I, 2000, S. 3 f.

Danach darf die Höhe der Steuer nicht mehr in ein Verhältnis zu den Vorteilen des Staates für den Einzelnen gesetzt werden. Vielmehr ersetzt die individuelle Leistungsfähigkeit die Staatsleistungen als Maßstab für die Höhe der Besteuerung. Maßgeblich für das Leistungsfähigkeitsprinzip ist also nicht, was der Staat für den einzelnen Bürger getan hat, sondern was der einzelne Bürger finanziell für den Staat tun kann.[176] Die Verbindung zwischen der organischen Staatslehre, der Opfertheorie und dem Leistungsfähigkeitsprinzip kommt in der Formulierung zum Ausdruck, dass jeder dem Staate ein seiner persönlichen Leistungsfähigkeit und Steuerkraft entsprechendes und deshalb von allen gleichmäßig empfundenes Opfer bringe.[177]

Basierend auf dem Steuerverständnis und der Idee eines steigenden Grenznutzens des Einkommens wird ein progressiver Steuertarif vorgeschlagen.[178] Staatliche Besteuerung soll insbesondere nach Ansicht Adolph Wagners nicht mehr nur der Erzielung von Einnahmen, sondern daneben auch einem sozialpolitischen Zweck dienen dürfen. Dieser bestehe darin, regulierend in die Verteilung des Volkseinkommens einzugreifen.[179] Damit ist der Umverteilungsgedanke geboren.

d. Stellungnahme

Die opfertheoretische Begründung der Steuer ist abzulehnen, denn sie beruht auf einer Staatslehre, die mit einem demokratischen Staatsverständnis nicht zu vereinbaren ist.[180] Gegen die organische Staatslehre spricht so vor allem, dass sie eine dauerhafte Übereinstimmung der Staatsziele mit den sich verändernden Bedürfnissen der Bevölkerungsmehrheit nicht zu gewährleisten vermag. Schon die ständigen gesellschaftlichen Entwicklungen schließen es aus, einen Staat bereits aufgrund seiner bloßen Existenz als gerechtfertigt anzusehen. Während das Demokratieprinzip Legitimation und Kontrolle der Hoheitsgewalt durch das Volk sicherstellt, lehnt das der organischen Staatslehre zugrunde liegende Verständnis des Staates als einem höheren Wesen eine derartige Abhängigkeit ab. Souverän ist der Staat und nicht das Volk.

Die Opfertheorie wird auch nicht durch die Steuerdefinition der Abgabenordnung nahegelegt. Der Aussagegehalt des § 3 Abs. 1 S. 1 AO erschöpft sich darin, dass die Steuer keine Gegenleistung für eine besondere Leistung des Staates sei. Danach ist lediglich die Rechtfertigung der Steuer durch ein auf den einzelnen Steuerpflichtigen bezogenes Leistungs-/Gegenleistungsverhältnis mit dem Steuerbegriff nicht zu vereinbaren. Das Verständnis der Steuer als einer Gegenleistung für allgemeine Leistungen

---

176 Smith, Wealth of Nations, 1776, p. 777 (book 5, chapter 2, part 2); Tipke, in: Tipke/Bozza, Besteuerung von Einkommen, 2000, S. 9 (17)

177 Wagner, Finanzwissenschaft, 2. Teil, 1890, S. 433; Fuisting, Grundzüge der Steuerlehre, 1902, S. 11

178 Wagner, Finanzwissenschaft, 2. Teil, 1890, S. 207 ff., 215 f., 445 ff.; Seligman, The Income Tax, 1921, S. 32 f.; Gerloff, in: FS Schanz, 1928, S. 141 (143)

179 Wagner, Finanzwissenschaft, 2. Teil, 1890, S. 207

180 ebenso: K. Vogel, in: Steueroasen und Außensteuergesetze, 1981, S. 125 (129); ders., in: FS Klein, 1994, S. 361 (366 f.)

des Staates wird nicht ausgeschlossen. Die Steuerdefinition untersagt also nicht jegliche nutzentheoretische Steuerrechtfertigung.

Die Besteuerung nach Maßgabe der Leistungsfähigkeit basiert zwar historisch auf der mit der opfertheoretischen Steuerrechtfertigung einhergehenden Abkehr von dem Vorteil staatlicher Leistungen als Belastungsmaßstab, aber sie bedingt diese nicht. Statt dessen ist zwischen der Rechtfertigung der Steuer dem Grunde nach und derjenigen der Höhe nach zu differenzieren. Das Leistungsfähigkeitsprinzip enthält keine Aussage über die grundlegende Rechtfertigung der Steuer. Sein Aussagegehalt deckt sich mit demjenigen der Opfertheorie lediglich insoweit, als eine selbständige Rechtfertigung der Steuern dem Grunde nach nicht für erforderlich gehalten wird, weil der Staat ihrer bedarf.

3. Staatstheoretischer Ansatz

Mit dem Staatsverständnis wandelt sich in der zweiten Hälfte dieses Jahrhunderts auch die Rechtfertigung der Besteuerung.

An die Stelle der auf der organischen Staatslehre basierenden opfertheoretischen Steuerrechtfertigung tritt der sog. staatstheoretische oder positivistische Ansatz. Nach ihm sind Steuern bereits deshalb dem Grunde nach gerechtfertigt, weil der gerechtfertigte Staat sie benötigt, um seine Aufgaben erfüllen zu können.[181] Die Steuer wird als Mitgliedsbeitrag verstanden, die für die Mitgliedschaft in einem demokratisch organisierten Gemeinwesen nach der individuellen Leistungsfähigkeit zu zahlen sei.[182] Die Opfertheorie wird demnach um das Erfordernis der Rechtfertigung des Staates ergänzt.

Die Rechtfertigung der Steuer als solcher wird unverändert aus dem staatlichen Finanzbedarf abgeleitet. Sie wird als notwendige Ergänzung der Staatssouveränität[183] nicht selbständig problematisiert. Das hat zur Folge, dass sich die Frage nach der gerechten Verteilung der Steuerlast zum alleinigen Gegenstand der wissenschaftlichen Auseinandersetzung entwickelt.[184]

Eine interessante Begründung für die Beschränkung der Rechtfertigungsproblematik auf die Ausgestaltung der Besteuerung gibt Fritz Neumark: Er ist der Ansicht, dass entgegen der klassisch-liberalen Auffassung nicht mehr von einem ständigen, quasi naturnotwendigen Interessengegensatz zwischen Steuerpflichtigen und Steuergläubi-

[181] Peters, Lehrbuch der Verwaltung, 1949, S. 333; Hessdörfer, Der Rechtsstaat, 1961, S. 51; Neumark, Grundsätze gerechter und ökonomisch rationaler Steuerpolitik, 1970, S. 18; Friauf, StbJb. 1977/78, S. 39 (43); Fecher, in: Handbuch der Finanzwissenschaft, 1980, Bd. II, S. 465; Stern, Das Staatsrecht der Bundesrepublik Deutschland, Bd. II, 1980, S. 1092; Henseler, NJW 1987, S. 3103 (3105); Selmer, in: Thieme (Hrsg.), Umweltschutz im Recht, 1988, S. 25 (41)

[182] Wieland, DStJG 24 (2001), S. 29 (47)

[183] Albrecht, 29 British Year Book of International Law (1952), S. 145 (148); Martha, Jurisdiction to Tax, S. 23

[184] vgl. etwa: Tipke, in: Tipke/Bozza, Besteuerung von Einkommen, 2000, S. 9 (13, 14)

gern ausgegangen werden könne. Wohl aber seien bedeutsame Interessengegensätze zwischen den verschiedenen Gruppen von Steuerpflichtigen und -gläubigern zu verzeichnen.[185]

Auch wenn damit die Bedeutung des Interessengegensatzes zwischen Steuerschuldner und Steuergläubiger relativiert wird, bleibt doch die Erwartung eines bestimmten staatlichen Handelns und das Bewusstsein, dass es dafür der Steuereinnahmen bedarf. Letzteres spiegelt sich in einzelnen, den Steuergrund betreffenden Äußerungen wieder.

a. Besteuerung und Rechtsstaatlichkeit

Von der beschriebenen, als Steuerpositivismus bezeichneten Auffassung[186] hebt sich zunächst die Ansicht Friaufs ab.

Friauf führt aus, materielle Gerechtigkeit als Bestandteil der Rechtsstaatlichkeit müsse zu einem erheblichen Teil durch den Einsatz staatlicher Machtmittel gefördert werden. Dazu bedürfe der Staat materieller Mittel, die er sich nur durch die Inanspruchnahme der Bürger verschaffen könne. Der Staat müsse daher Steuerstaat sein, um Rechtsstaat sein zu können.[187]

b. Besteuerung und Sozialstaatlichkeit

Hervorzuheben ist auch die Steuerrechtfertigung Dieter Birks. Birk beschränkt sich nicht auf die Feststellung der Existenz eines gerechtfertigten Staates, sondern leitet die Rechtfertigung der Steuerpflicht aus der in den Vorschriften des Grundgesetzes zum Ausdruck kommenden modernen Staatsidee ab.[188] Diese verpflichte den Staat zu Aufgaben, die nur bei Bereitstellung umfangreicher finanzieller Mittel durch die Bürger zu erfüllen seien. Das bedeute, dass die Frage nach der Berechtigung von Steuern der nach der Berechtigung des modernen Staates als solchem entspreche.

Diese Frage sei jedoch im Kern keine Frage der Berechtigung, sondern eine solche des Rechtsverständnisses. Dem gegenwärtigen Rechtsverständnis entspreche es, dass das Recht vor allem das Recht des Schwächeren sei. Dieses Verständnis finde insbesondere im Sozialstaatsprinzip Ausdruck. Der Auffassung Forsthoffs sei daher nichts hinzuzufügen: „Der moderne Rechtsstaat ist Sozialstaat wesentlich in seiner Funktion als Steuerstaat.“[189]

---

[185] Neumark, Grundsätze der Besteuerung in Vergangenheit und Gegenwart, 1970, S. 35

[186] K. Vogel, in: P. Kirchhof (Hrsg.), Der offene Finanz- und Steuerstaat, 1991, S. 605 (614 f.)

[187] Friauf, StbJb. 1977/78, S. 39 (42 f.)

[188] Birk, Steuerrecht I, 2. Aufl. 1994, § 1 Rdnr. 2; vgl. auch: Birk, ZRP 1979, S. 221 (222 f.); ders., Das Leistungsfähigkeitsprinzip als Maßstab der Steuernormen, 1983, S. 123 ff.

[189] Forsthoff, VVDStRL 12, 1954, S. 8 (31)

Das damit im Vordergrund stehende Recht des Schwächeren bedürfe einer übergeordneten, ausgleichenden Instanz. Diese sei der Staat, der nur durch Geldmittel mit den erforderlichen Fähigkeiten ausgestattet werden könne.

c. Stellungnahme

Die Rechtfertigung der Steuern basiert auf der Rechtfertigung des Gemeinwesens, das sie erhebt. Klaus Tipke, demzufolge die Besteuerung gerechtfertigt ist, weil der Staat gerechtfertigt ist,[190] ist dahingehend zu modifizieren, dass die Besteuerung nur dann gerechtfertigt werden kann, wenn der Staat gerechtfertigt ist. Die Rechtfertigung des besteuernden Gemeinwesens ist damit notwendige, nicht aber hinreichende Bedingung für die grundsätzliche Rechtfertigung der durch es erhobenen Steuern.

Der besteuernde Staat bedarf einer selbständigen Rechtfertigung. Sie ist gegeben, wenn der Staat durch einen im Gerechtigkeitsempfinden der seiner Hoheitsgewalt unterworfenen Personen verankerten Grundkonsens getragen wird. Die Staatsangehörigkeit ist in diesem Zusammenhang bedeutungslos, da es um die Rechtfertigung hoheitlicher Maßnahmen geht, von denen alle durch die Hoheitsgewalt erreichbaren Personen unabhängig von ihrer Nationalität betroffen sind.

Eine staatstragende, grundlegende Übereinstimmung besteht, wenn die weit überwiegende Zahl der durch die Besteuerung Betroffenen die in der Verfassung des Gemeinwesens verankerten Ziele und zusätzlich die zu ihrer Erreichung eingesetzten Mittel akzeptiert.[191] In diesem Zusammenhang ist allerdings zu begründen, warum der Staat seinen Finanzbedarf gerade durch das Instrument der Besteuerung deckt, wo ihm doch andere Möglichkeiten wie die einer staatseigenen Erwerbswirtschaft oder der staatlichen Geldschöpfung zur Verfügung stehen.[192] Auf diese Frage gibt der vorgestellte, hier sog. staatstheoretische indes keine Antwort.

Entscheidender Kritikpunkt ist indes, dass nicht nur die Rechtfertigung der Steuer die verfassungsrechtliche Rechtfertigung des Staates, sondern auch die Rechtfertigung des Staates die verfassungsrechtliche Rechtfertigung der Steuer voraussetzt. Der staatstheoretische Ansatz stellt hingegen die Besteuerung selbst dem Grunde nach nicht in Frage, sondern setzt sie als gegeben und gerechtfertigt voraus. Gerechtigkeitserwägungen zur Steuer beziehen sich im Grundsatz nicht auf das „Ob“ und das „Warum“ der Besteuerung, sondern lediglich auf das „Wie“ der Besteuerung im Einzelfall. Der Steuerrechtfertigung darf aber wegen ihrer grundlegenden Bedeutung nicht unter Hinweis auf den staatlichen Finanzbedarf ausgewichen werden.

---

[190] Tipke, Die Steuerrechtsordnung, Bd. II, 1993, S. 559

[191] abweichend: Birk, Steuerrecht I, 2. Aufl. 1994, § 1 Rdnr. 2

[192] P. Kirchhof, in: P. Kirchhof u. a., Steuern im Verfassungsstaat, 1996, S. 27 (32)

Damit blieben auch Aspekte unberührt, die gerade bezogen auf die Frage der zwischenstaatlichen Steuerabgrenzung Antworten versprechen. Im internationalen Zusammenhang steht nämlich nicht die Verteilung der Steuerlast durch einen Staat, sondern die Verteilung der Steuerlast zwischen mehreren Staaten im Mittelpunkt. Für diese Frage sind innerstaatliche Gerechtigkeitsüberlegungen insbesondere insofern bedeutsam, als sie den Besteuerungsgrund betreffen.

Erwägungen zum „Ob" und zum „Warum" der Besteuerung dürfen deshalb nicht übergangen werden,[193] sondern sie müssen den Schwerpunkt der Untersuchung bilden. Das „Wie" der Besteuerung ist demgegenüber nur im Hinblick auf mögliche Rückschlüsse und Praktikabilitätserwägungen bedeutsam.

4. Modifizierter nutzenthoretischer Ansatz

Neben der staatstheoretischen Steuerrechtfertigung ist in der neueren Literatur eine verbreitete Rückbesinnung auf die Nutzentheorie zu verzeichnen. Steuern werden wieder vermehrt mit dem Empfang staatlicher Leistungen gerechtfertigt.[194] Dieses geschieht unter Berücksichtigung staatlicher und gesellschaftlicher Entwicklungen.

a. Gesamtsteuerbelastung und Gesamtnutzen

Die Änderungen, denen die nutzentheoretische Argumentation unterworfen wird, gehen auf die Ausführungen Lorenz von Steins zurück.

Nach seiner Auffassung ist das Verhältnis zwischen dem von ihm als selbständigem Organismus angesehenen Staat und dem Einzelnen dadurch geprägt, dass der Staat nach dem Gesamtwillen der Staatsangehörigen in den Ausgaben das leistet, was er in den Einnahmen empfängt (sog. Grundsatz der Reproduktivität).[195] Der Opfertheorie wird damit ebenso die Grundlage entzogen wie einem auf den individuellen Nutzen staatlicher Leistungen abstellenden Verständnis.

Die heute anerkannten Modifikationen der Nutzentheorie lassen sich beispielhaft auch den Ausführungen James M. Buchanans entnehmen. Buchanan fordert eine „quid-pro-quo-Beziehung" zwischen dem Staat und der Gesamtheit der Steuerpflichtigen.[196] Bei der Steuerrechtfertigung dürfe die Verwendung der Steuermittel nicht vergessen wer-

[193] so aber: Lang, in: Tipke/Lang, Steuerrecht, 2002, § 4 Rz. 60

[194] Buchanan, in: Fiscal Theory and Political Economy, 1960, S. 8 (12); K. Vogel, in: Steueroasen und Außensteuergesetze, 1981, S. 125 (129); ders., in: P. Kirchhof (Hrsg.), Der offene Finanz- und Steuerstaat, 1991, S. 605 (639); ders., in: FS Klein, 1994, S. 361 (367, 371); Wendt, DÖV 1988, S. 710 (715); Morgenthaler, IStR 1993, S. 258 (260); Tipke, Die Steuerrechtsordnung, Bd. I, 2000, S. 232; Eckert, Die beschränkte Steuerpflicht, 1994, S. 60; Pezzer, in: FS Tipke, 1995, S. 419 (426)

[195] Lorenz von Stein, Finanzwissenschaft, I. Teil, 1885, S. 28

[196] Buchanan, in: Buchanan, Fiscal Theory and Political Economy, 1960, S. 8 (19)

den. Nur wenn sich die Gesamtsteuerbelastung und der Gesamtnutzen der Besteuerung ungefähr entsprächen, sei die Auferlegung einer Steuerlast theoretisch gerechtfertigt.[197]

Während die ursprüngliche Nutzentheorie nach dem Nutzen der Gesamtheit der staatlichen Leistungen für den einzelnen Steuerpflichtigen fragte, wird nunmehr auf den Nutzen Gesamtheit der staatlichen Leistungen für die Gesamtheit der Steuerpflichtigen abgestellt.[198] Damit ist die Steuer nicht mehr erst dann dem Grunde nach gerechtfertigt, wenn für den einzelnen Steuerpflichtigen die staatliche Steuerlast durch den individuellen Nutzen ausgeglichen wird, sondern bereits dann, wenn sich dieser Ausgleich aus der Gegenüberstellung der Gesamtbelastung und dem Gesamtnutzen aller Steuerpflichtigen ergibt. Die Steuer kann daher auch dann gerechtfertigt sein, wenn der mit ihr verbundene Nachteil in einer Vielzahl von Einzelfällen nicht durch Vorteile aus staatlichen Leistungen ausgeglichen wird.[199]

b. Preis bzw. Konsequenz der Wirtschaftsfreiheit

Paul Kirchhof rechtfertigt die staatliche Besteuerungsgewalt mit der Grundentscheidung des Staates für eine Freiheitlichkeit, die dem Einzelnen Eigentum und Erwerb gewährleistet.[200] Auch andere Autoren halten Steuern als Preis der Wirtschaftsfreiheit für gerechtfertigt.[201] Die Wahl des Finanzierungsmittels der Besteuerung wird damit letztlich aus der staatlichen Garantie privaten Eigentums abgeleitet.[202]

Argumentiert wird, eine staatseigene Erwerbswirtschaft, jede Form der Zwangswirtschaft und auch die inflationäre Enteignung des Geldeigentums schieden auf der Grundlage dieser Entscheidung als Finanzierungsmöglichkeiten aus. Verwaltungsleistungen dürften nicht kommerzialisiert werden. Der Staat könne sich daher nur durch die Teilhabe an dem Erfolg des durch ihn ermöglichten Wirtschaftens finanzieren. Folge sei eine Erwerbsgemeinschaft zwischen den Erwerbstätigen und dem Staat. Die individuelle Steuerpflicht basiere auf der wirtschaftlichen Zugehörigkeit des Steuerpflichtigen zu dieser Gemeinschaft.[203]

---

[197] Buchanan, in: Buchanan, Fiscal Theory and Political Economy, 1960, S. 8 (15)

[198] Schanz, FA 1892 (Jg. 9), S. 365 (372)/Bd. 2 S. 1 (8)

[199] Buchanan, in: Buchanan, Fiscal Theory and Political Economy, 1960, S. 8 (17)

[200] P. Kirchhof, in: P. Kirchhof u. a., Steuern im Verfassungsstaat, 1996, S. 27 (32); ders., DStJG 24 (2001), S. 9 (12 f.), ders., StuW 2002, S. 3 (4); ders., in: Kirchhof (Hrsg.), EStG KompaktKommentar, Einleitung Rn 2

[201] Henseler, NJW 1987, S. 3103 (3105); Wendt, DÖV 1988, S. 710 (715); K. Vogel, in: P. Kirchhof (Hrsg.), Der offene Finanz- und Steuerstaat, 1991, S. 605 (638); Ferdinand Kirchhof, Grundriß des Abgabenrechts, 1991, S. 14 (Rn. 23); Tipke, Die Steuerrechtsordnung, Bd. I, 2000, S. 1; Bd. II, 1993, S. 1028; Mössner, in: Rengeling (Hrsg.), Europäisierung des Rechts, 1996, S. 113 (113); Crezelius, IStR 2002, S. 433 (433)

[202] P. Kirchhof, in: P. Kirchhof u. a., Steuern im Verfassungsstaat, 1996, S. 27 (32 f.); kritisch: Reiß, in: Woerner (Hrsg.), Umsatzsteuer in nationaler und europäischer Sicht, JDStJG Bd. 13, 1990, S. 1 (8 ff.)

[203] P. Kirchhof, in: P. Kirchhof u. a., Steuern im Verfassungsstaat, 1996, S. 27 (33)

Klaus Vogel ersetzt die Rechtfertigung der Steuer durch die staatliche Gewährleistung einer privatnützigen Eigentumsordnung in Teilbereichen dadurch, dass er sozialstaatliche Aufgaben zum Rechtfertigungsgrund macht.[204]

Angesichts der mit der Abkopplung wesentlicher Teile der Wirtschaft von den Interessen der Eigentümer verbundenen Herausbildung der Wirtschaft zu einem selbständigen Machtfaktor im Staat habe dieser das Gleichgewicht zwischen Staat und Wirtschaft und die Wahrung der Interessen der Allgemeinheit sicherzustellen. Außerdem habe er, falls erforderlich, das Ergebnis des wirtschaftlichen Verteilungsprozesses zu korrigieren.[205]

c. Stellungnahme

Die Heranziehung des Gesamtnutzens ist eine überzeugende Möglichkeit, die Steuer zu rechtfertigen. Sie knüpft an das Wesen der Besteuerung an. Die Steuer stellt eine Verbindung zwischen dem Steuerpflichtigen und dem besteuernden Staat her. Diese Verbindung lässt sich entweder aus der Sicht des Staates oder aus der Sicht des Steuerpflichtigen begreifen. Die grundlegende Rechtfertigung der Steuer kann daher entweder an der Bedeutung der Steuer für den Staat oder an der Bedeutung der Besteuerung für den Steuerpflichtigen anknüpfen. Letzteres versucht der nutzentheoretische Ansatz.

Im Vordergrund steht dabei die Belastungswirkung der Steuer für den Steuerpflichtigen. Diese ist für Steuerausländer, deren Berührungspunkte mit dem Quellenstaat vor allem auf wirtschaftlichem Gebiet angesiedelt sind, von besonderer Bedeutung.

Die Belastungswirkung der Steuer kommt in § 3 Abs. 1 S. 1 AO zum Ausdruck. Nach dieser Vorschrift sind Steuern Geldleistungen. Sie bedeuten den zwangsweisen Transfer wirtschaftlicher Potenz vom Steuerpflichtigen auf den Staat.[206] Die Frage nach der Rechtfertigung der Steuer im Kernbereich des Transfers muss folglich an den Verlust wirtschaftlicher Leistungsfähigkeit durch den Steuerpflichtigen und den gleichzeitigen Gewinn finanzieller Potenz durch den Staat anknüpfen. Mit Blick auf die Belastungswirkungen lässt sich die Steuer also nur noch rechtfertigen, wenn der Staat den Leistungsfähigkeitsverlust der Gesamtheit der Steuerpflichtigen[207] in irgendeiner Form ausgleicht und dem Nachteil der Steuerzahlung dadurch ein Vorteil gegenübertritt.

Der Teil der Steuerrechtfertigungslehre, der nicht an den staatlichen Finanzbedarf, sondern an die Steuerwirkungen anknüpft, rechtfertigt die Steuer daher durch ein

---

[204] K. Vogel, in: Isensee/Kirchhof (Hrsg.), Handbuch des Staatsrechts, Bd. I, § 27, S. 1151 (1180, Rn. 66)

[205] K. Vogel, in P. Kirchhof (Hrsg.), Der offene Finanz- und Steuerstaat, 1991, S. 605 (639)

[206] Birk, ZRP 1979, S. 221 (221); K. Vogel, in: P. Kirchhof (Hrsg.), Der offene Finanz- und Steuerstaat, 1991, S. 605 (638)

[207] Lorenz von Stein, Finanzwissenschaft, 1. Teil, 1885, S. 28; Schanz, FA 1892 (Jg. 9), S. 365 (372)/Bd. 2 S. 1 (8); Buchanan, in: Buchanan, Fiscal Theory and Political Economy, 1960, S. 8 (15)

Leistungs-/Gegenleistungsverhältnis zwischen dem Staat und den Steuerpflichtigen.[208] In der historischen Entwicklung nimmt dabei die zulässige Inanspruchnahme des Betroffenen mit der Ausweitung staatlicher Leistungen zu. Das zeigt, dass die Steuerrechtfertigung nicht nur von der Existenz einer Gegenleistung, sondern auch von deren Höhe abhängig zu machen ist.

Zu fordern ist also ein Gesamtausgleich zwischen individuellen Leistungen und staatlichen Gegenleistungen, der dem Steuerpflichtigen präsent ist und ihm gegenüber die Verpflichtung zum Leistungsfähigkeitstransfer rechtfertigt. Ein Gesamtausgleich ist erreicht, wenn die Nachteile, die der Gesamtheit der Steuerpflichtigen durch die Besteuerung entstehen, den Vorteilen, die die Steuerpflichtigen und andere der Hoheitsgewalt unterworfene Personen aufgrund staatlicher Leistungen haben, entsprechen.

Damit enthält die Steuerrechtfertigung den Auftrag an den Staat, die Steuermittel möglichst effizient für die durch die Steuerpflichtigen vorgegeben Ziele einzusetzen. Nur so kann der Ausgleich von Gesamtaufwand und Gesamtnutzen gewährleistet werden. Der Grundsatz der Reproduktivität[209] ist Kern der grundlegenden Rechtfertigung der Besteuerung.

Die hier vertretene Auffassung wird durch den Steuerbegriff der Abgabenordnung nicht nur aufgrund ihrer Orientierung an der Belastungswirkung bestätigt. In § 3 Abs. 1 S. 1 AO heißt es nämlich weiter, dass Steuern Geldleistungen sind, die nicht eine Gegenleistung für eine besondere Leistung des Staates darstellen. Diese Formulierung ist im Umkehrschluss dahingehend auszulegen, dass Steuern Gegenleistungen für allgemeine Leistungen des Staates darstellen. Allgemein in diesem Sinne sind Leistungen an die Gesamtheit der der Hoheitsgewalt unterworfenen Personen.

Mit den Stellungnahmen Kirchhofs und Vogels geht ein Perspektivwechsel einher. Wurde zuvor der Ausgleich von Gesamtbelastung und Gesamtnutzen unter dem Eindruck der individuellen Steuerbelastung betrachtet, so rückt nunmehr die im Wesentlichen in Art. 12 und Art. 14 GG verankerte Wirtschaftsverfassung Deutschlands in den Mittelpunkt. Nach der Bedeutung der Steuer für den Steuerpflichtigen ist ihre Einordnung in einen verfassungsrechtlichen Kontext eine wichtige zweite Rechtfertigungsmöglichkeit, die aus einer anderen Perspektive den Ausgleich fordert und fördert. Beide Ansätze ergeben ein Rechtfertigungssystem, das die staatliche Besteuerung insgesamt dem Grunde nach zu rechtfertigen vermag.

Zu prüfen ist in der Tat, warum sich der Staat nicht anderer Finanzierungsmittel bedient, sondern auf die Steuer zurückgreift. Denkbar wäre, dass er sich durch unmittelbare Eingriffe in die Erwerbswirtschaft, etwa durch eine eigene Betätigung auf dem

---

[208] s. o. zu 1./a. und b.

[209] Lorenz von Stein, Finanzwissenschaft, 2. Teil, 1. Abt., 1885, S. 356 ff.

Markt oder durch eine inflationäre Geldpolitik, finanziert und so seine im internationalen Wettbewerb stehenden Bürger von der Steuerlast befreit.

Paul Kirchhof begründet den Umstand, dass sich der Staat durch die Teilhabe am wirtschaftlichen Handeln der Steuerpflichtigen finanziert, mit der vor allem in Art. 14 GG zum Ausdruck kommenden Entscheidung des Grundgesetzes für eine freiheitliche, auf Privatnützigkeit ausgerichtete Eigentums- und Erwerbsordnung.[210] Tatsächlich widerspräche eine Staatsfinanzierung durch Eingriffe des Staates in die Privatwirtschaft der grundgesetzlichen Gewährleistung des Privateigentums. Dieses Argument allein vermag jedoch die Finanzierung des Staates mittels der Steuer nicht zu rechtfertigen, denn bei Einhaltung bestimmter Grenzen ist eine Staatsfinanzierung durch mittelbare oder unmittelbare erwerbswirtschaftliche Tätigkeit oder auch Geldschöpfung ohne Eingriffscharakter verfassungsrechtlich nicht zu beanstanden.

Entscheidender Aspekt ist in diesem Zusammenhang der Finanzierungsbedarf, der vor allem durch die aus dem Sozial- und dem Rechtsstaatsprinzip resultierenden Verpflichtungen des Staates entsteht und der aufgrund der freiheitlichen Eigentums- und Erwerbsordnung nicht anders als durch die Erhebung von Steuern befriedigt werden kann. Der die private Erwerbswirtschaft gewährleistende Staat muss also Steuerstaat sein, um Sozialstaat (und Rechtsstaat) sein zu können.[211]

Die Finanzierung des Staates mittels der Steuer wird damit durch die Verfassung vorgegeben. Die Steuer ist verfassungsrechtlich gerechtfertigt. Sie als legitimes staatliches Finanzierungsmittel dem Grunde nach in Frage zu stellen, hieße, die verfassungsrechtliche Ordnung selbst in Frage zu stellen.

Die Rechtfertigung der Steuern basiert, und insofern fließt der staatstheoretische Ansatz in die Argumentation zum Gesamtnutzen ein, auf der Rechtfertigung des Gemeinwesens, das sie erhebt. Klaus Tipke, demzufolge die Besteuerung gerechtfertigt ist, weil der Staat gerechtfertigt ist,[212] ist insoweit zuzustimmen. Die Rechtfertigung des besteuernden Gemeinwesens ist notwendige, wenn auch nicht hinreichende Bedingung für die grundsätzliche Rechtfertigung der durch es erhobenen Steuern.

IV. Grenzen gerechtfertigter Besteuerung

Die Grenzen gerechtfertigter Besteuerung weisen einen unmittelbaren Bezug zu den zur Steuerrechtfertigung vertretenen Grundauffassungen auf, denn aus der Rechtferti-

[210] P. Kirchhof, in: P. Kirchhof u. a., Steuern im Verfassungsstaat, 1996, S. 27 (32 f.)

[211] Forsthoff, VVDStRL 12, S. 8 (32)

[212] Tipke, Die Steuerrechtsordnung, Bd. II, 1993, S. 559

gung der Steuer müssen sich auch deren Grenzen ergeben.[213] Die Steuerrechtfertigungslehre bezweckt die Abgrenzung der Vermögenssphäre des Einzelnen gegenüber dem Besteuerungsanliegen der Gemeinschaft. Positionen, die in diesem Zusammenhang eingenommen werden, beziehen sich somit zwangsläufig sowohl auf den Grund als auch auf die Grenze staatlicher Besteuerung.

Dementsprechend ist schon frühzeitig zu Gründen und Grenzen gerechtfertigter Besteuerung argumentiert worden. Richelieu etwa war der Meinung, ein guter König finde den angemessenen Ausgleich zwischen der für die Erfüllung der öffentlichen Aufgaben notwendigen Steuerbelastung und dem, was die Betroffenen leisten könnten.[214] Demgegenüber vertrat Locke die Auffassung, die natürlichen Grenzen der Besteuerung lägen in dem gesellschaftsvertraglich vereinbarten Zweck der Regierung, das Eigentum zu schützen.[215] In diesem Sinne wird man auch die vierte klassische Maxime des Adam Smith zur Steuerlehre verstehen müssen: Die unternehmerische Initiative kann sich nur dann entfalten, wenn sich die Eingriffe des Staates in das Wirtschaftsleben auf ein Minimum beschränken.[216] Die unterschiedlichen Perspektiven, die nutzen- und opfertheoretische Steuerrechtfertigung aufweisen, spiegeln sich also auch in frühen Stellungnahmen zu den Grenzen gerechtfertigter Besteuerung wider: Während Locke und Smith die Interessen des Steuerschuldners in den Vordergrund stellen, stehen noch für Richelieu die Interessen des Königs im Mittelpunkt.

Grundlegend für ein modernes Verständnis sind jedoch auch insofern die Ausführungen Lorenz von Steins.[217] Auf den von ihm entwickelten Prinzipien basieren neuere Stellungnahmen, die angesichts des seit Beginn des 20. Jahrhunderts zu verzeichnenden dramatischen Anstiegs der Belastung der Steuerpflichtigen insbesondere durch die Einkommensteuer eine erhebliche Bedeutung bekommen haben.[218]

1. Reproduktivität des Steuerwesens

Der durch Lorenz von Stein entwickelte Grundsatz der Reproduktivität der Steuer basiert auf der von ihm zur grundsätzlichen Steuerrechtfertigung vertretenen Auffassung. Von Stein begrenzt den staatlichen Steueranspruch durch das volkswirtschaftliche, das finanzielle und das staatswirtschaftliche Prinzip der Steuer.

Den Ausgangspunkt seiner Überlegungen bildet das volkswirtschaftliche Prinzip. Hier folgert von Stein aus der Erkenntnis, dass der Steuerzahler eines Einkommens bedürfe,

[213] Ferdinand Kirchhof, Grundriß des Abgabenrechts, 1991, S. 13 (Rn. 22); K. Vogel, in: P. Kirchhof (Hrsg.), Der offene Finanz- und Steuerstaat, 1991, S. 605 (639)

[214] vgl. William F. Church, Richelieu and Reason of State, 1972, p. 489

[215] Locke, Two treatises of government, 1690, p. 362 (book 2, chapter 11, § 140)

[216] Smith, Wealth of Nations, 1776, p. 778 (book 5, chapter 2, part 2)

[217] von Stein, Finanzwissenschaft, 2. Teil, 1. Abt., 1885, S. 353 ff.

[218] etwa: Feldmann, StuW 1998, S. 114

um neues Einkommen zu erzeugen, dass die Steuer nie dem Einkommen seine kapitalbildende Kraft rauben dürfe.[219] Für die Bestimmung des finanziellen Prinzips stellt von Stein den Finanzierungsbedarf des Staates in den Vordergrund und stellt fest, dass ein Gleichgewicht zwischen den Gesamteinnahmen und den gesamten Bedürfnissen des Staates zu suchen sei.[220]

Seine Lehre mündet im staatswirtschaftlichen Prinzip, das er als den Grundsatz der Reproduktivität der Steuer kennzeichnet. In ihm verbindet von Stein die finanziellen Bedürfnisse beider Seiten und ersetzt das statische durch ein dynamisches Verständnis der Wechselwirkungen von staatlichem und privatem Finanzbedarf. Die Beschreibung eines gerechten Zustandes wird durch diejenige einer Entwicklung ersetzt.

Der Grundsatz der Reproduktivität besagt nach von Stein, dass jede Steuer „mindestens so viel erzeugen soll, als sie selber beträgt."[221] Hintergrund dieser Forderung ist seine zur Steuerrechtfertigung dem Grunde nach vertretene Auffassung, nach der die Steuer durch ein von dem einzelnen Staatsbürger abstrahierendes Leistungs-/Gegenleistungsverhältnis gerechtfertigt ist.[222] Diese Auffassung wird dahingehend ausgebaut, dass jede Steuer die Bestimmung habe, zum Steuerzahler zurückzukehren, und demzufolge berechtigter sei, wenn sie dieses besser und schneller vermöge.

Der damit beschriebene Kreislauf nimmt nach Auffassung von Steins den Weg vom Steuerzahler über die Verwaltung zu ihm zurück und ist von einem Erfolg gekrönt, wenn sich auf beiden Seiten Kapital bildet.[223] Diese Folgerung beruht auf der an anderer Stelle geäußerten Überlegung, dass unabweisbar der Staat reich sei, dessen Staatsbürger reich seien,[224] und dass die wirtschaftliche Entwicklung des Staates derjenigen seiner Bürger entspreche.[225]

Kevin Holmes hält eine Steuer dann für optimal, wenn sie sowohl dem Grunde als auch der Höhe nach den gesellschaftlichen Wohlstand maximiert.[226] Im Umkehrschluss zieht Emil Sax die Grenzen gerechtfertigter Besteuerung dort, wo ihre Folgen die Gesamtentwicklung beeinträchtigen.[227]

Klaus Vogel führt aus, dass eine Besteuerung nur dann gerechtfertigt sei, wenn die staatliche Gegenleistung an die Gesamtheit der Steuerzahler mindestens dem Wert der

[219] von Stein, a. a. O., S. 355

[220] von Stein, a. a. O., S. 356

[221] von Stein, a. a. O., S. 359

[222] von Stein, Finanzwissenschaft, 1. Teil, 1885, S. 28 f.

[223] von Stein, Finanzwissenschaft, 2. Teil, 1. Abt., S. 358

[224] von Stein, Finanzwissenschaft, 1. Teil, 1885, S. 7

[225] von Stein, a. a. O. S. 24

[226] Holmes, The Concept of Income, 2001, S. 12

[227] Sax, Grundlegung der theoretischen Staatswirtschaft, 1887, S. 517

erhobenen Steuern entspreche.[228] In diesem Sinne argumentiert auch Francesco Moschetti, die italienische Verfassung auslegt und schlussfolgert, dass eine Besteuerung nach der individuellen Leistungsfähigkeit die Verwendung der Steuermittel für den materiellen oder geistigen Fortschritt der Gesellschaft voraussetze.[229]

Für die Reproduktivität einer Staatsausgabe spricht nach Ansicht Vogels allerdings eine Vermutung. Diese müsse grundsätzlich in jedem Einzelfall durch den Nachweis einer ungerechtfertigten oder der Höhe nach überzogenen Ausgabe widerlegt werden, wenn der Steuer die Rechtfertigungsbasis entzogen werden solle.[230] Erreiche der Anteil des Staates an den produzierten Werten allerdings 50 Prozent, könne die Rechtfertigung des staatlichen Ausgabevolumens nicht mehr unterstellt werden. Vielmehr treffe dann den Staat die Beweislast für die Reproduktivität und damit für die Rechtfertigung der Steuer.[231]

Eine über die Belastungsobergrenze hinausgehende Besteuerung sei grundsätzlich nur zur Deckung eines vorübergehenden und abgrenzbaren Bedarfs erlaubt.[232] Könne allerdings die Reproduktivität einer besonders hohen Steuerbelastung durch den Staat auch nicht mehr mit dem Hinweis auf einen besonderen Bedarf begründet werden, bleibe nur der Rückgriff auf die ursprüngliche Nutzentheorie. Erforderlich sei demnach ein individuell zurechenbarer Nutzen und die Bemessung der Abgabe nach dem Wert des Nutzens.[233]

2. Demokratische Verankerung des Steuerwesens

Die Gegenposition wird dadurch gekennzeichnet, dass sie eine Übermaßbesteuerung aufgrund der demokratischen Verankerung des gesamten Steuerwesens für ausgeschlossen hält.[234]

Unter dieser Prämisse wird das Leistungsfähigkeitsprinzip zum angemessenen und ausreichenden Rahmen für den Steuergesetzgeber erklärt.[235] Seine Verankerung im Gleichheitssatz biete in Verbindung mit dem Demokratieprinzip nicht nur Schutz vor ungerechtfertigten Ungleichbehandlungen, sondern auch vor übermäßiger Besteuerung. Freiheitsrechte böten dagegen aufgrund des Einnahmeerzielungszwecks der

---

[228] K. Vogel, in: Isensee/Kirchhof (Hrsg.), Handbuch des Staatsrechts, Bd. I, 1987, § 27, S. 1151 (1180, Rn. 67)

[229] Moschetti, in: Tipke/Bozza, Besteuerung von Einkommen, 2000, S. 33 (69 f.)

[230] K. Vogel, in: Isensee/Kirchhof (Hrsg.), a. a. O., S. 1184, Rn. 75; ders., in: P. Kirchhof (Hrsg.), Der offene Finanz- und Steuerstaat, 1991, S. 605 (639 f.)

[231] K. Vogel, in: Isensee/Kirchhof (Hrsg.), a. a. O., S. 1185, Rn. 76

[232] so auch: Feldmann, StuW 1998, S. 114 (122)

[233] K. Vogel, in: P. Kirchhof (Hrsg.), Der offene Finanz- und Steuerstaat, 1991, S. 605 (S. 640 f.)

[234] Papier, Finanzrechtliche Gesetzesvorbehalte und das grundgesetzliche Demokratieprinzip, 1973, S. 78; Wieland, DStJG 24 (2001), S. 29 (42 f.)

[235] Wieland, a. a. O.; a. A.: Tipke, in: Tipke/Bozza, Besteuerung von Einkommen, 2000, S. 9 (17)

Steuer keinen Schutz. Finanzsteuern dienten dem legitimen Zweck der Erzielung von Staatseinnahmen und seien zu dessen Erreichung geeignet und erforderlich.[236]

3. Stellungnahme

Die unterschiedlichen Positionen zur grundlegenden Rechtfertigung der Steuer wirken sich wie erwartet auf die Argumentation zu den Grenzen gerechtfertigter Besteuerung aus. Die opfertheoretische Sichtweise wird hier lediglich um den Hinweis auf die demokratische Legitimation des Staates und seines Steuerwesens ergänzt.

Der Nachteil dieses Ansatzes wird in der Begründung deutlich sichtbar: Der bereits eingangs[237] als fruchtlos erkannte Einnahmeerzielungszweck wird ebenso wenig hinterfragt wie die tatsächliche Beeinflussung des Steuerwesens durch den Wähler. Damit bleibt die Frage nach der inneren Rechtfertigung der Steuer ebenso unbeantwortet wie die Frage nach den sich daraus ergebenden Grenzen gerechtfertigter Besteuerung. Ein positivistischer Ansatz vermag jedoch nichts zu einer dogmatischen Überprüfung des Steuerrechtfertigung im Hinblick auf die Besteuerung grenzüberschreitend erzielter Einkünfte beizutragen. Er ist deshalb abzulehnen.

Der Grundsatz der Reproduktivität der Steuer, modifiziert durch die Ausführungen Klaus Vogels zu den Belastungsobergrenzen, kennzeichnet demgegenüber einen Rechtfertigungsansatz, dem im Hinblick auf eine in sich stimmige sowie den rechtlichen und wirtschaftlichen Rahmenbedingungen gerecht werdende Steuerrechtfertigung nichts hinzuzufügen ist.

Auch wenn er mit dem Kreislaufgedanken Elemente der organischen Staatslehre aufgreift,[238] basiert er doch auf einem demokratischen Staatsverständnis, nach dem der Staat und seine Machtmittel fortlaufend der Rechtfertigung bedürfen. Er verwirklicht die grundgesetzliche Entscheidung für eine freiheitliche Eigentums- und Erwerbsordnung auf der Grundlage der modifizierten Nutzentheorie, in dem er privates Eigentum und privaten Erwerb akzeptiert, aber gleichzeitig eine dem staatlichen Anteil am Erwerb entsprechende Gegenleistung einfordert. Die Notwendigkeit privaten Erwerbs zur Erzielung staatlicher Einnahmen wiederum führt zu der als Grundsatz der Reproduktivität bezeichneten Erkenntnis, dass sich der Steuerstaat nicht selbst seiner Grundlage, der individuellen Wirtschafts- und Steuerkraft, berauben darf. Tut er es gleichwohl, so ist die Steuer in aller Regel unangemessen und ungerecht.

Vermutungen sprechen sowohl für eine Reproduktivität der Steuer im Regelfall als auch gegen sie, wenn der Anteil des Staates an den produzierten Werten überhand nimmt. Eine nach diesen Grundsätzen festgestellte Übermaßbesteuerung bedarf gegen-

---

236 Wieland, a. a. O., S. 43

237 s. o. zu II.

238 Mann, Steuerpolitische Ideale, 1937, S. 90

über jedem einzelnen Steuerpflichtigen der Rechtfertigung durch einen individuell feststellbaren Vorteil. Sie kann damit nur in Ausnahmefällen, etwa in Zeiten allgemeiner Not, vorübergehend gerechtfertigt sein. Ihre Rechtfertigung basiert auf der Äquivalenztheorie in ihrer historischen, individualisierenden Ausprägung.[239]

V. Ergebnis zu A.

Die allgemeine Rechtfertigung der Steuer hat zwei Seiten: Die eine Seite ist die Rechtfertigung des Staates im Hinblick auf seinen Finanzbedarf und das Mittel zur Deckung dieses Bedarfs. Die andere Seite ist die grundlegende Rechtfertigung der Steuer im Hinblick auf die beim Steuerpflichtigen eintretenden Belastungen und deren Grenzen.

Die Steuer als staatliches Finanzierungsmittel rechtfertigt sich aus den grundgesetzlichen Zielvorgaben, die, wie die Beispiele der Rechts- und Sozialstaatlichkeit zeigen, einen erheblichen Finanzbedarf verursachen, in Verbindung mit der grundgesetzlichen Gewährleistung einer freien Eigentums- und Erwerbsordnung, die dem Staat nur das Mittel der Finanzierung über die Teilnahme am individuellen erwerbswirtschaftlichen Erfolg belässt.

Im Hinblick auf die beim Steuerpflichtigen eintretende Belastungswirkung ist an das Wesen der Besteuerung als einem erzwungenen Leistungsfähigkeitstransfer anzuknüpfen. Unter diesem Aspekt ist die Steuer gerechtfertigt, wenn der Nachteil, der mit der staatlichen Besteuerung für alle Steuerpflichtigen verbunden ist, durch Vorteile, die die Staatstätigkeit für die Gesamtheit der von seiner Hoheitsgewalt erfassten Personen mit sich bringt, ausgeglichen wird.

Voraussetzung und Auftrag aus der Steuerrechtfertigung ist demzufolge eine effiziente Wahrnehmung der staatlichen Aufgaben durch die Staatsorgane. Zu Recht wird deshalb die Grenze gerechtfertigter Besteuerung nach dem Grundsatz der Reproduktivität der Steuer dort gezogen, wo dem Einzelnen der zur Erhaltung seiner Wirtschafts- und damit Steuerkraft erforderliche Teil seines Erwerbs entzogen wird.

B. Rechtfertigung der Einkommensteuer

Von der allgemeinen Rechtfertigung der Steuer ist die besondere Rechtfertigung der Einkommensteuer zu unterscheiden.[240] Die Einkommensteuer ist gerechtfertigt, wenn sowohl die Grundgedanken des staatlichen Zugriffs auf das Einkommen als auch Höhe der Einkommensteuerbelastung im Einzelfall und im Verhältnis zu anderen, vergleich-

---

[239] s. o. zu III. 1. b.

[240] vgl. Tipke, Die Steuerrechtsordnung, Bd. I, 2000, S. 228, 232

baren Fällen allgemein überzeugen. Dazu bedarf es sachgerechter und konsequent durchgeführter Besteuerungsregeln.

I. Notwendigkeit einer selbständigen Rechtfertigung

Die Einkommensbesteuerung bedarf einer selbständigen Rechtfertigung. Sie ist nicht bereits aufgrund der Ausführungen zur allgemeinen Steuerrechtfertigung als gerechtfertigt anzusehen. Dafür gibt es zwei Gründe:

1. Unterschiedlichkeit der Besteuerungsgegenstände

Ein Grund besteht darin, dass je nach Steuerart sehr unterschiedliche Lebenssachverhalte zum Gegenstand der Besteuerung gemacht werden. Besteuert wird beispielsweise das bloße Eigentum an einem Grundstück, der Erwerb eines solchen, der Erwerb und der Verbrauch bestimmter Wirtschaftsgüter und die Erzielung bestimmter Einkünfte. Vor diesem Hintergrund reicht es mit Blick auf das Gerechtigkeitsempfinden der Betroffenen nicht aus, die Besteuerung allgemein zu rechtfertigen. Statt dessen ist eine besondere, auf den jeweiligen Besteuerungsgegenstand abgestimmte Steuerrechtfertigung erforderlich.

Es ist nach einem Grundgedanken zu suchen, der es rechtfertigt, dass der Staat einen bestimmten Lebenssachverhalt mit Steuerfolgen belastet. Paul Kirchhof, der für jede Steuer nach einem besonderen Belastungsgrund fragt,[241] ist daher zuzustimmen.

Im Übrigen geben auf alle Steuern bezogene Ausführungen nicht in ausreichendem Maße Hinweise auf die sachgerechte Ausgestaltung einer bestimmten Steuer. Sie hat sich unter Gerechtigkeitsgesichtspunkten zwar in dem durch die allgemeine Steuerrechtfertigung vorgegebenen Rahmen zu bewegen, aber innerhalb dieses Rahmens ergibt sich ein eigenes Rechtfertigungssystem. Hier ist bezogen auf den jeweiligen Grundgedanken nach sachgerechten und folgerichtigen Regelungen zu suchen.

2. Liberalisierung des Welthandels

Der andere Grund ist darin zu sehen, dass die wichtigste besteuerungsrelevante Entwicklung des 20. Jahrhunderts die Liberalisierung des Welthandels war. Höhepunkt dieser Entwicklung ist aus europäischer Sicht die Verwirklichung der Europäischen Gemeinschaft als Wirtschafts- und Währungsunion. Mit der vollständigen Öffnung der Märkte der Mitgliedstaaten geht eine in der Geschichte einzigartige Ausweitung des grenzüberschreitenden Handels und Handelns einher. Gerade Steuern, die wie die Einkommensteuer an wirtschaftliche Vorgänge anknüpfen, sind in erheblichem Maße von

[241] P. Kirchhof, NJW 1987, S. 3217 (3219 f.); ders., Gutachten F zum 57. Dt. Juristentag, 1988, S. F 9 ff.

der Öffnung der Märkte und den mit der Öffnung verknüpften gesellschaftlichen Entwicklungen betroffen. Mit der Liberalisierung des Handels stellt sich folglich die Frage nach der Rechtfertigung der Einkommensbesteuerung in einem dramatisch veränderten gesellschaftlichen Umfeld.

Die Antworten, die vor mehr als einhundert Jahren auf die Frage nach der grundsätzlichen Rechtfertigung der Steuer gegeben wurden, sind nicht mehr ausreichend.[242] Das gilt vor allem für den von der aufgezeigten Entwicklung besonders betroffenen Bereich der Einkommensbesteuerung grenzüberschreitender Einkünfteerzielung im Rahmen der beschränkten und der unbeschränkten Einkommensteuerpflicht.

II. Rechtfertigungsebenen

Die Einkommensbesteuerung knüpft an die Erzielung von Einkünften durch natürliche Personen an. Besteuerungsgegenstand ist demgemäß der Vermögenserwerb einer natürlichen Person. Bezogen auf diesen Besteuerungsgegenstand ist sie dem Steuerpflichtigen gegenüber selbständig zu rechtfertigen.

Dabei sind zwei Rechtfertigungsebenen zu unterscheiden: Die erste Ebene ist diejenige der Rechtfertigung der Einkommensteuer dem Grunde nach. Auf ihr wird danach gefragt, auf welchen Grundgedanken die Einkommensbesteuerung im Hinblick auf ihren besonderen Besteuerungsgegenstand basiert, weshalb also gerade die staatliche Besteuerung des Einkommens gerechtfertigt ist. Auf der zweiten Ebene ist die Einkommensbesteuerung der Höhe nach zu rechtfertigen. Dabei geht es darum, wie die Einkommensteuer unter Gerechtigkeitsgesichtspunkten zu beschränken ist.

Welche Anforderungen an eine sachgerechte und folgerichtige Begrenzung der Einkommensteuer zu stellen sind, kann erst dann beantwortet werden, wenn Klarheit über den Grundgedanken gewonnen worden ist. Zudem steht die Einkommensteuerrechtfertigung dem Grunde nach in einem engeren Zusammenhang zur allgemeinen Steuerrechtfertigung als ihre Rechtfertigung der Höhe nach. Während sich die Einkommensteuer dem Grunde nach ausschließlich aus den im Hinblick auf das besondere Wesen der Einkommensteuer modifizierten, zur allgemeinen Steuerrechtfertigung aufgestellten Grundsätzen rechtfertigen lassen können muss, ist ihre Rechtfertigung der Höhe nach eigenen Gerechtigkeitserwägungen gegenüber aufgeschlossen.

III. Grundgedanken und Schranken

Die Einkommensteuerrechtfertigung hat also zunächst nach dem die Einkommensteuer im Hinblick auf ihren Gegenstand begründenden Gedanken, also einem "einsichtigen,

---

[242] K. Vogel, in: P. Kirchhof (Hrsg.), Der offene Finanz- und Steuerstaat, 1991, S. 605 (606)

verständlichen Belastungsgrund"[243] zu fragen. Dieser Grundgedanke muss sich aus der allgemeinen Steuerrechtfertigung ableiten lassen.

Bei der allgemeinen, auf die Belastungswirkung der Steuer abstellenden Rechtfertigung wurden Gesamtaufwand und Gesamtnutzen der Steuer einander gegenübergestellt. Die Steuer war gerechtfertigt, wenn der gesamte Steueraufwand durch den gesamten Nutzen der staatlichen Leistungen ausgeglichen wurde. Gegenstand der Einkommensbesteuerung ist der Vermögenserwerb einer natürlichen Person. Bezogen auf ihre grundlegende Rechtfertigung ist daher die Frage zu beantworten, wodurch die Abschöpfung eines Teils des Vermögenserwerbs einer natürlichen Person durch den Staat ausgeglichen wird.

Hierzu haben sich, soweit ersichtlich, im Wesentlichen zwei Positionen herausgebildet, die als Leistungsfähigkeits- und als Markteinkommenstheorie bezeichnet werden sollen.

1. Leistungsfähigkeitstheorie

Nach der Leistungsfähigkeitstheorie ist das Leistungsfähigkeitsprinzip nicht nur Maßstab einer gerechten Steuer, sondern darüber hinaus auch Rechtfertigungsgrund der Einkommensteuer.[244]

Die Leistungsfähigkeitstheorie beruht im Wesentlichen auf den Ausführungen von Dieter Birk und Klaus Tipke.[245] Nach Ansicht Tipkes gewinnt der Steuereingriff des Staates seine Rechtfertigung aus der Gerechtigkeit.[246] Gerecht sei die Einkommensbesteuerung dann, wenn sie geeignet sei, zu einer gleichmäßigen Besteuerung nach Maßgabe der Leistungsfähigkeit des Steuerpflichtigen beizutragen.[247]

Steuern, die von natürlichen Personen erhoben werden, hält Tipke für gerechtfertigt, wenn sie zu einer sachgerechten Verteilung der Gesamtsteuerlast beitragen.[248] Das sei bei einer am Leistungsfähigkeitsprinzip orientierten Einkommensteuer der Fall.[249] Auch in einer Entscheidung des Bundesverfassungsgerichts[250] heiße es, dass die Be-

---

[243] Kirchhof, DStJG 24 (2001), S. 9 (9); Weber-Grellet, StuW 1999, S. 311 (319)

[244] Jarach, StuW 1986, S. 210 (213); Tipke, Die Steuerrechtsordnung, Bd. II, 1993, S. 560; Crezelius, in: Haarmann (Hrsg.), Die beschränkte Steuerpflicht, 1993, S. 75 (75); ders., Steuerrecht II, 2. Aufl. 1994, S. 22 (§ 4 Rz. 5); Holmes, The Concept of Income, 2001, S. 21

[245] Birk, Das Leistungsfähigkeitsprinzip als Maßstab der Steuernormen, 1983, S. 55 ff.; Tipke, a. a. O., Bd. I, 2000, S. 232; Bd. II, 1993, S. 517 ff.

[246] Tipke, a. a. O., Bd. II, 1993, S. 532

[247] Tipke, a. a. O., Bd. II, 1993, S. 534, 547

[248] Tipke, a. a. O., Bd. I, 2000, S. 232

[249] Tipke, a. a. O., Bd. II, 1993, S. 559 f.

[250] BVerfG, Urteil v. 27.06.1991 - 2 BvR 1493/89 -, E 84, 239 (269)

steuerung ihre Rechtfertigung auch und gerade aus der Gleichheit der Lastenzuteilung gewinne.[251]

Hinsichtlich der Besteuerung von Unternehmen ist Tipkes Position dagegen unklar. Während er zunächst ausführt, hier ergebe sich die Rechtfertigung der Besteuerung aus den Vorteilen, die ein Unternehmen durch Leistungen des besteuernden Gemeinwesens habe,[252] lehnt er den Äquivalenzgedanken auch hinsichtlich der Unternehmensbesteuerung bei der Begründung des Leistungsfähigkeitsprinzips ab.[253] Da Tipke das Leistungsfähigkeitsprinzip grundsätzlich auch bei der Besteuerung von Körperschaften für maßgeblich hält,[254] wäre es konsequent, die Rechtfertigung durch den Nutzen öffentlicher Leistungen insgesamt nicht für erforderlich zu halten.

Auf die Frage, worin der mit der Einkommensbesteuerung korrespondierende Vorteil der Steuerpflichtigen bestehe, gibt die Leistungsfähigkeitstheorie dementsprechend keine Antwort. Nach ihr wird die Einkommensbesteuerung mit der Leistungsfähigkeit des Steuerpflichtigen begründet. Dadurch wird die grundlegende Rechtfertigung der Einkommensteuer ausgeklammert bzw. auf die Frage der gerechten Ausgestaltung beschränkt. Die erste Ebene der Einkommensteuerrechtfertigung bleibt außer Betracht. Es wird nicht begründet, weshalb der Staat gerade das Recht zum Zugriff auf individuell erwirtschaftetes Einkommen hat. Der einkommensteuerbedingte Leistungsfähigkeitstransfer vom Steuerpflichtigen auf den Staat wird dem Grunde nach nicht für rechtfertigungsbedürftig gehalten. Das Leistungsfähigkeitsprinzip bezieht sich alleine auf die Schuldner, nicht auf den Gläubiger der Einkommensteuer.[255]

Ableiten lässt sich dieser Rechtfertigungsansatz nur aus einer positivistischen oder einer opfertheoretischen Grundhaltung.[256] Bei Klaus Tipke, dem Begründer der Leistungsfähigkeitstheorie, scheint ersteres der Fall zu sein. Er unterstellt die Rechtfertigung des Staates und hält die Besteuerung aufgrund des staatlichen Finanzbedarfs dem Grunde nach für gerechtfertigt.[257] Der BFH argumentiert, Zweck der Einkommensteuer sei es, Mittel für die öffentliche Hand zu beschaffen und dabei den Steuerpflichtigen entsprechend seiner Leistungsfähigkeit heranzuziehen.[258] Diese allgemeine Aussage lässt sich auch schon dem – soweit ersichtlich – ersten Bekenntnis zum Leistungsfähigkeitsprinzip in der ersten Maxime des Adam Smith entnehmen. Dort heißt es: „The

---

[251] Tipke, a. a. O., Bd. I, 2000, S. 232 (Fn. 24)

[252] Tipke, a. a. O., Bd. I, 2000, S. 233; Bd. II, 1993, S. 727, 732, 1028 f.

[253] Tipke, a. a. O., Bd. I, 2000, S. 477, 479

[254] Tipke, a. a. O., Bd. II, 1993, S. 735

[255] Mössner, in: Tipke/Bozza, Besteuerung von Einkommen, 2000, S. 253 (260)

[256] Mössner, a. a. O., S. 258

[257] Tipke, a. a. O., Bd. I, 2000, S. 232

[258] BFH, Beschluss v. 25.06.1984 - GrS 4/82, BStBl. II 1984, 751 (766)

subjects of every state ought to contribute towards the support of the government, as nearly as possible, in proportion to their respective abilities;...“[259]

Der Bezug zum Einnahmeerzielungszweck vermag indes nicht die Frage nach dem Belastungsgrund der Steuer zu beantworten, die bloße Bereicherung rechtfertigt noch keine Steuer.[260] Nach der hier vertretenen Auffassung ist die Steuer bereits im Allgemeinen nicht nur aus der staatlichen Verfassung, sondern zwingend auch aus ihrem Gesamtnutzen zu rechtfertigen.[261] Die Einkommensteuer kann somit nicht bereits dann gerechtfertigt sein, wenn ihre Ausgestaltung es ist. Die Leistungsfähigkeitstheorie ist abzulehnen. Bezeichnenderweise ergänzt Adam Smith: „... that is, in proportion to the revenue which they respectively enjoy under the protection of the state.“[262]

2. Markteinkommenstheorie – Steuer als Anteil am Erfolg privaten Wirtschaftens

Für Paul Kirchhof ist der Belastungsgrund einer Steuer der Schlüssel zu ihrer Rechtfertigung.[263] Belastungsgrund der Einkommensteuer sei der staatliche Anteil am marktwirtschaftlichen Erfolg des Steuerpflichtigen.[264] Die Einkommensteuer realisiere den Anteil des Staates am individuellen, durch die Gemeinschaft ermöglichten Erwerb.[265] Trete neben den Zustandstatbestand der staatlichen Erwerbsgrundlage und den Handlungstatbestand ihrer Nutzung durch den Steuerpflichtigen der Erfolgstatbestand eines sich daraus ergebenden Gewinnes oder Überschusses, so sei die Einkommensteuerbelastung gerechtfertigt.[266]

Andere argumentieren, dass der staatliche Steueranspruch im Bereich der Einkommensteuer als einer Steuer auf wirtschaftliche Werte deshalb legitim sei, weil der Steuerpflichtige aus den erzeugten Werten lediglich einen Teil an den Staat zurückgebe und dadurch dessen Beitrag an der Erzeugung anerkenne.[267] Einkommen wird in diesem Zusammenhang als Entgelt für die Verwertung von Leistungen (Wirtschaftsgütern oder Dienstleistungen) am Markt verstanden.[268]

---

259 Smith, Wealth of Nations, 1776, p. 777 (book 5, chapter 2, part 2)

260 Kirchhof, DStJG 24 (2001), S. 9 (15); s. o. zu A. II.

261 s. o. zu A. III. 4. c.

262 a. a. O.

263 P. Kirchhof, NJW 1987, S. 3217 (3219 f.); ders., Gutachten F zum 57. Dt. Juristentag, 1988, S. F 9 ff.; ders., DStJG 24 (2001), S. 9 (9)

264 P. Kirchhof, in: Kirchhof/Söhn, EStG, § 2 Rdnr. A 146; ders., in: P. Kirchhof u. a., Steuern im Verfassungsstaat, 1996, S. 27 (38); ders., DStJG 24 (2001), S. 9 (14); zustimmend: Prokisch, RIW 1991, S. 396 (397 f.)

265 P. Kirchhof, Gutachten F zum 57. Dt. Juristentag, 1988, S. 17; ders., StuW 2002, S. 3 (5)

266 Kirchhof, DStJG 24 (2001), S. 9 (28); ders., in: EStG KompaktKommentar, Einleitung Rn. 4

267 Wendt, DÖV 1988, S. 710 (715); K. Vogel, in: P. Kirchhof (Hrsg.), Der offene Finanz- und Steuerstaat, 1991, S. 605 (638 f.)

268 Ruppe, DStJG 1 (1978), S. 1 (16); Doralt/Ruppe, Grundriss des österreichischen Steuerrechtes, Band I, 2000, S. 17; Beiser, ÖStZ 2000, 413 (420)

Ursprung dieser Argumentation sind die Ausführungen Lorenz von Steins. Nach seiner Auffassung hatte sich die Besteuerung auf das Einkommen zu beschränken.[269] Auf dieser Grundlage definierte er das Steuerwesen als einen Prozess, in dem der Staat dem Steuerpflichtigen denjenigen Teil seines Einkommens abnehme, der nicht mehr auf seiner Tätigkeit, sondern auf dem Beitrag des Staates zum Einkommenserwerb basiere.[270] Dieser Beitrag bestehe in der Unterhaltung des internationalen Verkehrs, dem Schutz des Ganzen durch das Heer, dem Schutz des Einzelnen durch die Rechtspflege und der Errichtung und Ordnung der großen Anstalten des geistlichen, wirtschaftlichen und gesellschaftlichen Lebens.[271]

Der so verstandenen Markteinkommenstheorie ist zuzustimmen. Nach ihr ist die Gesamtheit der durch eine Erwerbstätigkeit am Markt erzielten Einkünfte zu besteuern, nicht aber die Wertschöpfung im privaten Bereich oder der Nutzungswert langlebiger Konsumgüter.[272] Damit bedeutet sie im Ergebnis eine Besteuerung nach der Wirtschaftszugehörigkeit.

Die Einkommensteuer belastet den individuellen Vermögenserwerb. Damit wird ein der Wirtschaftssphäre zuzuordnender Vorgang besteuert. Die besondere Rechtfertigung der Einkommensteuer hat diesem Wesensmerkmal Rechnung zu tragen. Folglich ist nach einem der Wirtschaftssphäre zurechenbaren Vorteil zu fragen, durch den der Staat den mit der Einkommensbesteuerung für den Steuerpflichtigen verbundenen Nachteil ausgleicht.

Ein solcher Vorteil ist zunächst darin zu sehen, dass der Staat privates Wirtschaften zulässt. Einkünfte lassen sich nämlich grundsätzlich nur dann erzielen, wenn der Staat, auf dessen Gebiet das geschehen soll, sich zu einer freiheitlichen Eigentums- und Erwerbsordnung bekennt. Ein weiterer Vorteil besteht darin, dass der durch entsprechende Maßnahmen einen Ordnungsrahmen schafft, innerhalb dessen privater Vermögenserwerb nicht nur rechtlich, sondern auch tatsächlich möglich ist.[273]

Die individuelle Leistungsfähigkeitssteigerung folgt in jedem einzelnen Fall nicht nur aus dem persönlichen Einsatz des Steuerpflichtigen, sondern auch aus dem vorgefundenen und im Wesentlichen durch den Staat bereiteten Umfeld, dem Markt. Das wirtschaftliche Umfeld ist nicht wegzudenken, ohne dass auch die Fähigkeit des Einzelnen entfiele, seine Leistungsfähigkeit zu steigern. Auch Tipke führt aus, dass es sich nicht leugnen lasse, dass der Staat für die rechtlichen und wirtschaftlichen Rahmenbedin-

---

269 von Stein, Finanzwissenschaft, 2. Teil, 1. Abt., 1885, S. 355, 402

270 von Stein, Finanzwissenschaft, 2. Teil, 1. Abt., 1885, S. 401

271 von Stein, Fnanzwissenschaft, 1. Teil, 1885, S. 25

272 Lang, DStJG 24 (2001), S. 49 (118); Doralt/Ruppe, Grundriss des österreichischen Steuerrechtes, Band I, 2000, S. 17

273 Wendt, DÖV 1988, S. 710 (715)

gungen sorge, die einen geordneten Erwerbsprozess erst ermöglichten, und damit einen "Kausalbeitrag für die Einkommensentstehung" erbringe.[274] Nur diese besondere, wirtschaftliche Verbindung des Steuerpflichtigen zu dem ihn besteuernden Staat vermag den aufgrund der Einkommensbesteuerung zu erbringenden Leistungsfähigkeitstransfer selbständig zu rechtfertigen.

Dagegen kann nicht eingewendet werden, der Staat werde "einseitig zu einer Wirtschaftsveranstaltung"[275], denn es geht nicht um die allgemeine Rechtfertigung der Steuer, sondern um die besondere, dem Belastungsgegenstand gerecht werdende Einkommensteuerrechtfertigung. Der durch die Einkommensteuer belastete Erwerb ist in jedem Fall unmittelbar oder mittelbar von einem Markt abhängig, sei es der Absatzmarkt, der Arbeitsmarkt, der Kapitalmarkt oder auch der Immobilienmarkt.

Zudem bedeutet die Ausrichtung der Einkommensteuerrechtfertigung auf den Erwerbsmarkt eine weitere Konkretisierung des Äquivalenzgedankens, der bereits im Rahmen der Erwägungen zur allgemeinen Steuerrechtfertigung vom Individualnutzen zum wirtschaftlichen Gesamtnutzen entwickelt wurde.[276]

3. Belastungsgrenzen

Die nachfolgenden Überlegungen zu den Grenzen gerechtfertigter Einkommensbesteuerung führen Aspekte der Markteinkommens- und der Leistungsfähigkeitstheorie zusammen. Das ist sachgerecht, weil beide Ansätze einen Betrag bestimmen, den der Staat gerechterweise von dem Vermögenserwerb des Steuerschuldners einfordern darf.[277] Während in dem einen Fall aus dem Verhältnis zum Steuerstaat eine absolute Belastungsobergrenze definiert wird, wird diese in dem anderen Fall in Relation zu anderen Steuerpflichtigen auf ein gerechtes Niveau justiert.

a. Reproduktivität der Einkommensteuer

Paul Kirchhof leitet die Grenzen gerechtfertigter Einkommensbesteuerung aus Art. 14 GG ab.[278] Er argumentiert, basierend auf den Ausführungen Lorenz von Steins[279] und

---

[274] Tipke, Die Steuerrechtsordnung, Bd. II, 1993, S. 1028; ders., in: Tipke/Bozza, Besteuerung von Einkommen, 2000, S. 9 (26)

[275] Tipke, Besteuerungsmoral und Steuermoral, 2000, S. 34; zustimmend: Wieland, DStJG 24 (2001), S. 29 (41)

[276] s. o. zu A. III. 1., 4.

[277] Kaufman, Law and Policy in International Business, vol. 29 (1998), p. 145 (163)

[278] P. Kirchhof, Gutachten F zum 57. Deutschen Juristentag, 1988, S. 19 f.; ebenso: Tipke, Die Steuerrechtsordnung, Bd. II, 1993, S. 547

[279] von Stein, Finanzwissenschaft, 2. Teil, 1. Abt., S. 403

der Markteinkommenstheorie[280], dass das Erzielen von Einkünften gleichermaßen von der Leistung des Einzelnen und den Leistungen des Marktes abhängig sei.[281]

Neu an dem Kirchhof'schen Ansatz ist jedoch die Bezugnahme auf die in Art. 14 Abs. 2 GG verankerte besondere Sozialbindung des Individualeinkommens. Diese berechtige den den Markt repräsentierenden Staat dazu, es zu besteuern,[282] verpflichte ihn aber gleichzeitig zur Einhaltung einer auf die Gesamtbelastung bezogenen Obergrenze.[283] Diese ergebe sich durch eine Auslegung von Art. 14 Abs. 2 S. 2 GG. Das Wort „zugleich" in der Formulierung „Sein Gebrauch[284] soll zugleich dem Wohle der Allgemeinheit dienen.", habe die Bedeutung „zu gleichen Teilen". Demzufolge habe das Einkommen zu gleichen Teilen dem Wohl des Einzelnen und demjenigen der Allgemeinheit zu dienen.[285]

Die Grenze, ab der jede und damit auch die Einkommensbesteuerung nicht mehr gerechtfertigt werden kann, liegt nach Ansicht Kirchhofs dem gemäß in der Nähe einer hälftigen Teilung des Einkommens zwischen dem Steuerpflichtigen und dem besteuernden Gemeinwesen nach Berücksichtigung existenz- und erwerbssichernder Abzüge.[286]

Der gedankliche Ansatz Kirchhofs ist die konsequente Umsetzung der Forderung nach einem reproduktiven Steuerwesen.[287] Auch im Bereich der Einkommensbesteuerung gilt der mit dem für die allgemeine Steuerrechtfertigung entwickelten Grundsatz der Reproduktivität verbundene Auftrag an das Gemeinwesen, effektiv zur Verschaffung der durch die Steuer betroffenen Mittel beizutragen. Die Einkommensteuer begründet eine marktwirtschaftliche Erfolgsgemeinschaft zwischen den Steuerpflichtigen und dem Steuerstaat.[288] Ein Staat, der Leistungsfähigkeitssteigerungen ermöglicht, ist danach nur dazu berechtigt, maximal den Teil des Vorteils abzuschöpfen und für die Verfolgung der ihm durch die Gesellschaft vorgegebenen Ziele einzusetzen, der seinem Beitrag am wirtschaftlichen Erfolg des Steuerpflichtigen entspricht. Andernfalls würde er den Einkommenserwerb behindern, statt ihn zu fördern.

Die Einkommensbesteuerung unterliegt dem gemäß einer aus der allgemeinen Steuerrechtfertigung und ihrem Grundgedanken ableitbaren, allgemeinen Beschränkung. Danach hat der Steuerpflichtige ein Recht darauf, dass der Staat ihm einen seinem Anteil

---

280 s. o. zu 2.

281 P. Kirchhof, Gutachten F zum 57. Deutschen Juristentag, 1988, S. 16, S. 90 (These 1)

282 P. Kirchhof, a. a. O., S. 17

283 P. Kirchhof, a. a. O., S. 19 f.

284 der Gebrauch des Eigentums

285 P. Kirchhof, a. a. O., S. 15

286 P. Kirchhof, a. a. O., S. 20

287 s. o. zu A. IV.

288 Kirchhof, DStJG 24 (2001), S. 9 (24)

an der Leistungsfähigkeitssteigerung entsprechenden Teil des Erwerbs belässt. Geht man typisierend von einem gleich zu bewertenden Anteil des Staates und des Steuerpflichtigem an dessen Leistungsfähigkeitssteigerung aus, so bildet die hälftige Teilung des durch den Steuerpflichtigen erwirtschafteten Vorteils die Obergrenze für einen gerechtfertigten Steuerzugriff des Staates.[289]

Gestützt wird diese Argumentation zu Recht auch auf die Sozialpflichtigkeit des Eigentums gem. Art. 14 Abs. 2 GG,[290] wenn sich auch aus dieser Regel keine Begrenzung der zulässigen Steuerbelastung im Sinne einer konkreten und quantifizierbaren Vorgabe ableiten lässt.[291] Diese Vorschrift verpflichtet den Eigentümer dazu, sein Eigentum zugleich zum Wohle der Allgemeinheit zu gebrauchen. Damit wird zunächst der Allgemeinheit ein Anteil am Gebrauch des Privateigentums zugestanden und ein Recht zur Besteuerung des Erwerbs begründet. Gleichzeitig wird jedoch die Begehrlichkeit der Allgemeinheit bezogen auf den Erfolg privaten Wirtschaftens begrenzt.

b. Individuelle Leistungsfähigkeit

Für die Rechtfertigung der Einkommensteuer der Höhe nach reicht die Festlegung einer absoluten Obergrenze indes nicht aus. Gerechtfertigt ist nämlich nur eine der staatlichen Teilhabe am individuellen Erwerb sowie der individuellen Leistungsfähigkeit entsprechende Einkommensteuer.

Erforderlich ist daher auch eine an den persönlichen Verhältnissen des Steuerpflichtigen orientierte Steuerbelastung.[292] Für die Rechtfertigung der Einkommensteuer der Höhe nach ist demzufolge auch an das Leistungsfähigkeitsprinzip anzuknüpfen. Es besagt, dass die Verteilung und die Höhe der Steuerlast im Einzelfall nicht an staatlichen Interessen, sondern an der individuellen finanziellen Belastbarkeit auszurichten ist.[293] Das Leistungsfähigkeitsprinzip wird damit auch argumentativ aus der Verbindung zur opfertheoretischen Steuerrechtfertigung und zur organischen Staatslehre gelöst und zu einer selbständigen Schranke gerechter Besteuerung gemacht.[294] Es ist zu betonen, dass die Berücksichtigung leistungsfähigkeitsmindernder Umstände keine im Ermessen des Gesetzgebers stehende Subvention, sondern zwangsläufige Folge der Rechtsstaatlichkeit des Steuerwesens sei.[295]

---

289 P. Kirchhof, Gutachten F zum 57. Deutschen Juristentag, 1988, S. 16, S. 90 (These 1)

290 BVerfG, Beschluss v. 22.06.1995 - 2 BvL 37/91 -, BStBl. II 1995, 655 (661); P. Kirchhof, Gutachten F für den 57. Deutschen Juristentag, 1988, S. 19 f.

291 BFH, Urteil v. 11.08.1999 – XI R 77/97, BStBl. II 1999, 771 (774)

292 Wendt, DÖV 1988, S. 710 (714)

293 P. Kirchhof, Gutachten F zum 57. Deutschen Juristentag, 1988, S. 90 These 3; K. Vogel, in: P. Kirchhof (Hrsg.), Der offene Finanz- und Steuerstaat, 1991, S. 605 (639); Tipke, Die Steuerrechtsordnung, Band I, 2000, S. 479

294 K. Vogel, in: FS Klein, 1994, S. 361 (367)

295 Friauf, StbJb. 1977/78, S. 39 (49)

Die Leistungsfähigkeit als Ausdruck der Möglichkeiten des Einzelnen, Steuerlasten zu tragen, ist nach objektiven Kriterien zu bemessen. Dabei sind Aufwendungen, die der Einzelne zum Zwecke der Erzielung von Einnahmen tätigt, ebenso wie unabwendbare persönliche Leistungsfähigkeitsminderungen zu berücksichtigen, wobei die Frage zu beantworten sein wird, ob der Abzug letzterer von der Steuerbemessungsgrundlage ein probates Mittel zur Erreichung dieses Ziels ist.[296]

Nicht nur die Angemessenheit der individuellen Einkommensteuerbelastung, sondern auch die Gerechtigkeit der Steuerbemessung im Verhältnis zu anderen Steuerpflichtigen wird entscheidend durch den Grundsatz der Besteuerung nach Maßgabe der Leistungsfähigkeit geprägt. Das Leistungsfähigkeitsprinzip wird in diesem Zusammenhang zu Recht als „sachgerechte Fundamentalregel der Einkommensbesteuerung“[297], ja als "Fundamentalprinzip gerechter Besteuerung"[298] bezeichnet. Gleichwohl ist es nicht das alleinige Maß, an dem Belastungsgerechtigkeit zu messen ist,[299] wie die Überlegungen zur absoluten Obergrenze der Einkommensteuerbelastung[300] gezeigt haben.

IV. Ergebnis zu B.

Der Einkommensbesteuerung liegt die Markteinkommenstheorie zugrunde. Danach partizipiert der Staat durch die Einkommensteuer an einer individuellen Leistungsfähigkeitssteigerung, zu der er durch die Schaffung von Rahmenbedingungen beigetragen hat.

Die absolute Obergrenze einer auf der Grundlage dieser Überlegung gerechtfertigten Einkommensteuer wird durch den staatlichen Beitrag zum Erwerb privaten Wirtschaftens bestimmt. Unterhalb dieser Grenze ist die Einkommensteuer nach Maßgabe der individuellen Leistungsfähigkeit zu bemessen.

---

[296] s. u. 4. Abschnitt C. I. 2.

[297] Tipke, in: Raupach/Tipke/Uelner, Niedergang oder Neuordnung des deutschen Einkommensteuerrechts?, 1985, S. 133 (136)

[298] Lang, DStJG 24 (2001), 49 (57); Moschetti, in: Tipke/Bozza, Besteuerung von Einkommen, 2000, S. 33 (33); Tipke, in: Tipke/Bozza, Besteuerung von Einkommen, 2000, S. 9 (15)

[299] so aber: Reiß, in: Woerner (Hrsg.), Umsatzsteuer in nationaler und europäischer Sicht, JDStJG Bd. 13, 1990, S. 1 (11 f.)

[300] s. o. zu a.

C. Rechtfertigung von unbeschränkter und beschränkter Steuerpflicht

Aus der Berührung der Territorien mehrerer Staaten ergeben sich Besonderheiten. Deshalb bedürfen die unbeschränkte und die beschränkte Einkommensteuerpflicht einer besonderen Rechtfertigung. Diese Rechtfertigung hat den durch die allgemeine Rechtfertigung der Steuer und die Rechtfertigung der Einkommensteuer[301] vorgegebenen Rahmen einzuhalten.

Statt der Einkommensbesteuerung Inlandsansässiger mit ausschließlich inländischen Einkünften ist nunmehr die Besteuerung von Auslandsansässigen mit inländischen Einkünften, die Besteuerung Inlandsansässiger mit ausländischen Einkünften und das sich daraus ergebende System der Einkommensbesteuerung grenzüberschreitender Sachverhalte zu rechtfertigen.

Das Problem der Ungleichbehandlung unbeschränkt und beschränkt Steuerpflichtiger ist Gegenstand einer eigenständigen Untersuchung. Es betrifft nicht die grundlegende Rechtfertigung der Besteuerung grenzüberschreitender Sachverhalte, sondern die gerechte Ausgestaltung der Besteuerung, und ist demzufolge auf einer anderen Ebene angesiedelt. Die Frage nach der Einkommensteuerrechtfertigung ist insofern nicht nur gegenüber den Freiheitsbedürfnissen, sondern auch gegenüber dem Gleichbehandlungsanliegen des Steuerpflichtigen zu beantworten.[302]

Die Ungleichbehandlung beschränkt und unbeschränkt Steuerpflichtiger bildet die Nahtstelle zwischen Ideen zur grundlegenden Rechtfertigung der Steuerpflicht und darauf basierenden Vorschlägen für ein gerechteres System der Besteuerung grenzüberschreitend erzielter Einkünfte.[303]

I. Verständnis der Rechtfertigungsaufgabe

Die Aufgabe, die unbeschränkte und die beschränkte Einkommensteuerpflicht sowie die Ungleichbehandlung unbeschränkt und beschränkt Steuerpflichtiger zu rechtfertigen, bedeutet nicht, dass Normen auf ihre Vereinbarkeit mit höherrangigem Recht überprüft werden sollen. Es geht wie bei der allgemeinen Steuerrechtfertigung[304] nicht um die verfassungsrechtliche, europarechtliche oder völkerrechtliche Rechtfertigung der Einkommensbesteuerung grenzüberschreitender Sachverhalte.

301 s. o. zu A. und B.

302 Kirchhof, DStJG 24 (2001), S. 9 (9)

303 s. u. 3., 4. Abschnitt

304 vgl. o. zu A. II.

Vielmehr ist davon auszugehen, dass sowohl die Arten der Steuerpflicht als auch die mit ihnen verbundenen Ungleichbehandlungen im Grundsatz nicht gegen höherrangiges Recht verstoßen. Die sachliche und die persönliche Zugehörigkeit stellen völkerrechtlich zulässige Anknüpfungspunkte staatlicher Besteuerung dar.[305] Die auf ihnen basierenden Besteuerungseingriffe sind darüber hinaus prinzipiell sowohl europa- als auch verfassungsrechtskonform.

Gleiches gilt für die steuerliche Ungleichbehandlung unbeschränkt und beschränkt Steuerpflichtiger.[306] Eine Verletzung des allgemeinen Gleichheitssatzes scheidet ebenso wie eine Verletzung der Grundfreiheiten des EG-Vertrags grundsätzlich aus, weil sich beschränkt und unbeschränkt Einkommensteuerpflichtige prinzipiell nicht in einer vergleichbaren Situation befinden.[307]

Daraus folgt indes nicht, dass eine grundlegende Rechtfertigung der Besteuerung grenzüberschreitend erzielter Einkünfte nicht mehr erforderlich ist. Die rechtswissenschaftliche Rechtfertigung beschränkt sich nämlich nicht auf die Prüfung der Vereinbarkeit von Normen mit höherrangigem Recht. Sie zielt in dem hier maßgeblichen Zusammenhang darauf ab, die Besteuerung unbeschränkt und beschränkt Steuerpflichtiger und damit etwas dem ersten Anschein nach Ungerechtes als gerecht zu erweisen.[308] Die Vereinbarkeit mit höherrangigen Normen stellt lediglich eine Vorfrage dar. Den Kern der Untersuchung bilden Erwägungen zur Gerechtigkeit der Besteuerung.

Damit sind die Grundlagen der Steuerrechtfertigung auch für die Untersuchung der unbeschränkten und der beschränkten Einkommensteuerpflicht maßgeblich. Die Rechtfertigung der Einkommensteuerpflicht im internationalen Kontext hat anhand der der innerstaatlichen Steuerrechtfertigung zugrunde liegenden allgemeinen Gerechtigkeitsüberlegungen[309] zu erfolgen.

Von großer Bedeutung ist für Gebietsansässige wie für Gebietsfremde die Begründung des Leistungsfähigkeitstransfers. Trifft der Steuerpflichtige in einem Staat auf geordnete Rahmenbedingungen, die es ihm ermöglichen, Einkommen zu erwirtschaften, ist die Abschöpfung eines Teils dieses Einkommens nach den

305 Adonnino, in: Tipke/Bozza, Besteuerung von Einkommen, 2000, S. 271 (279 f.)

306 EuGH, Urteil v. 14.02.1995 - Rs. C-279/93 (FA Köln Altstadt ./. Roland Schumacker), BB 1995, 438 (439); DStR 1995, 326 (327); EC Tax Review 1995, 109 (112); FR 1995, 224 (225 f.); Urteil v. 11.08.1995 - Rs. C-80/94 (G. H. E. J. Wielockx ./. Inspecteur der directe belastingen), Slg. 1995, I 2493, 2508 (2515, Rn. 19); Urteil v. 27.06.1996 - Rs. C-107/94 (P. H. Asscher ./. Staatssecretaris van Financien) -, Slg. 1996, I 3089, 3113 (3124 f., Rn. 40 f.); BVerfG, Beschluss v. 24.09.1965 - 1 BvR 228/65 -, BVerfGE 19, 119 (123 f.); Beschluss v. 05.09.1975 - 1 BvR 219/75 -, HFR 1975, 540 (540); Beschluss v. 12.10.1976 - 1 BvR 2328/73 -, BVerfGE 43, 1 (8 ff.); BStBl. II 1977, 190 (192 f.)

307 EuGH, Urteil v. 11.08.1995 - Rs. C-80/94 (G. H. E. J. Wielockx ./. Inspecteur der directe belastingen), Slg. 1995, I 2493, 2508 (2515, Rn. 18); Urteil v. 27.06.1996 - Rs. C-107/94 (P. H. Asscher ./. Staatssecretaris van Financien) -, Slg. 1996, I 3089, 3113 (3125, Rn. 41.); Léger, IStR 1995, S. 27 (27 f.)

308 K. Vogel, in: Friauf (Hrsg.), Steuerrecht und Verfassungsrecht, 1989, S. 123 (134); ders., in: P. Kirchhof (Hrsg.), Der offene Finanz- und Steuerstaat, 1991, S. 605 (608); s. o. zu A. I.

309 s. o. zu A. II.

die Abschöpfung eines Teils dieses Einkommens nach den Ausführungen zur Rechtfertigung der Einkommen-steuer[310] im Grundsatz als gerechtfertigt anzusehen.

II. Zusätzliche Aspekte

Im Zusammenhang mit der Rechtfertigung der Besonderheiten von unbeschränkter und beschränkter Steuerpflicht darf die für die allgemeine Steuerrechtfertigung maßgebliche Perspektive des Betroffenen demnach nicht aus den Augen verloren werden. Es ist also weiter danach zu fragen, wann ein Steuerschuldner nach den für ihn gültigen Regelungen in einem Staat gerecht besteuert wird.[311]

Darüber hinaus ist jedoch das für den Steuerschuldner nur mittelbar bedeutsame Konkurrenzverhältnis zwischen Ansässigkeits- und Quellenstaat in die Überlegungen einzubeziehen. Diese Rechtfertigungsebene ist für die auf den innerstaatlichen Bereich beschränkte, allgemeine Rechtfertigung der Einkommensteuer bedeutungslos. Für die besondere Rechtfertigung der Steuerpflicht bei grenzüberschreitender Einkünfteerzielung ist sie dagegen von zentraler, wenn auch nicht alleiniger[312] Bedeutung.

Die besondere Einkommensbesteuerung im Zusammenhang mit Sachverhalten mit Auslandsberührung ist demnach sowohl auf der Ebene des Betroffenen als auch auf derjenigen des besteuernden Staates als sachgerecht zu erweisen. Damit wird die Steuergerechtigkeit auch für die internationalen Bezüge des Einkommensteuerschuldverhältnisses zum tragenden Prinzip.[313]

III. Beschränkte Steuerpflicht - Quellenbesteuerung

Auch wenn die unbeschränkte Steuerpflicht nach dem Einkommensteuergesetz konzeptionell den Vorrang vor der beschränkten Steuerpflicht genießt, bietet es sich doch an, bei der Beantwortung der Frage nach der Rechtfertigung von unbeschränkter und beschränkter Einkommensteuerpflicht mit letzterer zu beginnen.

Der Grund dafür besteht darin, dass die Besteuerung beschränkt Steuerpflichtiger wegen des in aller Regel schwächer ausgeprägten Inlandsbezugs weniger umfasst als diejenige unbeschränkt Steuerpflichtiger. Bei der unbeschränkten Einkommensteuerpflicht werden, anknüpfend an die Ansässigkeit des Steuerpflichtigen, dagegen in viel größerem Umfang Leistungsfähigkeitssteigerungen und -minderungen berücksichtigt. Bei ihr ist die Rechtfertigung dementsprechend vielschichtiger.

---

[310] s. o. zu B. III. 2.

[311] Endriss, Wohnsitz- oder Ursprungsprinzip, 1967, S. 2; Witteveen, EC Tax Review 1995, S. 122 (123)

[312] so aber: Kaufman, Law and Policy in International Business, vol. 29 (1998), p. 145 (154, 167, 182)

[313] Ritter, BB 1984, S. 1109 (1112)

Hinzu kommt, dass die Rechtfertigung des einfacheren Besteuerungssystems Rückschlüsse auf die Lösung dieses Problems bei der unbeschränkten Einkommensteuerpflicht zuzulassen verspricht.

1. Argumentation

Zur beschränkten Einkommensteuerpflicht wird ausgeführt, sie habe sich aus der Frage des räumlichen Anwendungsbereichs der Gesetze, dem völkerrechtlichen Territorialitätsprinzip, entwickelt.[314] Nicht die Person selbst, sondern ihr Handeln werde dem Inland zugeordnet. Dementsprechend habe jeder beschränkt Steuerpflichtige in einem Staat in dem Umfang Steuern zu entrichten, in dem sein Einkommen dem durch diesen Staat auf seinem Territorium unterhaltenen Markt zuzuordnen sei.[315]

a. Nutzentheoretischer Ansatz

Auf dieser Grundlage wird argumentiert, nicht die Besteuerung nach der Leistungsfähigkeit und damit die Opfertheorie, sondern nur die Äquivalenztheorie könne die beschränkte Einkommensteuerpflicht rechtfertigen.[316] Das Äquivalent für die Steuerzahlung bestehe darin, dass der Steuerausländer über seine inländischen Ertragsquellen an den Vorteilen bzw. am Markt des Quellenstaates teilnehme.[317] Das durch die beschränkte Steuerpflicht verwirklichte Quellenprinzip basiere im Wesentlichen auf der Lehre von der staatswirtschaftlichen Zugehörigkeit des Steuergutes.[318] Es präzisiere das Prinzip der Ursprungsbesteuerung.[319]

Aus deutscher Sicht werden diese Überlegungen zu der Aussage zusammengefasst, dass aus dem Inland bezogene Einkünfte eines Steuerausländers zu besteuern seien, wenn sie in so enger Verbindung zur inländischen Volkswirtschaft erzielt wurden, dass Deutschland wegen des Gebotes einer gerechten Verteilung der Steuerlast auf eine Be-

---

314 Crezelius, DB 1984, S. 530 (531); ders., in: Haarmann (Hrsg.), Die beschränkte Steuerpflicht, 1993, S. 75 (76); Flick, in: Engelschalk/Flick, Steuern auf ausländische Einkünfte, 1985, S. 93 (95); Blümich/Krabbe, § 49 EStG Rz. 22 f.

315 BFH, Beschluss v. 14.04.1993 - I R 29/92 -, BStBl. II 1994, 27 (29); HHR/Stapperfend, Vor §§ 1, 1a EStG Anm. 2

316 BFH, Beschluss v. 14.04.1993 - I R 29/92 -, BStBl. II 1994, 27 (29); Engelschalk, Die Besteuerung von Steuerausländern auf Bruttobasis, 1988, S. 87; K. Vogel, in: FS Klein, 1994, S. 361 (371); vgl. Kaufman, Law and Policy in International Business, vol. 29 (1998), p. 145 (184)

317 BFH, Beschluss v. 14.04.1993 - I R 29/92 -, BStBl. II 1994, 27 (29); Strutz, Kommentar zum EStG 1925, 1927, S. 421; Bühler, Prinzipien des Internationalen Steuerrechts, 1964, S. 148; Prokisch, RIW 1991, S. 396 (398); HHR/Stapperfend, § 1 EStG Anm. 2

318 Blümich/Krabbe, § 49 EStG Rz. 23; zur Lehre von der staatswirtschaftlichen Zugehörigkeit vgl. Dorn, in: VJSchrStFR 1927, S. 189 (208 ff), u. zu E. II.

319 Spitaler, Das Doppelbesteuerungsproblem bei den direkten Steuern, 1936, S. 615

steuerung nicht verzichten könne.[320] Dem Land, in dem Gewinne erzielt worden seien, könne es nicht verwehrt werden, diese zu besteuern.[321]

b. Gleichbehandlung im Quellenstaat

Die beschränkte Einkommensteuerpflicht wird auch deshalb für gerechtfertigt gehalten, weil in ihrer Konsequenz alle Personen, die an einem Ort tätig sind, gleich belastet werden.[322] Bezogen auf Einkünfte aus nichtselbständiger Arbeit wird diesbezüglich plakativ von der „gleichen Besteuerung an der Werkbank" gesprochen.[323] Dahinter steht der Gedanke, dass alle Personen, die Einkünfte in einem bestimmten Staat und damit unter den gleichen Bedingungen erzielen, steuerlich gleichzustellen sind.[324]

Die einkommensteuerrechtliche Gleichbehandlung von Steuerin- und Steuerausländern im Quellenstaat ist die Folge der von der Ansässigkeit des Steuerpflichtigen gelösten Quellenbesteuerung. Diese Wirkung der beschränkten Einkommensteuerpflicht lässt sich durch eine Erweiterung des dritten Beispielsfalls[325] verdeutlichen:

> In Beispielsfall 3, 1. Fallvariante, ist D inlandsansässiger Eigentümer eines an einen Landwirt verpachteten Grundstücks. Liegt das Grundstück im Inland, so hat D die Einnahmen aus seiner Verpachtung als Einkünfte aus Vermietung und Verpachtung zu versteuern.
>
> Der Eigentümer E des neben dem Grundstück des D liegenden Grundstücks hat die ihm zufließenden Pachtzinsen wie D im Inland zu versteuern. Das gilt selbst dann, wenn E weder seinen Wohnsitz noch seinen gewöhnlichen Aufenthalt in Deutschland hat. In diesem Fall wird die Einkommensteuerbarkeit der Pachtzinsen und damit die steuerrechtliche Gleichbehandlung von D und E in Deutschland durch die beschränkte Einkommensteuerpflicht des E nach §§ 1 Abs. 4, 2 Abs. 1 S. 1 Nr. 6, 49 Abs. 1 Nr. 6 EStG gewährleistet.

c. Erleichterungen bei Arbeitnehmern

Bezogen auf die Situation von Arbeitnehmern wird außerdem argumentiert, dass die Besteuerung im Tätigkeitsstaat deshalb zu Erleichterungen führe, weil durch sie innerhalb der Europäischen Union ein Gleichklang zwischen Steuer- und Sozialversiche-

---

[320] Debatin, BB 1960, S. 1015 (1015); ders., DB 1961, S. 785 (785); zustimmend: Clausen, DStZ/A 1974, S. 315 (317); Zuber, Anknüpfungsmerkmale und Reichweite der internationalen Besteuerung, 1991, S. 155 f.

[321] Bühler, Prinzipien des Internationalen Steuerrechts, 1964, S. 183; Debatin, in: StbJb 1964/65, S. 399 (408)

[322] Mössner, in: Haarmann, Die beschränkte Steuerpflicht, 1993, S. 110 (114); Dautzenberg, BB 1995, S. 2397 (2397); Blümich/Krabbe, § 49 EStG Rz. 23

[323] Keßler, BB 1990, S. 1313 (1322)

[324] K. Vogel, DStZ 1997, S. 269 (273)

[325] s. o. 1. Abschnitt A. II. 1.

rungspflicht hergestellt und die Durchführung des Lohnsteuerabzugs im Quellenstaat ermöglicht werde.[326]

Gem. Art. 13 ff. der Verordnung Nr. 1408/71[327] gelte der Grundsatz, dass sich die Versicherungspflicht unabhängig von der Ansässigkeit des Arbeitgebers oder des Arbeitnehmers nach den Vorschriften desjenigen Staates richte, in dem eine Person beschäftigt sei. Da, wie § 17 Abs. 4 SGB IV zeige, allgemein eine möglichst große Übereinstimmung zwischen Sozialversicherungsrecht und Steuerrecht angestrebt werde, sei es besser, sowohl Sozialversicherungsabgaben als auch Einkommensteuern im Tätigkeitsstaat zu erheben.[328]

2. Kritik

Die beschränkte Steuerpflicht wird vor allem im Hinblick auf die aus der mangelnden Berücksichtigung persönlicher Verhältnisse resultierenden Gerechtigkeitsdefizite kritisiert.[329] Damit wird jedoch nicht die Begründung der Besteuerung im Quellenstaat, sondern lediglich ihre Ausgestaltung bemängelt.

In Frage gestellt wird die Ungleichbehandlung zwischen unbeschränkt und beschränkt Steuerpflichtigen und damit das an die Ansässigkeit einer Person anknüpfende Gesamtkonzept der Einkommensbesteuerung grenzüberschreitender Sachverhalte.[330] Dessen Rechtfertigung soll hier jedoch erst nach der grundlegenden Betrachtung von beschränkter und unbeschränkter Einkommensteuerpflicht überprüft werden.[331]

Bezogen auf die beschränkte Einkommensteuerpflicht wird ferner die definitorische Genauigkeit der inländischen Anknüpfungspunkte bezweifelt.[332] Darin wird das Grundproblem der beschränkten Einkommensteuerpflicht gesehen.[333] Auch damit wird indes die Ausgestaltung des Besteuerungskonzeptes, nicht aber seine grundlegende Rechtfertigung in Frage gestellt. Die Definition des erforderlichen Inlandsbezugs birgt vor allem Praktikabilitätsprobleme. Letztlich gelöst werden können sie allerdings nur auf bi- oder multilateraler Ebene.

---

326 Keßler, BB 1990, S. 1313 (1322 f.)

327 Verordnung (EWG) Nr. 1408/71 vom 14.06.1971

328 Keßler, BB 1990, S. 1313 (1322 f.)

329 Knobbe-Keuk, EuZW 1991, S. 649 (655); Kaefer, DStR 1995, S. 329 (329); Kiblböck, EC Tax Review 1995, S. 114 (115); Waterkamp-Faupel, FR 1995, S. 227 (227 f.); Kramer, RIW 1996, S. 951 (954); Rainer, IStR 1996, S. 332 (332); Saß, DB 1996, S. 1607 (1608)

330 Dautzenberg, BB 1995, S. 2397 (2399); ders., IWB F. 2 S. 645 (652); Kischel, IWB F. 11a S. 123 (124)

331 s. u. zu V.

332 Flick, in: Engelschalk/Flick, Steuern auf ausländische Einkünfte, 1985, S. 93 (96 f.); K. Vogel, intertax 1988, S. 216 (223 ff., 229)

333 K. Vogel, intertax 1988, S. 216 (223 ff., 229)

Nach der grundlegenden Rechtfertigung der sie belastenden Steuer werden beschränkt Einkommensteuerpflichtige nur dann fragen, wenn mit den Einnahmen unmittelbar oder mittelbar Ziele verfolgt werden, die ihrem Interesse widersprechen. Als Beispiel für eine dem Gerechtigkeitsempfinden von Steuerausländern widersprechende Besteuerung ist die Auferlegung von Steuerlasten zur Deckung von Kriegsfolgen zu nennen.[334] Dieser sog. Lastenausgleich führte zu zahlreichen Gerichtsverfahren.[335] Gerechtigkeitsbedenken führten letztlich dazu, dass Ausländer für die Zeit vom 1. April 1949 bis zum 31. März 1955 von der Abgabe befreit wurden.[336] Für die im Rahmen der beschränkten Steuerpflicht erhobene Einkommensteuer, deren Aufkommen gem. § 3 Abs. 1 S. 1 AO in den allgemeinen Haushalt fließt, werden diesbezüglich Rechtfertigungsprobleme mangels hinreichend deutlicher Verknüpfung mit einer bestimmten Staatsausgabe allerdings in aller Regel nicht auftreten.

Gegen die Grundlagen der beschränkten Einkommensteuerpflicht werden daher zu Recht keine Einwände erhoben. Sie lässt sich ohne weiteres aus den Ergebnissen der Überlegungen zur allgemeinen Steuerrechtfertigung und zur Rechtfertigung der Einkommensteuer ableiten.

Die beschränkte Steuerpflicht respektiert die grundgesetzliche Entscheidung für eine freie Eigentums- und Erwerbsordnung. Vor allem aber wird der Nachteil der Besteuerung durch Vorteile, die der Gesamtheit der der Staatsgewalt unterworfenen Personen aus der Staatstätigkeit entstehen, ausgeglichen. Der aus diesem, nicht individualisierten Äquivalenzverhältnis[337] ableitbare Belastungsgrund der Einkommensteuer, der staatliche Anteil an einem der Wirtschaftssphäre zuzuordnenden Vermögenserwerb,[338] wird durch die beschränkte Einkommensteuerpflicht weitestgehend umgesetzt.

Der beschränkt Steuerpflichtige nutzt wie alle anderen am Markt des Quellenstaates Erwerbstätigen die Vorteile, die gerade dieser Markt aufgrund der seine Rahmenbedingungen betreffenden staatlichen Vorleistungen für ihn bietet, zur Steigerung seines Einkommens. Wird ein Teil dieses Einkommens über eine bezogen auf alle Marktteilnehmer angemessene Quellensteuer abgeschöpft, so ist diese als Gegenleistung für die Beteiligung des Quellenstaates am Vermögenserwerb sach- und systemgerecht. Dem Nachteil der Einkommensbesteuerung steht der auf die Gesamtheit der Erwerbstätigen, Ansässigen wie Nichtansässigen, bezogene Vorteil, Einkommen im Quellenstaat erwirtschaften zu können, gegenüber.[339]

---

[334] Bühler, Prinzipien des Internationalen Steuerrechts, 1964, S. 148, 173 f.

[335] bspw. BFH, Urteil v. 26.04.1963 - III 237/58 U -, BStBl. III 1963, 413; Urteil v. 10.05.1963 - III 106/60 U, BStBl. III 1963, 415; BVerfG, Beschluss v. 09.07.1963 - 2 BvM 1/63 -, BStBl. I 1963, 627

[336] vgl. den Vertrag zur Regelung aus Krieg und Besatzung entstandener Fragen v. 31.03.1955, geschlossen zwischen den Vereinigten Staaten, Großbritannien, Frankreich und der Bundesrepublik Deutschland, 10. Teil, Art. 6, BGBl. II 1955, S. 405 (444, 447)

[337] vgl. Kaufman, Law and Policy in International Business, vol. 29 (1998), p. 145 (155)

[338] s. o. zu B. III. 2.

[339] Kaufman, Law and Policy in International Business, vol. 29 (1998), p. 145 (187)

Hinzu kommt, dass die Besteuerung durch den Quellenstaat gleiche steuerliche Voraussetzungen für alle auf einem Territorium Einkünfte erzielenden Personen schafft. Von Bedeutung ist dieser Umstand vor allem für Auslandsansässige, die auf den Markt des Quellenstaates angewiesen und demzufolge gezwungen sind, sich dem dortigen Wettbewerb zu stellen.

Dass die Einkommensbesteuerung beschränkt Steuerpflichtiger darüber hinaus praktikabel ist, belegt nicht nur die Parallelität zwischen Entrichtung von Steuer- und Sozialversicherungspflicht, sondern auch mögliche Anknüpfungsmöglichkeiten an die Besteuerung grenzüberschreitend ausgeführter Umsätze im Bestimmungsland. Hierauf wird bei der Rechtfertigung des Alternativvorschlags näher einzugehen sein.[340]

IV. Unbeschränkte Steuerpflicht

Die zur Rechtfertigung der Einkommensteuer angeführten Argumente lassen sich insoweit auf die unbeschränkte Einkommensteuerpflicht übertragen, als nur inländische Einkünfte der Besteuerung unterliegen. Auch hier besteuert der Staat, der die Rahmenbedingungen für den Vermögenserwerb des Steuerpflichtigen geschaffen hat. Die Steuerzahlung bildet das Äquivalent für den Beitrag des besteuernden Gemeinwesens zu der Leistungsfähigkeitssteigerung des Steuerpflichtigen.[341]

Problematisch ist jedoch die Besteuerung ausländischer Einkünfte eines unbeschränkt Steuerpflichtigen. Dieser Steuerzugriff erfolgt nicht, weil die Einkünfte dem besteuernden Staat zuzuordnen sind, sondern deshalb, weil der Steuerpflichtige in dem besteuernden Staat ansässig ist.

Bei der unbeschränkten Einkommensteuerpflicht ist demnach die Rechtfertigung der Wohnsitzbesteuerung mit derjenigen der Welteinkommensbesteuerung verbunden. Gleichwohl lassen sich Argumente unterscheiden, die die Rechtfertigung der Besteuerung von Auslandseinkünften primär auf den einen oder den anderen Aspekt zurückführen.

1. Wohnsitzbesteuerung

Fraglich ist zunächst, ob die sog. Wohnsitzbesteuerung den Ansässigkeitsstaat zur Besteuerung ausländischer Einkünfte berechtigt, obwohl er im Gegensatz zum Quellenstaat nicht unmittelbar zum Vermögenserwerb beigetragen hat.

---

[340] s. u. 4. Abschnitt B. II. 5.

[341] s. o. zu B. III. 3. a.

Die Besteuerung ausländischer Einkünfte durch den Ansässigkeitsstaat einer natürlichen Person ist nur dann gerechtfertigt, wenn die Ansässigkeit im Bereich der grenzüberschreitend erzielten Einkünfte eine Bedeutung erlangt, die ihr im Hinblick auf rein innerstaatliche Sachverhalte nicht zukommt. Die Ansässigkeit ist das Kriterium, an dem die Unterscheidung zwischen der unbeschränkten Einkommensteuerpflicht, bei der in- und ausländische Einkünfte besteuert werden, und der beschränkten Einkommensteuerpflicht, bei der nur inländische Einkünfte steuerbar sind, festgemacht wird.[342] Nur sie kann letztlich eine tragfähige Grundlage für die Rechtfertigung des mit dem Steuerzugriff auf ausländische Einkünfte durch den Ansässigkeitsstaat für den Betroffenen verbundenen Nachteils sein.

a. Argumentation

Die Wohnsitzbesteuerung wird teilweise auf die opfertheoretische Rechtfertigung der unbeschränkten Steuerpflicht zurückgeführt.[343] Es wird argumentiert, die Welteinkommensbesteuerung sei bereits deshalb gerechtfertigt, weil der Einkommensbezieher im Inland seinen Lebensmittelpunkt habe.[344] Eine Personensteuer müsse auf die persönliche Bindung zwischen dem Staat und seinen Steuerpflichtigem abstellen.[345]

Zum Teil wird die unbeschränkte Einkommensteuerpflicht aber auch auf der Grundlage der Annahme einer Gegenleistung des Wohnsitzstaates für die Welteinkommensbesteuerung nutzentheoretisch begründet. Es wird ausgeführt, der Steuerpflichtige nehme regelmäßig in erheblichem Umfang Leistungen des Staates in Anspruch, in dem er ansässig sei. Aus diesem Grund sei er verpflichtet, zu den Kosten der öffentlichen Verwaltung und der öffentlichen Dienstleistungen, die der Staat ihm zur Verfügung stelle, beizutragen.[346] Die Steuerpflicht werde daher auch im Fall der unbeschränkten Steuerpflicht durch den Äquivalenzgedanken bzw. das Bestehen einer wirtschaftlichen Verbindung gerechtfertigt.[347]

---

[342] s. o. 1. Abschnitt A. I. vor 1.

[343] Flick, in: Engelschalk/Flick, Steuern auf ausländische Einkünfte, 1985, S. 93 (95); K. Vogel, in: Steueroasen und Außensteuergesetze, 1981, S. 125 (128 f.)

[344] Adonnino, in: Tipke/Bozza, Besteuerung von Einkommen, 2000, S. 271 (280); Debatin, BB 1960, S. 1015 (1015); ders., DB 1961, S. 785 (785)

[345] BFH, Urteil v. 16.08.1963 - VI 96/62 U -, BStBl. III 1963, 486 (487); Urteil v. 14.02.1975 - VI R 210/72 -, BStBl. II 1975, 497 (498); Debatin, FR 1969, S. 277 (279); Knechtle, Grundfragen des Internationalen Steuerrechts, 1976, S. 48; Littmann, Das Einkommensteuerrecht, 1981, § 1 Rdnr. 4

[346] BFH, Beschluss v. 14.04.1993 - I R 29/92 -, BStBl. II 1994, 27 (29); FG Baden-Württemberg, Urteil v. 04.10.1999 - 12 K 69/97, EFG 2000, 72 (73); Léger, Schlussantrag in der Rs. C 279/93 (Fa. Köln-Altstadt ./. Roland Schumacker), IStR 1995, S. 27 (27); HHR/Stapperfend, § 1 EStG Anm. 1

[347] Becker, Die Grundlagen der Einkommensteuer, 1940, S. 167 (§ 125); Bühler, Prinzipien des internationalen Steuerrechts IStR, 1964, S. 148; HHR/Stapperfend, § 1 EStG Anm. 1; Littmann, Das Einkommensteuerrecht, 1981, § 1 Rdnr. 4; K. Vogel, in: FS Klein, 1994, S. 361 (371); vgl. Kaufman, Law and Policy in International Business, vol. 29 (1998), p. 145 (170)

b. Kritik

Die Rechtfertigung der Besteuerung ausländischer Einkünfte mit dem inländischen Lebensmittelpunkt wird zu Recht verbreitet angezweifelt.[348]

aa. Systembruch bei der Steuerrechtfertigung

Ausgangspunkt der an der Wohnsitzbesteuerung geübten Kritik müssen die unterschiedlichen Ansätze zur Rechtfertigung der unbeschränkten und der beschränkten Einkommensteuerpflicht sein. Während die an die Ansässigkeit einer Person anknüpfende unbeschränkte Steuerpflicht vor allem auf die persönliche Verbindung zwischen dem Steuerpflichtigen und dem besteuernden Staat und damit auf die Opfertheorie zurückgeführt wird, soll die beschränkte Steuerpflicht auf dem Äquivalenzgedanken basieren.[349]

Bereits der Gedanke, die Besteuerung Nichtansässiger sei aus einem anderen Grund gerechtfertigt als diejenige Ansässiger, ist jedoch nicht zu halten.[350] Unbeschränkte und beschränkte Einkommensteuerpflicht basieren auf dem einheitlichen Belastungsgrund der Einkommenserzielung am Markt des besteuernden Staates.[351] Auch der Steuerinländer erzielt regelmäßig inländische Einkünfte. Damit muss, dem Gebot systematischer Folgerichtigkeit entsprechend, auch seine Besteuerung auf die Erzielung von Einkünften aus dem Inland zurückgeführt werden können.[352]

bb. Emotionale Bindung zwischen Ansässigem und Ansässigkeitsstaat

Hinzu kommt, dass die aus dem Mittelpunkt der Lebensentfaltung im Ansässigkeitsstaat abgeleitete Bindung zwischen dem besteuernden Staat und der Person des Steuerpflichtigen[353] als selbständiger Rechtfertigungsansatz ungeeignet ist. Sie stellt nicht auf den für die Einkommensteuer als eine an den Wirtschaftsprozess anknüpfende Steuer entscheidenden Aspekt des Leistungsfähigkeitstransfers ab. Statt dessen wird eine emotionale Befindlichkeit des Steuerpflichtigen angeführt, die sich nicht objektiv verankern lässt und aus der demzufolge nicht auf die Legitimation der Besteuerung ausländischer Einkünfte geschlossen werden darf.[354]

---

[348] P. Kirchhof, in: Kirchhof/Söhn, EStG, § 2 Rdnr. A 146; Schaumburg, in: Lang (Hrsg.), FS Tipke, 1995, S. 125 (131 f.); Schulze-Brachmann, StuW 1964, Sp. 589 (589 ff.)

[349] K. Vogel, in: Steueroasen und Außensteuergesetze, 1981, S. 125 (128 f.); ders., in: FS Klein, 1994, S. 361 (367); s. o. zu III. 1. a.

[350] K. Vogel, in: FS Klein, 1994, S. 361 (371)

[351] Prokisch, RIW 1991, S. 596 (598); P. Kirchhof, in: Kirchhof/Söhn, EStG, § 2 Rdnr. A 146

[352] K. Vogel, in: FS Klein, 1994, S. 361 (375)

[353] Debatin, BB 1960, S. 1015 (1015); ders. DB 1961, S. 785 (785); ders., FR 1969, S. 277 (279); Littmann, Das Einkommensteuerrecht, 1981, § 1 Rdnr. 4

[354] Bühler, Prinzipien des Internationalen Steuerrechts, 1964, S. 149 f.; K. Vogel, DStZ/A 1977, S. 5 (6 f.)

Eine Emotionalisierung der Steuerzahlung kann zudem nur opfertheoretisch begründet werden, da alle anderen Steuerrechtfertigungstheorien von einem rationalen Verhältnis zwischen Staat und Steuerpflichtigem ausgehen. Der opfertheoretische Rechtfertigungsansatz ist jedoch mit dem durch das Grundgesetz und andere demokratische Verfassungen repräsentierten Staatsverständnis nicht vereinbar.[355]

Hinzu kommt, dass Bindungen zu einem Gemeinwesen schwinden, wenn Staatsgrenzen ihre trennende Funktion verlieren. Dieser Prozess ist innerhalb der Europäischen Union weitgehend abgeschlossen. Auch im Verhältnis zu vielen Drittstaaten ist er weit fortgeschritten. Die gesellschaftlichen Entwicklungen sprechen folglich ebenfalls dagegen, die unbeschränkte Steuerpflicht mit einer persönlichen Bindung des Gebietsansässigen an den Ansässigkeitsstaat zu rechtfertigen.

cc. Umsetzung der Markteinkommenstheorie

Schon wegen des einheitlichen Belastungsgrundes der Einkommensteuer wird die Berechtigung des Wohnsitzstaates zu ihrer Erhebung für zweifelhaft gehalten, wenn das Einkommen in einem anderen Staat erzielt wird.[356] Dem ist zuzustimmen, mehr noch: Der Äquivalenzgedanke in der Form, in der er nach der hier vertretenen Auffassung der Rechtfertigung der Steuer und derjenigen der Einkommensteuer zugrunde liegt,[357] vermag den Steuerzugriff des Ansässigkeitsstaates auf das ausländische Einkommen nicht zu rechtfertigen.

Die Einkommensteuer knüpft an Leistungsfähigkeitssteigerungen an, die der Steuerschuldner am Markt erzielt hat, auch wenn sie als Personensteuer ausgestaltet ist. Steuerobjekt ist das Einkommen, nicht die Person.[358] Gegenleistungen des besteuernden Staates, die die Abschöpfung eines Teils des im Ausland erwirtschafteten Einkommens rechtfertigen sollen, müssen folglich nach der Markteinkommenstheorie eine Verbindung zur Leistungsfähigkeitssteigerung und zu dem Markt aufweisen, auf dem diese realisiert worden ist.

Der Ansässigkeitsstaat hat weder einen unmittelbaren Anteil an einer im Ausland erzielten Leistungsfähigkeitssteigerung noch einen Bezug zu dem Markt, auf dem sie erwirtschaftet wurde. Den Markt und damit die unmittelbaren Voraussetzungen für die Leistungsfähigkeitssteigerungen schafft der Quellenstaat. Ein Leistungsfähigkeitstransfer auf den Ansässigkeitsstaat anlässlich einer Einkünfteerzielung im Quellenstaat widerspricht deshalb dem Gedanken der Markteinkommensbesteuerung.

355 s. o. zu A. III. 2.

356 Prokisch, RIW 1991, S. 596 (598); Tipke, in: Tipke/Bozza, Besteuerung von Einkommen, 2000, S. 9 (26)

357 s. o. zu A. III. 4. c. bzw. B. III. 2.

358 kritisch auch: Kaufman, Law and Policy in International Business, vol. 29 (1998), p. 145 (171)

Aus der Perspektive des Steuerpflichtigen ist der Steuerzugriff des Ansässigkeitsstaates auf seine ausländischen Einkünfte ungerecht. Dem Nachteil der Besteuerung steht kein unmittelbar einkunftsbezogener Vorteil gegenüber, der auf eine Leistung des Ansässigkeitsstaates zurückzuführen ist.

dd. Ausgleich für ansässigkeitsbedingte Vorteile (Beispielsfall 11)

Die Wohnsitzbesteuerung ist auch nicht etwa deshalb sachgerecht, weil die Erzielung ausländischer Einkünfte eine Abwandlung des zur Einkommensteuerrechtfertigung angeführten Äquivalenzgedankens erfordert, bei der nicht mehr eine auf den konkreten Vermögenserwerb des Steuerpflichtigen bezogene Gegenleistung gefordert wird, sondern in Anlehnung an die allgemeine Steuerrechtfertigung auf den Gesamtnutzen abgestellt wird.

In der Tat scheint es ungerecht zu sein, Leistungen, die nur gegenüber Ansässigen erbracht werden und durch die der Ansässigkeitsstaat die Basis für eine erwerbswirtschaftliche Betätigung schafft, nicht in das Leistungs-/Gegenleistungsverhältnis einzubeziehen.[359] Das verdeutlicht folgender

Beispielsfall 11:

L ist Angestellter bei einem niederländischen Unternehmen und erwirtschaftet sein gesamtes Einkommen in den Niederlanden. L wohnt mit seiner Familie in Deutschland. Sein Sohn M besucht 13 Jahre eine deutsche Schule. Unmittelbar danach beginnt er ein Studium der Rechtswissenschaften an einer deutschen Universität, das er nach vier Jahren abschließt. Nach weiteren zwei Jahren Referendarzeit legt er auch das zweite Staatsexamen ab und nimmt ein Stellenangebot des niederländischen Unternehmens, bei dem auch sein Vater beschäftigt ist, an, ohne jedoch seinen deutschen Wohnsitz aufzugeben.

L und M sind gem. § 1 Abs. 1 S. 1 EStG unbeschränkt steuerpflichtig. Die in den Niederlanden erzielten Einkünfte sind gem. §§ 2 Abs. 1 S. 1 Nr. 5, 19 Abs. 1 S. 1 Nr. 1 EStG in Deutschland steuerbar. Ohne eine an den Wohnsitz anknüpfende Einkommensbesteuerung hätte die Bundesrepublik Deutschland 19 Jahre die Ausbildung des M finanziert, ohne dass dieser oder L zu den dadurch verursachten Kosten herangezogen worden wäre.

Die daraus gezogene Konsequenz, der Zugriff des Ansässigkeitsstaates auf die ausländischen Einkünfte von Inlandsansässigen sei legitim, überzeugt indes nicht. Dafür gibt es zwei Gründe:

[359] vgl. BFH, Beschluss v. 14.04.1993 - I R 29/92 -, BStBl. II 1994, 27 (29); Becker, Die Grundlagen der Einkommensteuer, 1940, S. 167 (§ 125); Bühler, Prinzipien des internationalen Steuerrechts IStR, 1964, S. 148; HHR/Stapperfend, § 1 EStG Anm. 1; Littmann, Das Einkommensteuerrecht, 1981, § 1 Rdnr. 4; K. Vogel, in: FS Klein, 1994, S. 361 (371); Léger, Schlussantrag in der Rs. C 279/93 (Fa. Köln-Altstadt ./. Roland Schumacker), IStR 1995, S. 27 (27) ; HHR/Stapperfend, § 1 EStG Anm. 1

(1) Rückschluss aus der allgemeinen Steuerrechtfertigung

Zunächst beruht die Rechtfertigung der Besteuerung der Auslandseinkünfte auf einer unzulässigen Prämisse: Der Reduktion des Nutzenaspektes auf ein persönliches Leistungs-/Gegen-leistungsverhältnis hat sich im Rahmen der allgemeinen Rechtfertigung der Steuer als nicht tragfähig erwiesen.[360]

Das Wesen der Steuer ist gem. § 3 Abs. 1 AO dadurch gekennzeichnet, dass sie keine Gegenleistung für eine besondere Leistung des Staates darstellt. Dem widerspricht es, im Hinblick auf die Rechtfertigung der Besteuerung ausländischer Einkünfte durch den Ansässigkeitsstaat auf eine besondere Leistung dieses Staates zugunsten eines Steuerpflichtigen bzw. seiner Familie abzustellen.

Hinzu kommt, dass sich die Leistungen des Staates und die Gegenleistungen einzelner Steuerpflichtiger, sofern man sie überhaupt bewerten kann, nur in seltenen Ausnahmefällen entsprechen werden. Diese Überlegungen haben gezeigt, dass es nicht statthaft ist, die Rechtfertigung einer Steuer von der Wertigkeit der durch einen und der gegenüber einem einzelnen Steuerpflichtigen erbrachten Leistungen abhängig zu machen.

(2) Bedeutung der indirekten Steuern

Entscheidender Schwachpunkt der auf den Vorteilen des Ansässigen basierenden Argumentation ist indes, dass sich die Betrachtung auf die Einkommensteuer beschränkt.

Auch in diesem Zusammenhang ist auf die allgemeine Rechtfertigung der Steuer zurückzugreifen. Sie war nach dem Grundsatz der Reproduktivität durch die Überlegung gekennzeichnet, dass sich die Gesamtheit der durch den staatlichen Steuergläubiger erbrachten Leistungen und die Gesamtheit der durch die Steuerschuldner erbrachten Gegenleistungen entsprechen mussten, damit die Besteuerung gerechtfertigt war.[361] Die besondere Rechtfertigung der Einkommensteuer durch die Markteinkommenstheorie ergab sich in diesem Zusammenhang aus der Affinität der Einkommensteuer zur Wirtschaftssphäre.[362]

Dem widerspricht es, einer staatlichen Leistung wie der Ausbildung der Kinder im Beispielsfall 11, die keinerlei unmittelbaren Bezug zur Wirtschaftssphäre aufweist, die Einkommensteuer gegenüberzustellen. Der Schlüssel zur Lösung des Beispielsfalles liegt darin, den Bezug der Schulausbildung zum Privatbereich des Steuerschuldners zu erkennen und demzufolge nach einer Steuer zu suchen, die an die Privatsphäre des Steuerschuldners und nicht an die Einkünfteerzielung anknüpft.

[360] s. o. zu A. III. 1. d.

[361] s. o. zu A. III. 4. c.; A. IV. 3.

[362] s. o. zu B. III. 2.

Der private Bereich ist vor allem dadurch geprägt, dass sich wirtschaftliches Handeln im Gegenteil der Einkünfteerzielung manifestiert: der Einkünfteverwendung oder dem Verbrauch. Damit liegt es nahe, auch in diesem Bereich einen Zusammenhang zwischen der Wirkung der staatlichen Leistung und der durch die Gesamtheit der Steuerschuldner erbrachten Gegenleistung herzustellen. Bei der Einkommensteuer stehen sich die Bereitstellung des Marktes und die private Einkünfteerzielung gegenüber. Hier stehen sich staatliche Leistungen, die dem Privatbereich der Steuerschuldner zugute kommen, und deren Privatverbrauch gegenüber. Privater Verbrauch wird nicht durch die Einkommensteuer, sondern durch Verbrauchsteuern erfasst. Zählt man die Umsatzsteuer ihrer Wirkung entsprechend zu den Verbrauchsteuern, so ergibt sich folgendes Rechtfertigungssystem:

Die allgemeinen, die Privatsphäre betreffenden Vorzüge, die der Steuerpflichtige im Ansässigkeitsstaat genießt, werden bereits durch Steuerzahlungen kompensiert, die nicht an die Einkünfteerzielung, sondern an die Einkommensverwendung anknüpfen.[363] Insbesondere Verbrauchsteuern belasten die Lebenshaltung im Ansässigkeitsstaat nicht unerheblich. Durch diese Steuern trägt der Steuerpflichtige zu den Kosten der Staats-, Rechts-, Wirtschafts- und Sozialordnung seines Ansässigkeitsstaates bei. Klaus Vogel hält zu Recht bereits die Umsatzsteuerbelastung des inländischen Verbrauchs für ausreichend, um die mit der Ansässigkeit des Steuerpflichtigen verbundenen Leistungen eines Staates zu kompensieren.[364] Nach derzeitiger Rechtslage kann in Fällen, in denen etwa ein Einzelunternehmer im Inland für seinen ausländischen Absatzmarkt produziert, zusätzlich die Gewerbesteuer angeführt werden, durch die der gemeindliche Anteil an der Wertschöpfung, etwa in Form der Schaffung der für die Produktion erforderlichen Infrastruktur, kompensiert werden soll.

Der über die indirekte Besteuerung, gegebenenfalls zuzüglich der Gewerbesteuer hinausgehende Steuerzugriff des Ansässigkeitsstaates auf die Einkünfteerzielung im Ausland stellt somit eine dem Wesen der Einkommensteuer widersprechende Überkompensation der mit der Ansässigkeit verbundenen Vorteile dar. Die Besteuerung des ausländischen Einkommens kann daher auch durch Äquivalenzgesichtspunkte, die an die persönliche Zuordnung des Steuerpflichtigen zum Ansässigkeitsstaat anknüpfen, nicht gerechtfertigt werden.[365]

> In Beispielsfall 11 wäre eine Besteuerung der unter Ausnutzung des niederländischen Marktes erzielten Einkünfte durch die Bundesrepublik Deutschland demnach nicht gerechtfertigt.
>
> Interessant ist, dass diese, aufgrund innerstaatlicher Erwägungen gewonnenen Erkenntnisse durch die bilaterale Verständigung zwischen der Bundesrepublik Deutschland und

---

363 Mössner, in: Tipke/Bozza, Besteuerung von Einkommen, 2000, S. 253 (264)

364 K. Vogel, in: FS Klein, 1994, S. 361 (374)

365 im Ergebnis ebenso: Tipke, in: Tipke/Bozza, Besteuerung von Einkommen, 2000, S. 9 (26)

den Niederlanden über die Besteuerung der durch L und M in den Niederlanden erzielten Einkünfte aus nichtselbständiger Arbeit bestätigt wird.

Auch die Niederlande besteuern das Einkommen, welches L und M auf ihrem Territorium erwirtschaften.[366] Dabei spielen weder die Dauer der Beschäftigung noch die Ansässigkeit eine Rolle.[367] Der dadurch hervorgerufene Besteuerungskonflikt zwischen der Bundesrepublik Deutschland und den Niederlanden wird grundsätzlich dadurch gelöst und die drohende doppelte Besteuerung der Einkünfte dadurch vermieden, dass das Doppelbesteuerungsabkommen zwischen beiden Staaten den Niederlanden die Besteuerung zuweist und Deutschland die Einkünfte von der Besteuerung freistellt.[368]

Welche Rückschlüsse aus dieser zwischenstaatlichen Handhabung der Welteinkommensbesteuerung auf der einen und der Quellenbesteuerung auf der anderen Seite zu ziehen sind, ist an anderer Stelle[369] zu beantworten.

c. Ergebnis zu 1.

Die Ansässigkeit hat keine eigenständige Bedeutung für die Rechtfertigung der unbeschränkten Einkommensteuerpflicht. Diese kann wie die Einkommensteuer im Ganzen ihrem Wesen entsprechend grundsätzlich nur durch die unmittelbare Beteiligung eines Staates an der Erzielung der Einkünfte gerechtfertigt werden.

An einer solchen Beteiligung fehlt es bei ausländischen Einkünften. Aus diesem Grund ergeben sich erhebliche Zweifel an der Rechtfertigung der mit der unbeschränkten Einkommensteuerpflicht verbundenen Besteuerung dieser Einkünfte.[370]

2. Welteinkommensbesteuerung

Möglicherweise ergibt sich die Rechtfertigung des Steuerzugriffs auf die im Ausland erzielten Einkünfte eines Ansässigen aber aus Besonderheiten, die sich aus der Verbindung der Wohnsitz- und der Welteinkommensbesteuerung ergeben. Denkbar ist, dass sich die Kombination der Anknüpfung der Steuerpflicht an die Person des Steuerpflichtigen mit der Besteuerung des gesamten Einkommens dieser Person sowohl gegenüber dem einzelnen Steuerpflichtigen als auch gegenüber dem Quellenstaat als besonders gerecht erweist.

---

[366] Art. 49 (1) (b) (1) des "Wet op de inkomstenbelasting", Staadsblad 1964/512 (Individual Income Tax Act of 1964)

[367] vgl. Offermanns, in: Taxation of Individuals in Europe, Binder 1, Netherlands, Tz. 15.1.

[368] Art. 10 Abs. 1, 20 Abs. 2 S. 1 des Abkommenszwischen der Bundesrepublik Deutschland und dem Königreich der Niederlande zur Vermeidung der Doppelbesteuerung auf dem Gebiete der Steuern vom Einkommen und vom Vermögen sowie verschiedener sonstiger Steuern und zur Regelung anderer Fragen auf steuerlichem Gebiete vom 16. Juni 1959 (BGBl. 1960 II, S. 1782) in der Fassung des Zweiten Zusatzprotokolls vom 21.5.1991 (BGBl. II 1991, S. 1429)

[369] s. u. 4. Abschnitt B. II. 3. b.

[370] Prokisch, RIW 1991, S. 596 (598)

Zur Rechtfertigung der unbeschränkten Einkommensteuerpflicht werden in diesem Zusammenhang gegenüber dem Steuerpflichtigen das Leistungsfähigkeitsprinzip und die Gleichbehandlung im Ansässigkeitsstaat angeführt. Gegenüber dem Quellenstaat wird auf die Wahrung bestimmter, nationaler Interessen verwiesen.[371]

Von Kritikern wird demgegenüber zu Recht auf die indirekten Steuern verwiesen und die Frage gestellt, was es rechtfertige, bei den direkten Steuern vom Grundsatz der Besteuerung an der Quelle abzuweichen.[372]

a. Leistungsfähigkeitsprinzip

Die Welteinkommensbesteuerung wird in erster Linie mit dem Grundsatz der Besteuerung nach Maßgabe der Leistungsfähigkeit begründet.[373] Damit wird die opfertheoretische Betrachtungsweise auf das deutsche internationale Einkommensteuerrecht angewendet.[374]

aa. Argumentation

Es wird argumentiert, das Leistungsfähigkeitsprinzip stelle nicht auf die räumliche Herkunft von Einkünften, sondern nur auf das individuell verfügbare Einkommen ab. Individuell verfügbar sei das Welteinkommen. Demzufolge habe sich auch die Besteuerung grundsätzlich auf das Welteinkommen zu beziehen.[375]

Der Ansässigkeitsstaat habe im Rahmen einer nach dem Leistungsfähigkeitsprinzip erfolgenden Besteuerung die gesamte Leistungsfähigkeit des Steuerpflichtigen zu berücksichtigen.[376] Eine am Leistungsfähigkeitsprinzip orientierte Besteuerung könne

---

[371] Horst Vogel, Zur steuerlichen Behandlung zwischenstaatlicher Kapitalinvestitionen, 1964, S. 47 f.; Littmann, Das Einkommensteuerrecht, 1981, § 1 Rdnr. 4; Mössner, in: Staatsfinanzierung im Wandel, 1983, S. 817 (834); Morgenthaler, Die Lizenzgebühren im System des internationalen Einkommensteuerrechts, 1992, S. 91 ff., 132; ders., IStR 1993, S. 258 (261)

[372] Roer, AWD 1971, S. 73 (75)

[373] BFH, Beschluss v. 14.04.1993 - I R 29/92 -, BStBl. II 1994, 27 (29); Debatin, DB 1961, S. 785 (785); ders., StbJb. 1964/65, S. 399 (412); ders., FR 1969, S. 277 (278); Horst Vogel, Zur steuerlichen Behandlung zwischenstaatlicher Kapitalinvestitionen, 1964, S. 47; Knechtle, Grundfragen des Internationalen Steuerrechts, 1976, S. 45, 48 f.; Mössner, in: Staatsfinanzierung im Wandel, 1983, S. 817 (834); Flick, in: Engelschalk/Flick, Steuern auf ausländische Einkünfte, 1985, S. 93 (95); Menck, in Engelschalk/Flick u. a., Steuern auf ausländische Einkünfte, 1985, S. 28 (33) ; Gandenberger, in: K. Vogel (Hrsg.), Grundfragen des Internationalen Steuerrechts, JDStJG Bd. 8, 1985, S. 133; Léger, IStR 1995, S. 27 (27)

[374] Mössner, in: Tipke/Bozza, Besteuerung von Einkommen, 2000, S. 253 (258)

[375] BFH, Beschluss v. 14.04.1993 - I R 29/92 -, BStBl. II 1994, 27 (29); FG Baden-Württemberg, Urteil v. 04.10.1999 - 12 K 69/97, EFG 2000, 72 (73)

[376] BFH, Beschluss v. 14.04.1993 - I R 29/92 -, BStBl. II 1994, 27 (29); Debatin, DB 1961, S. 785 (785); ders., StbJb. 1964/65, S. 399 (412); ders., FR 1969, S. 277 (278); Flick, in: Engelschalk/Flick, Steuern auf ausländische Einkünfte, 1985, S. 93 (95); Gandenberger, in: K. Vogel (Hrsg.), Grundfragen des Internationalen Steuerrechts, JDStJG Bd. 8, 1985, S. 133; Knechtle, Grundfragen des Internationalen Steuerrechts, 1976, S. 45; Léger, IStR 1995, S. 27 (27); Menck, in Engelschalk/Flick u. a., Steuern auf ausländische Einkünfte, S.

sich daher nicht auf einen Ausschnitt der Gesamtleistungsfähigkeit beschränken. Die Möglichkeit, Steuern im Inland zu zahlen, bestehe nicht nur bei inländischen, sondern in gleichem Maße auch bei ausländischen Einkünften. Die inländische Steuer sei daher auf den Gesamtbetrag der in- und ausländischen Einkünfte als das Spiegelbild der Gesamtleistungsfähigkeit zu beziehen.[377]

Die Erfassung des Gesamteinkommens korrespondiere außerdem mit der umfassenden Berücksichtigung der persönlichen Leistungsfähigkeitsminderungen des Steuerpflichtigen durch den Ansässigkeitsstaat. Sie erfolge, weil sein persönlicher Lebensmittelpunkt in diesem Staat liege. Dem Wesen der Einkommensteuer als einer Personensteuer entspreche daher im Grundsatz nur eine Besteuerung, bei der der Ansässigkeitsstaat die gesamte persönliche Situation, also auch das weltweit erwirtschaftete Einkommen, in die Bemessungsgrundlage einfließen lasse.[378]

bb. Kritik

Daran, dass die Welteinkommensbesteuerung mit dem Leistungsfähigkeitsprinzip gerechtfertigt werden kann, bestehen schon deshalb Zweifel, weil die Leistungsfähigkeit einer Person lediglich Rechtfertigungsgrund für eine gerecht bemessene Steuer ist,[379] sie aber hier herangezogen wird, um die Besteuerung ausländischer Einkünfte dem Grunde nach zu rechtfertigen.

Entscheidend ist jedoch, dass sich die Behauptung, nur die Erfassung des gesamten Einkommens durch den Ansässigkeitsstaat gewährleiste eine Besteuerung nach Maßgabe der individuellen Leistungsfähigkeit, nicht aufrechterhalten lässt.[380] Eine Besteuerung nach Maßgabe der individuellen Leistungsfähigkeit ist zwar von der Besteuerung des Welteinkommens,[381] nicht aber von der Erfassung dieses Einkommens alleine durch den Ansässigkeitsstaat abhängig.[382] Statt dessen ist auch ein Leistungsfähigkeitsverständnis denkbar, bei dem eine der individuellen Leistungsfähigkeit gerecht werdende Besteuerung nicht durch den Ansässigkeitsstaat erfolgt, sondern durch das

28 (33) ; Mössner, in: Staatsfinanzierung im Wandel, 1983, S. 817 (834); Horst Vogel, Zur steuerlichen Behandlung zwischenstaatlicher Kapitalinvestitionen, 1964, S. 47

377 Debatin, DB 1961, S. 785 (785); ders., FR 1969, S. 277 (278); Horst Vogel, Zur steuerlichen Behandlung zwischenstaatlicher Kapitalinvestitionen, 1964, S. 47; Knechtle, Grundfragen des Internationalen Steuerrechts, 1976, S. 45, 48 f.; Gandenberger, in: K. Vogel (Hrsg.), Grundfragen des Internationalen Steuerrechts, JDStJG Bd. 8, 1985, S. 133; Menck, in Engelschalk/Flick u. a., Steuern auf ausländische Einkünfte, 1985, S. 28 (33); Prokisch, RIW 1991, S. 396 (397); Crezelius, in: Haarmann (Hrsg.), Die beschränkte Steuerpflicht, 1993, S. 75 (75); Léger, IStR 1995, S. 27 (27)

378 Spitaler, Das Doppelbesteuerungsproblem bei den direkten Steuern, 1936, S. 407 f.

379 s. o. zu B. III. 3. b.

380 ebenso: Kaufman, Law and Policy in International Business, vol. 29 (1998), p. 145 (155)

381 Tipke, in: Tipke/Bozza, Besteuerung von Einkommen, 2000, S. 9 (25)

382 Flick, FA 1961 (NF Bd. 21), S. 86 (116); ders., in: Engelschalk/Flick, Steuern auf ausländische Einkünfte, 1985, S. 93 (98); Zuber, Anknüpfungsmerkmale und Reichweite der internationalen Besteuerung, 1991, S. 90 f.; Dautzenberg, BB 1995, S. 2397 (2399); Schaumburg, Internationales Steuerrecht, 1998, Rz. 5.68

am Leistungsfähigkeitsprinzip orientierte Zusammenwirken mehrerer Staaten,[383] etwa der jeweiligen Quellenstaaten. Das Leistungsfähigkeitsprinzip gebietet zwar, die Gesamtleistungsfähigkeit zu berücksichtigen, es lässt sich ihm aber nicht entnehmen, dass dieses alleine durch den Ansässigkeitsstaat zu geschehen hat.[384]

cc. Ergebnis zu a.

Das Welteinkommensprinzip kann nicht mit dem Leistungsfähigkeitsprinzip begründet werden.[385] Eine am Leistungsfähigkeitsprinzip orientierte Besteuerung erfordert nicht die Besteuerung des Welteinkommens im Ansässigkeitsstaat.

b. Gleichbehandlung und Wettbewerbsneutralität im Ansässigkeitsstaat

Zur Rechtfertigung der Besteuerung des weltweit erwirtschafteten Einkommens von Steuerinländern wird neben dem Leistungsfähigkeitsprinzip die Gleichbehandlung und die Wettbewerbsneutralität aufgrund der Besteuerung im Ansässigkeitsstaat angeführt.[386]

aa. Argumentation

Es wird argumentiert, zwei Inlandsansässige, die über ein identisches Gesamteinkommen verfügten, sollten unabhängig von der Herkunft ihrer Einkünfte steuerlich gleich zu behandeln sein.[387] Die Welteinkommensbesteuerung sei damit Konsequenz des aus Art. 3 Abs. 1 GG entwickelten Grundsatzes der Gleichmäßigkeit der Besteuerung,[388] der besage, dass Steuerlasten auf die Steuerpflichtigen ihrer wirtschaftlichen Leistungsfähigkeit entsprechend gleichmäßig zu verteilen sind.[389] Nur die Erfassung des Welteinkommens durch den Ansässigkeitsstaat bewirke, dass alle an einem Ort ansässigen Steuerpflichtigen unabhängig von der Herkunft ihrer Einkünfte nach denselben Regeln besteuert würden.[390]

---

383 Zuber, a. a. O., S. 91

384 im Ergebnis ebenso: Mössner, in: Tipke/Bozza, Besteuerung von Einkommen, 2000, S. 253 (259)

385 ebenso: Tipke, in: Tipke/Bozza, Besteuerung von Einkommen, 2000, S. 9 (25)

386 Spitaler, Das Doppelbesteuerungsproblem bei den direkten Steuern, 1936, S. 409; Debatin, StbJb. 1964/65, S. 399 (412); Knechtle, Grundfragen des internationalen Steuerrechts, 1976, S. 45; Dautzenberg, BB 1995, S. 2397 (2397); Adonnino, in: Tipke/Bozza, Besteuerung von Einkommen, 2000, S. 271 (286)

387 Dautzenberg, BB 1995, S. 2397 (2397)

388 Debatin, StbJb. 1964/65, S. 399 (412)

389 BVerfG, Beschluss v. 11.10.1977 - 1 BvR 343/73, 83/74, 183 und 428/75 -, E 47, 1 (29)

390 Spitaler, Das Doppelbesteuerungsproblem bei den direkten Steuern, 1936, S. 409; Knechtle, Grundfragen des internationalen Steuerrechts, 1976, S. 45; Dautzenberg, BB 1995, S. 2397 (2397)

Die Gleichbehandlung von Steuerpflichtigen im Ansässigkeitsstaat aufgrund des Besteuerungszugriffs auf ausländische Einkünfte zeigt sich bei einer Erweiterung des dritten Beispielsfalls[391]:

Es soll davon ausgegangen werden, dass D im Inland ansässig ist und mit den Einkünften aus der Verpachtung seines im Inland belegenen Grundstücks in Deutschland besteuert wird. E, Nachbar des B, ist Eigentümer eines ausländischen, zu identischen Konditionen verpachteten Grundstücks.

Nur der bei unbeschränkter Einkommensteuerpflicht erfolgende Steuerzugriff auf die ausländischen Einkünfte des E vermag die einkommensteuerliche Gleichbehandlung von D und E in Deutschland zu gewährleisten. Ohne die Welteinkommensbesteuerung würde zwar D, nicht aber E zur deutschen Einkommensteuer herangezogen, obwohl sich die einkommensteuerrelevante Leistungsfähigkeit der beiden Personen in gleichem Maße erhöht hat.

Auch zur Gewährleistung der Wettbewerbsneutralität im Ansässigkeitsstaat wird die tatsächliche Besteuerung ausländischer Einkünfte für erforderlich gehalten. So seien die nationalen Steuersysteme sehr unterschiedlich ausgestaltet. Dem deutschen Fiskus müsse daher das Recht vorbehalten bleiben, die im Ursprungsstaat fehlende Steuerbelastung durch die deutsche Einkommensbesteuerung zu ersetzen und so die durch den anderen Staat gefährdete Wettbewerbsneutralität wiederherzustellen. Diesem Zweck diene die durch die Anrechnungsmethode zwischenstaatlich behauptete Besteuerung ausländischer Einkünfte.[392]

Die Welteinkommensbesteuerung hemme ferner die Verlagerung von Einkünften in Staaten mit niedriger Steuerlast. Damit beseitige sie Wettbewerbsverzerrungen, die bei der Reinvestition von steuerfreien oder niedrig besteuerten ausländischen Einkünften im Inland im Verhältnis zu Personen ohne ausländische Einkünfte unausweichlich seien.[393]

bb. Kritik

Auch die zur Rechtfertigung der Welteinkommensbesteuerung angeführten Aspekte der Gleichbehandlung und der Wettbewerbsneutralität im Ansässigkeitsstaat werden zu Recht in Frage gestellt.[394]

---

391 s. o. 1. Abschnitt A. II. 1.

392 Morgenthaler, Die Lizenzgebühren im System des internationalen Einkommensteuerrechts, 1992, S. 91 ff., 132; ders., IStR 1993, S. 258 (261)

393 Horst Vogel, Zur steuerlichen Behandlung zwischenstaatlicher Kapitalinvestitionen, 1964, S. 47 f.

394 Spitaler, Das Doppelbesteuerungsproblem bei den direkten Steuern, 1936, S. 409; Debatin, StbJb. 1964/65, S. 399 (412); Kluge, Das Internationale Steuerrecht, 2000, S. 177 f. (M 24); Knechtle, Grundfragen des internationalen Steuerrechts, 1976, S. 45; Dautzenberg, BB 1995, S. 2397 (2397); s. o. zu D. I. 2. b. bb.

(1) Sachliche Gründe für eine Differenzierung

Gleichheitsrechte gebieten es nämlich nicht, Vergleichbares gleich zu behandeln. Verboten ist lediglich, Vergleichbares willkürlich, d. h., ohne sachlichen Grund, ungleich zu behandeln.[395] Es kann daher im Rahmen der hier maßgeblichen allgemeinen Gerechtigkeitsüberlegungen vorzugswürdig sein, den Inlandsansässigen mit ausländischen Einkünften anders zu besteuern als den Inländer mit inländischen Einkünften, wenn nur sachliche Gründe dafür sprechen.

Das ist bezogen auf Steuerpflichtige mit in- im Vergleich zu solchen mit ausländischen Einkünften der Fall. Die unterschiedliche Besteuerung von Ansässigen in Abhängigkeit von der Herkunft ihrer Einkünfte lässt sich sachlich begründen. Die Wettbewerbsneutralität wird also gerade dadurch in Frage gestellt, dass in- und ausländische Einkünfte unterschiedslos besteuert werden.

- Zunächst unterscheidet sich die Leistungsfähigkeit des Steuerpflichtigen je nach der Herkunft seiner Einkünfte. Verneint man aufgrund dieses Umstandes nicht bereits die Vergleichbarkeit der besteuerungsrelevanten Situation, so sprechen die Leistungsfähigkeitsunterschiede doch jedenfalls dafür, bei ausländischen Einkünften deren Besteuerung dem Quellenstaat zu überlassen.

  Ausländische Einkünfte werden unter anderen Bedingungen als inländische Einkünfte erzielt. Die Rahmenbedingungen erfordern möglicherweise ungleich höhere Erwerbsaufwendungen als bei einer Betätigung im Inland. Auch besteht die Möglichkeit, dass der Quellenstaat seine Ausgaben nicht mittels der Einkommensteuer, sondern durch andere Steuern finanziert. Im obigen Beispielsfall kann E etwa ungleich stärker durch Grundabgaben des Belegenheitsstaates belastet werden als D durch vergleichbare Pflichten im Ansässigkeitsstaat.

- Ein weiterer Grund dafür, dass in- und ausländische Einkünfte unterschiedlich zu besteuern sind, besteht in der schlechteren Ermittel- und Kontrollierbarkeit der ausländischen Besteuerungssituation durch den Ansässigkeitsstaat.[396]

  Für die Ermittlung der ausländischen Einkünfte ist der Ansässigkeitsstaat grundsätzlich auf Erklärungen des Steuerpflichtigen angewiesen. Nachprüfen lassen sich diese regelmäßig nicht, da der Finanzverwaltung die Vornahme von Außenprüfungen im Ausland völkerrechtlich verwehrt ist.[397] Demzufolge sind sie als Grundlage

[395] BVerfG, Beschluss v. 12.10.1951 - 1 BvR 201/51 -, E 1, 13 (52); Beschluss v. 09.08.1978 - 2 BvR 831/76 -, E 49, 148 (165); K. Vogel, in: Friauf (Hrsg.), Steuerrecht und Verfassungsrecht, JDStJG Bd. 12, 1989, S. 123 (139 f.)

[396] Schulze-Brachmann, StuW 1964, Sp. 589 (617); Flick, in: Engelschalk/Flick, Steuern auf ausländische Einkünfte, 1985, S. 93 (98)

[397] Schulze-Brachmann, StuW 1964, Sp. 589 (617)

der Einkommensbesteuerung im Ansässigkeitsstaat ungeeignet.

- Schließlich stellt auch die Störung der mit der einkommensteuerlichen Gleichbehandlung im Quellenstaat verbundenen steuerlichen Wettbewerbsneutralität dort einen Grund dafür dar, dass es gerechter ist, wenn ein Staat bei Ansässigen ausländische Einkünfte von der Einkommensbesteuerung ausklammert.

  Die Gleichbehandlung und Wettbewerbsneutralität im Quellenstaat sind vor dem Hintergrund der Steuerrechtfertigung nach dem Grundsatz der Reproduktivität und der Einkommensteuerrechtfertigung nach Maßgabe der Markteinkommenstheorie sachgerechter als Gleichbehandlung und Wettbewerbsneutralität im Ansässigkeitsstaat.[398]

  Im obigen Beispielsfall ist es sachgerechter, E nach den Verhältnissen im Belegenheitsstaat einem dort ebenfalls verpachtenden Dritten gleichzustellen, als ihn im Ansässigkeitsstaat wie D zu besteuern. E nutzt den Immobilienmarkt des Staates, in dem sein Grundstück liegt, D dagegen den inländischen Immobilienmarkt. Bejaht man den Marktbezug der Einkommensteuer und befürwortet man eine Besteuerung nach Maßgabe des erwerbsbezogenen Anteils des besteuernden Staates, so hat der Staat, in dem das Grundstück liegt und dessen Immobilienmarkt genutzt wird, die gleichmäßige und wettbewerbsneutrale Besteuerung des daraus erwirtschafteten Einkommens sicherzustellen.

Es liegen damit mehrere Gründe vor, die eine unterschiedliche Besteuerung in Abhängigkeit von der Herkunft der Einkünfte als prinzipiell sachgerechter ausweisen als die unterschiedslose Erfassung des Welteinkommens durch den Ansässigkeitsstaat. Unter Gerechtigkeitsgesichtspunkten ist daher zwischen der in- und der ausländischen Leistungsfähigkeit eines Steuerpflichtigen zu differenzieren.

(2) Berücksichtigung der Steuerprogression (Beispielsfall 12)

Gleichbehandlung und Wettbewerbsneutralität im Ansässigkeitsstaat erfordern überdies nicht die tatsächliche Besteuerung ausländischer Einkünfte.

Zwar widerspräche es dem Grundsatz der Gleichmäßigkeit der Besteuerung, wenn ein Steuerpflichtiger nur aufgrund der Erzielung von Einkünften in mehreren Staaten mit progressiv ausgestalteten Einkommensteuertarifen einen Steuervorteil erzielte. Aber erforderlich ist in diesem Zusammenhang nur, dass die ausländischen Einkünfte im Inland bei der Bemessung des Steuersatzes berücksichtigt werden. Gleichmäßig und nach Maßgabe der Gesamtleistungsfähigkeit wird vielmehr auch dann besteuert, wenn

---

[398] K. Vogel, in: FS Klein, 1994, S. 361 (374)

sich ausländische Einkünfte über einen Progressionsvorbehalt auf die inländische Steuer auswirken.[399]

Der Verdeutlichung dient folgender

Beispielsfall 12:

Der Steuerpflichtige J erwirtschaftet im Ansässigkeitsstaat A und im Quellenstaat Q jeweils die Hälfte seines Einkommens in Höhe von insgesamt 100 Einheiten. Die Vergleichsperson K erwirtschaftet ihr gesamtes Einkommen in Höhe von 100 Einheiten in A. In beiden Staaten beläuft sich die Steuerbelastung bezogen auf ein Einkommen von 100 Einheiten auf 50 Einheiten, bezogen auf ein solches von 50 Einheiten jedoch nur auf 12,5 Einheiten.

Geht man davon aus, dass J jeweils nur mit seinen inländischen Einkünften besteuert wird, so beläuft sich seine Gesamtsteuerbelastung auf 25 Einheiten. Er hat sowohl in A als auch in Q 12,5 Einheiten als Einkommensteuer zu entrichten. Im Vergleich dazu beläuft sich die Steuerschuld des K aus dem in A erwirtschafteten Einkommen auf 50 Einheiten. Damit realisiert J nur aufgrund der Erzielung ausländischer Einkünfte einen Progressionsvorteil in Höhe von 25 Einheiten.

Dieser Vorteil entfiele, wenn das gesamte Einkommen des J in A besteuert würde. In diesem Fall hätten sowohl J als auch K in A 50 Einheiten Einkommensteuer zu entrichten. Er entfiele aber auch, wenn der Ansässigkeitsstaat A und der Quellenstaat Q die jeweils ausländischen Einkünfte lediglich bei der Bemessung des Steuersatzes berücksichtigten. In diesem Fall ergäbe sich in beiden Staaten eine Steuerbelastung von 25 Einheiten.

Zu beachten ist jedoch, dass in Deutschland und in anderen Industriestaaten vor allem juristische Personen Auslandsaktivitäten entfalten, für die ohnehin nicht der progressive Einkommensteuer-, sondern der proportionale Körperschaftsteuertarif gilt.[400] Das zeigt, dass die progressive Einkommensteuer insgesamt in Frage stehen muss, wenn es darum geht, ein sachgerechteres System der Besteuerung grenzüberschreitend erwirtschafteter Leistungsfähigkeitssteigerungen zu entwickeln.[401]

cc. Ergebnis zu b.

Die Welteinkommensbesteuerung lässt sich demnach weder mit der aufgrund des Grundsatzes der Gleichmäßigkeit der Besteuerung gebotenen Gleichbehandlung im Ansässigkeitsstaat noch mit der in diesem Zusammenhang wünschenswerten Wettbewerbsneutralität im Ansässigkeitsstaat begründen. Mit der Welteinkommensbesteuerung ist bezogen auf die Situation im Ansässigkeitsstaat kein Gerechtigkeitszuwachs zu verzeichnen. Folge der Erstreckung des Steuerzugriffs auf ausländische Einkünfte

---

399 K. Vogel, in: FS Klein, 1994, S. 361 (369); Dautzenberg, BB 1995, S. 2397 (2399)

400 Flick, in: Engelschalk/Flick, Steuern auf ausländische Einkünfte, 1985, S. 93 (98)

401 s. u.: 4. Abschnitt C. I. 3., C. II. 1. c.

sind nicht gerechtere, sondern falsche Ergebnisse.[402] Die Wettbewerbsneutralität wird nicht befördert, sondern beeinträchtigt.

Die Unterschiedlichkeit der individuellen Leistungsfähigkeit, die Schwierigkeiten bei der Erfassung ausländischer Sachverhalte durch den Ansässigkeitsstaat sowie Gleichbehandlung und Wettbewerbsneutralität im Quellenstaat erweisen es statt dessen als sachgerechter, zwischen der Besteuerung in- und ausländischer Einkünfte im Ansässigkeitsstaat zu differenzieren. Auch die Auswirkungen der Steuerprogression erfordern nicht die tatsächliche Besteuerung ausländischer Einkünfte. Es genügt bei Beibehaltung eines progressiven Tarifs die Anwendung eines Progressionsvorbehaltes in Ansässigkeits- und Quellenstaat.

c. Nationale Interessen vs. zwischenstaatliche Gerechtigkeit

Zur Rechtfertigung der Welteinkommensbesteuerung wird schließlich auch auf bestimmte nationale Interessen verwiesen, die einen Zugriff auf ausländische Einkünfte erfordern.[403]

aa. Argumentation

So erhebe die Mehrheit der Staaten eine an den Wohnsitz des Steuerpflichtigen anknüpfende Einkommensteuer.[404] Daraus ergebe sich ein Gleichgewicht der verschiedenen Rechtsordnungen, das sich mit dem Schutz der Interessen der einzelnen Staaten in Einklang bringen lasse.[405] Ein genereller Verzicht auf die Besteuerung ausländischer Einkünfte sei schon deshalb abzulehnen, weil er zu erheblichen Steuerausfällen führe.[406]

bb. Kritik

Aus dem Verhältnis zwischen dem Ansässigkeits- und dem Quellenstaat ergeben sich keine Argumente, die die Besteuerung ausländischer Einkünfte durch den Ansässigkeitsstaat als system- und sachgerechter oder zweckmäßiger erscheinen lassen als den Verzicht auf sie. Im Gegenteil: Den nationalen Interessen wird zu Recht die zwischen-

---

402 Flick, in: Engelschalk/Flick, Steuern auf ausländische Einkünfte, 1985, S. 93 (98)

403 Horst Vogel, Zur steuerlichen Behandlung zwischenstaatlicher Kapitalinvestitionen, 1964, S. 47 f.; Littmann, Das Einkommensteuerrecht, 1981, § 1 Rdnr. 4; Mössner, in: Staatsfinanzierung im Wandel, 1983, S. 817 (834); Morgenthaler, Die Lizenzgebühren im System des internationalen Einkommensteuerrechts, 1992, S. 91 ff., 132; ders., IStR 1993, S. 258 (261)

404 Littmann, Das Einkommensteuerrecht, 1981, § 1 Rdnr. 4

405 Adonnino, in: Tipke/Bozza, Besteuerung von Einkommen, 2000, S. 271 (289)

406 Mössner, in: Staatsfinanzierung im Wandel, 1983, S. 817 (834)

staatliche Gerechtigkeit entgegengehalten.[407] Sie spricht gegen einen Steuerzugriff auf ausländische Einkünfte.

(1) Grundlagen

Der Einkommensteuer kann schon deshalb nicht unbesehen das Gesamteinkommen des Steuerpflichtigen zugrunde gelegt werden, weil der Begründung der Welteinkommensbesteuerung mit nationalen Interessen das Verständnis eines Staates zugrunde liegt, der sich selbst genügt, nur seine eigene Interessen wahrt und am wirtschaftlichen Austausch mit anderen Staaten nicht besonders interessiert ist.[408] Dieses Staatsverständnis ist nicht mehr zeitgemäß.

Auf zwischenstaatlicher Ebene ist die Einkommensbesteuerung das Ergebnis von Verhandlungen, in denen zwei Staaten ihre Steueransprüche aufeinander abstimmen. Dem gemäß ist die nationale Einkommensteuerrechtsordnung hier zwar nicht in erster Linie an einer übergeordneten Steuergerechtigkeit, aber doch an dem gemeinsamen Ziel des Ausgleichs der Interessen zwischen den beteiligten Staaten zu messen.[409] Vor diesem Hintergrund stellt sich die Frage, wie diese Interessen zu bestimmen sind.

Die Welteinkommensbesteuerung ist bezogen auf das Verhältnis zwischen Ansässigkeits- und Quellenstaat auf die Wahrung von Gemeinschaftsinteressen zu überprüfen, denen das Interesse des einzelnen Steuerpflichtigen zugrunde liegt. Gerechtfertigt werden soll die eine einzelne natürliche Person betreffende unbeschränkte Steuerpflicht. Daher sollte die Perspektive dieser Person im Vordergrund stehen. Dem Steuerpflichtigen ist an einer sach- und systemgerechten Aufteilung des Einkommensteueraufkommens zwischen den beteiligten Staaten gelegen. An dieser Stelle sollen die daraus resultierenden, zusätzlichen Argumente gegen eine Besteuerung ausländischer Einkünfte ausgeführt werden.

Jeder Verselbständigung staatlicher Interessen ist dagegen mit großer Vorsicht zu begegnen, weil sie ideengeschichtlich auf der organischen Staatslehre beruht. Die organische Staatslehre aber stellt die Unabhängigkeit des Staates von den Interessen des Einzelnen heraus[410] und ist aus diesem Grund mit einem demokratischen Staatsverständnis nicht zu vereinbaren.[411]

---

[407] Roer, AWD 1971, S. 73 (75); Zuber, Anknüpfungsmerkmale und Reichweite der internationalen Besteuerung, 1991, S. 111; Morgenthaler, IStR 1993, S. 258 (260); K. Vogel, in: FS Klein, 1994, S. 361 (376); ders., DStZ 1997, S. 269 (273)

[408] K. Vogel, in: Steueroasen und Außensteuergesetze, 1981, S. 125 (128 f.); ders., in: FS Klein, 1994, S. 361 (367)

[409] Helmut Becker, in: K. Vogel (Hrsg.), Grundfragen des Internationalen Steuerrechts, JDStJG Bd. 8, 1985, S. 171 (191)

[410] Schäffle, Die Steuern, Allg. Teil, 1895, S. 78; s. o. zu A. III. 2. a.

[411] s. o. zu A. III. 2. d.

(2) Wettbewerb der Staaten

Die Wettbewerbssituation zwischen Ansässigkeits- und Quellenstaat gebietet es, von einer Besteuerung ausländischer Einkünfte abzusehen.

Der Vorteil, den der Quellenstaat durch eine Niedrigbesteuerung ausländischer Investitionen erzielt, besteht in einem verstärkten wirtschaftlichen Engagement von Gebietsfremden auf seinem Territorium. Diesem Vorteil steht regelmäßig der mit der Niedrigbesteuerung verbundene Nachteil eines Steuerausfalls gegenüber. Dieser hat entweder eine Verminderung der staatlichen Leistungen zur Folge, oder er muss durch erhöhte Steuern an anderer Stelle ausgeglichen werden, es sei denn, die Niedrigbesteuerung ist die Folge einer besonders effizienten staatlichen Verwaltung.

Geht man davon aus, dass das Steuerniveau in der Regel mit den öffentlichen Leistungen korrespondiert, so sorgt die Quellenbesteuerung dafür, dass dem Staat, der einen größeren Beitrag zur Einkommenserzielung leistet, ein höheres Einkommensteueraufkommen gewährt wird. Dieses System wird durch den Steuerzugriff des Ansässigkeitsstaates zerstört.[412] Er bewirkt, dass der Steuerausfall im Quellenstaat nicht durch eine erhöhte Investitionstätigkeit von Steuerpflichtigen des Ansässigkeitsstaates ausgeglichen wird. Die negativen Folgen der Niedrigbesteuerung treten dagegen wegen der Besteuerung bereits bestehender Investitionen gleichwohl ein.

Etwas anderes gilt nur dann, wenn der Steuervorteil auf einer gesteigerten Effizienz der staatlichen Verwaltung beruht. In diesem Fall erlangt der Ansässigkeitsstaat jedoch ebenfalls einen ungerechtfertigten Vorteil gegenüber dem Quellenstaat. Der Quellenstaat will über die Niedrigbesteuerung mittelbar selbst in den Genuss der Vorteile aus der Tätigkeit seiner Verwaltung kommen, nicht aber Raum für eine ergänzende Besteuerung durch den Ansässigkeitsstaat schaffen.

Der Ansässigkeitsstaat steht bei einer Niedrigbesteuerung von Investitionen durch einen anderen Staat vor der Wahl, entweder den negativen Folgen des Kapitalabflusses durch die Steigerung der Effizienz der eigenen Verwaltung, also durch die Verbesserung der staatlichen Rahmenbedingungen bei möglichst geringen Kosten, oder durch die Besteuerung ausländischer Einkünfte zu begegnen. Letzteres wird zu Recht als Ausfluss einer protektionistischen Politik gekennzeichnet.[413]

Die Besteuerung ausländischer Einkünfte ist also vor allem deshalb zu kritisieren, weil sie den internationalen Wirtschaftsverkehr hemmt. Wirtschaftlich sinnvolle Investitionen im Ausland unterbleiben aus steuerlichen Gründen.[414] Das Grundgesetz hat sich

---

412 Morgenthaler, IStR 1993, S. 258 (261)

413 K. Vogel, in: Steueroasen und Außensteuergesetze, 1981, S. 125 (132 f.); ders., in: K. Vogel (Hrsg.), Grundfragen des Internationalen Steuerrechts, JDStJG Bd. 8, 1985, S. 3 (29); ders., in: FS Klein, 1994, S. 361 (375)

414 Endriss, Wohnsitz- oder Ursprungsprinzip, 1967, S. 63

für eine offene Staatlichkeit und für die internationale Zusammenarbeit entschieden. Mit dieser Zielbestimmung ist eine Behinderung des Kapitalabflusses nicht zu vereinbaren.[415]

(3) Auswirkungen auf Entwicklungsländer

Zu kritisieren ist der Steuerzugriff auf ausländische Einkünfte ferner im Hinblick auf die Situation der sog. Schuldner- oder Entwicklungsländer.[416] Nur der Abzug der Steuer an der Quelle zu Lasten auch der im Ausland Ansässigen gestattet es diesen Ländern, an dem System der Einkommensbesteuerung festzuhalten, ohne dass die Volkswirtschaft Schaden nimmt.[417]

Im Übrigen wirkt die Hochschleusung der Steuerbelastung von Investitionen in den traditionell niedrig besteuernden Entwicklungsländern auf inländisches Niveau als Investitionshindernis. Nachteile für den ausländischen Investor werden in diesen Ländern vielfach durch Steuervorteile kompensiert. Dieser Ausgleich wird durch die Besteuerung des Welteinkommens im Ansässigkeitsstaat unmöglich gemacht. Die Welteinkommensbesteuerung wirkt demgemäß protektionistisch.[418]

Der Quellenstaat wird zusätzlich dadurch beeinträchtigt, dass der Ansässigkeitsstaat durch die Welteinkommensbesteuerung dem Investor Mittel nimmt, die anderenfalls für eine erneute Investition im Quellenstaat zur Verfügung stünden Diese Beeinträchtigung ist weder opfer- noch nutzentheoretisch zu rechtfertigen. Der Quellenstaat benötigt das Opfer, das er verlangen kann, mehr als der Ansässigkeitsstaat. Die Leistung des Ansässigkeitsstaates im Zusammenhang mit dem Erwerb des investierten Kapitals ist bereits bei dessen Erwerb durch eine Steuerzahlung entgolten worden.[419]

Eine konsequente Quellenbesteuerung fördert demgegenüber die wirtschaftliche Zusammenarbeit zwischen Industriestaaten und Entwicklungsländern.[420] Statt diese konzeptionsbedingten Vorteile der Quellenbesteuerung auszunutzen, halten die Industriestaaten jedoch an der Welteinkommensbesteuerung fest und versuchen, durch aufwendige gesetzgeberische Förderungsmaßnahmen künstlich die durch die protektionistische Besteuerung zerstörten Investitionsanreize wiederherzustellen.[421]

---

[415] K. Vogel, in: K. Vogel (Hrsg.), Grundfragen des Internationalen Steuerrechts, JDStJG Bd. 8, 1985, S. 3 (29); ders., in: FS Klein, 1994, S. 361 (375)

[416] Roer, AWD 1971, S. 73 (75); K. Vogel, in: Steueroasen und Außensteuergesetze, 1981, S. 125 (131 ff.)

[417] Dorn, StuW 1928, Sp. 909 (922)

[418] Knechtle, Grundfragen des Internationalen Steuerrechts, 1976, S. 64; K. Vogel, in: Steueroasen und Außensteuergesetze, 1981, S. 125 (132)

[419] K. Vogel, in: Steueroasen und Außensteuergesetze, 1981, S. 125 (130); ders., in: K. Vogel (Hrsg.), Grundfragen des Internationalen Steuerrechts, JDStJG Bd. 8, 1985, S. 3 (28)

[420] Flick, in: Engelschalk/Flick, Steuern auf ausländische Einkünfte, 1985, S. 93 (103); Roer, AWD 1971, S. 73 (75)

[421] K. Vogel, in: Steueroasen und Außensteuergesetze, 1981, S. 125 (132 f.)

(4) Praktikabilität

Schließlich ist auch nur eine für die nationale Steuerverwaltung praktikable Besteuerung zweckmäßig. Dem Interesse der Steuerpflichtigen entspricht es, wenn die zwischenstaatliche Aufteilung der Besteuerung einen möglichst einfachen und wirkungsvollen Steuerzugriff gewährleistet.

Dieser Zielvorgabe widerspricht es zunächst, einen aufgrund der Beschränkungen der staatlichen Hoheitsgewalt in letzter Konsequenz nicht durchsetzbaren Steueranspruch auf ausländische Einkünfte geltend zu machen.[422] Zweckmäßig ist es auch nicht, aus machtpolitischen Erwägungen zunächst auf ausländische Einkünfte zuzugreifen, um sie dann auf der Ebene der Doppelbesteuerungsabkommen gleichwohl regelmäßig dem Quellenstaat zur Besteuerung zu überlassen. Unzweckmäßig ist es erst recht, auf der einen Seite den Steueranspruch zwischenstaatlich zu behaupten und auf der anderen Seite die damit für die Wirtschaft des Quellenstaates verbundenen Nachteile durch finanzielle Zuwendungen, etwa im Rahmen der Entwicklungshilfe, auszugleichen.

Die das Welteinkommensprinzip verwirklichenden Normen sind bereits aufgrund ihres Regelungsgehaltes kollisionsbegründend[423] und damit unpraktikabel. Da sie nicht nur die Erzielung von Einkünften im Inland betreffen, wird der Ansässigkeitsstaat bei grenzüberschreitender Einkünfteerzielung in aller Regel mit dem Steueranspruch eines anderen Staates konfrontiert werden.

Die Durchführung des Steuerzugriffs auf ausländische Einkünfte bereitet gravierende Schwierigkeiten.[424] Für die Erfassung der ausländischen Einkünfte ist man grundsätzlich auf Erklärungen des Steuerpflichtigen angewiesen. Nachprüfen lassen sich diese regelmäßig nicht, da den Staaten die Vornahme von Steuerprüfungen außerhalb ihres Hoheitsgebietes völkerrechtlich verwehrt ist.[425]

Die aus dem Grundsatz der Reproduktivität resultierende Zielvorgabe einer möglichst wirksamen staatlichen Besteuerung spricht folglich ebenfalls dagegen, in der mit der unbeschränkten Steuerpflicht einer Person verbundenen Besteuerung ausländischer Einkünfte eine zweckmäßige Form der Einkommensbesteuerung zu sehen.

cc. Ergebnis zu c.

Festzuhalten ist, dass infolge der Besteuerung ausländischer Einkünfte durch den Ansässigkeitsstaat der Wettbewerb zwischen dem Ansässigkeitsstaat und dem Quellen-

[422] Kaufman, Law and Policy in International Business, vol. 29 (1998), p. 145 (169)

[423] Schaumburg, in: FS Tipke, 1994, S. 125 (132)

[424] Schulze-Brachmann, StuW 1964, Sp. 589 (616); Endriss, FR 1968, S. 338 (342)

[425] Schulze-Brachmann, StuW 1964, Sp. 589 (617)

staat verzerrt wird. Besonders gravierend wirkt sich der Steuerzugriff des Ansässigkeitsstaates dann aus, wenn der Quellenstaat ein Entwicklungsland ist, das aufgrund anderer Wettbewerbsnachteile darauf angewiesen ist, mit Steuervorteilen Investitionsanreize zu geben.

Die Besteuerung ausländischer Einkünfte im Rahmen der unbeschränkten Einkommensteuerpflicht entspricht nicht dem gemeinschaftlichen, in der grundgesetzlichen Wirtschaftsverfassung zum Ausdruck kommenden Interesse aller Steuerpflichtigen. Auf der Ebene der besteuernden Staaten erweist sich die Besteuerung ausländischen Einkommens zudem als unzweckmäßig.

d. Ergebnis zu 2.

Die Besteuerung ausländischer Einkünfte ist weder gegenüber dem einzelnen Steuerpflichtigen noch gegenüber dem Quellenstaat zu rechtfertigen. Die Welteinkommensbesteuerung ist ungerecht. Sie verzerrt den Wettbewerb der Steuerpflichtigen am Markt gleichermaßen wie denjenigen der Staaten um Investitionen.

3. Ergebnis zu IV.

Die unbeschränkte Einkommensteuerpflicht ist systematisch angreifbar und aufgrund des Zugriffs auf ausländische Einkünfte wenig praktikabel. Wohnsitz- und Welteinkommensbesteuerung basieren auf der Ansässigkeit des Steuerpflichtigen, die sich national und international als ungeeigneter Anknüpfungspunkt für die Einkommensbesteuerung erweist.

Der Steuerzugriff auf ausländische Einkünfte ist nicht gerechtfertigt. Aus der Erzielung von Einkünften in einem anderen Staat ergeben sich keine Besonderheiten, die eine Einkommensbesteuerung durch den Ansässigkeitsstaat auch ohne eine unmittelbare Beteiligung am Vermögenserwerb rechtfertigen. Auf der Grundlage der Markteinkommenstheorie lässt sich die unbeschränkte Einkommensteuerpflicht nicht überzeugend begründen.[426]

V. Ungleichbehandlung von unbeschränkt und beschränkt Steuerpflichtigen

Mit der Ungleichbehandlung von unbeschränkt und beschränkt Einkommensteuerpflichtigen rückt das deutsche System der Besteuerung grenzüberschreitend erzielter Einkünfte in den Mittelpunkt der Untersuchung. In Frage gestellt werden soll die im ersten Abschnitt dargestellte Gesamtkonzeption der Einkommensbesteuerung grenzüberschreitend erzielter Einkünfte. Besonders zu begründen ist in diesem Zusammen-

---

[426] ebenso: Mössner, in: Tipke/Bozza, Besteuerung von Einkommen, 2000, S. 253 (267)

hang die mit der Durchbrechung des Nettoprinzips[427] und der tariflichen Sonderbehandlung[428] verbundene Schlechterstellung beschränkt Steuerpflichtiger.[429]

1. Prüfungsbedarf

Der EuGH überprüft Benachteiligungen beschränkt Steuerpflichtiger gegenüber unbeschränkt Steuerpflichtigen durch die direkte Besteuerung in den Mitgliedstaaten an den Grundfreiheiten des EG-Vertrags. Dabei ist seiner Rechtsprechung ebensowenig wie derjenigen des Bundesverfassungsgerichts oder des Bundesfinanzhofs die Aussage zu entnehmen, dass die Differenzierung zwischen Gebietsansässigen und Gebietsfremden im Bereich der direkten Steuern generell gegen höherrangiges Recht verstoße.

Der EuGH sieht in der Ungleichbehandlung zwischen unbeschränkt und beschränkt Steuerpflichtigen prinzipiell keine EG-vertragswidrige Diskriminierung.[430] Das Bundesverfassungsgericht hält die Ungleichbehandlung unbeschränkt und beschränkt Steuerpflichtiger im Grundsatz für verfassungskonform.[431] Auch nach der in der Literatur und in den Entscheidungen der Finanzgerichte vertretenen Auffassung sind gegen die unterschiedliche Besteuerung unbeschränkt und beschränkt Einkommensteuerpflichtiger grundsätzlich keine Einwände zu erheben.[432]

---

427 s. o. 1. Abschnitt A. III. 1., 2.

428 s. o. 1. Abschnitt A. IV. 1.

429 EuGH, Urteil v. 14.02.1995 - Rs. C-279/93 (FA Köln Altstadt ./. Roland Schumacker), BB 1995, 438 (439); DStR 1995, 326 (327); EC Tax Review 1995, 109 (112); FR 1995, 224 (225 f.); Urteil v. 11.08.1995 - Rs. C-80/94 (G. H. E. J. Wielockx ./. Inspecteur der directe belastingen), Slg. 1995, I 2493, 2508 (2515, Rn. 19); Urteil v. 27.06.1996 - Rs. C-107/94 (P. H. Asscher ./. Staatssecretaris van Financien) -, Slg. 1996, I 3089, 3113 (3124 f., Rn. 40 f.); BVerfG, Beschluss v. 24.09.1965 - 1 BvR 228/65 -, BVerfGE 19, 119 (123 f.); Beschluss v. 05.09.1975 - 1 BvR 219/75 -, HFR 1975, 540 (540); Beschluss v. 12.10.1976 - 1 BvR 2328/73 -, BVerfGE 43, 1 (8 ff.); BStBl. II 1977, 190 (192 f.); BFH, Urteil v. 16.08.1963 - VI 96/62 U -, BStBl. III 1963, 486 (487); Urteil v. 10.10.1973 - I R 162/71 -, BStBl. II 1974, 30 (31); Urteil v. 14.02.1975 - VI R 210/72 -, BStBl. II 1975, 497 (498); Urteil v. 09.07.1976 - VI R 158/74 -, BStBl. II 1976, 755 (756 f.); Urteil v. 20.04.1988 - I R 219/82 -, BStBl. II 1990, 701 (704); Hess. FG, Urteil v. 18.05.1971 - II 319/68 -, EFG 1971, 488 (489); Bayer, in: FS Mosler, 1983, S. 59 (70 f.); Engelschalk, Die Besteuerung von Steuerausländern auf Bruttobasis, 1988, S. 87; Knobbe-Keuk, DStR 1993, S. 425 (428); Kaefer/Saß, DB 1995, S. 642 (648 f.); Léger, IStR 1995, S. 27 (27 f.); Blümich/Krabbe, § 49 EStG Rz. 13; HHR/Kumpf, EStG § 50 Anm. 6

430 EuGH, Urteil v. 14.02.1995 - Rs. C-279/93 (FA Köln Altstadt ./. Roland Schumacker), BB 1995, 438 (439); DStR 1995, 326 (327); EC Tax Review 1995, 109 (112); FR 1995, 224 (225 f.); Urteil v. 11.08.1995 - Rs. C-80/94 (G. H. E. J. Wielockx ./. Inspecteur der directe belastingen), Slg. 1995, I 2493, 2508 (2515, Rn. 19); Urteil v. 27.06.1996 - Rs. C-107/94 (P. H. Asscher ./. Staatssecretaris van Financien) -, Slg. 1996, I 3089, 3113 (3124 f., Rn. 40 f.)

431 BVerfG, Beschluss v. 24.09.1965 - 1 BvR 228/65 -, BVerfGE 19, 119 (123 f.); Beschluss v. 05.09.1975 - 1 BvR 219/75 -, HFR 1975, 540 (540); Beschluss v. 12.10.1976 - 1 BvR 2328/73 -, BVerfGE 43, 1 (8 ff.); BStBl. II 1977, 190 (192 f.)

432 BFH, Urteil v. 16.08.1963 - VI 96/62 U -, BStBl. III 1963, 486 (487); Urteil v. 10.10.1973 - I R 162/71 -, BStBl. II 1974, 30 (31); Urteil v. 14.02.1975 - VI R 210/72 -, BStBl. II 1975, 497 (498); Urteil v. 09.07.1976 - VI R 158/74 -, BStBl. II 1976, 755 (756 f.); Urteil v. 20.04.1988 - I R 219/82 -, BStBl. II 1990, 701 (704); Urteil v. 19.12.2001 - I R 63/00, DB 2001, 874 (877); Hess. FG, Urteil v. 18.05.1971 - II 319/68 -, EFG 1971, 488 (489); Bayer, in: FS Mosler, 1983, S. 59 (70 f.); Engelschalk, Die Besteuerung von Steuerauslän-

Es wird argumentiert, die Anwendung unterschiedlicher Vorschriften auf Gebietsansässige und Gebietsfremde sei regelmäßig bereits deshalb nicht zu beanstanden, weil sich diese im Hinblick auf die direkten Steuern wegen der objektiv feststellbaren Unterschiede prinzipiell nicht in einer vergleichbaren Situation befänden.[433]

In diesem Zusammenhang wird auf Art. 24 OECD-MA verwiesen. Aus dieser Vorschrift könne abgeleitet werden, dass Personen, die wie beschränkt und unbeschränkt Steuerpflichtige regelmäßig nicht in vergleichbaren Situationen seien, nicht dieselben steuerlichen Vergünstigungen gewährt werden müssten.[434]

Die fehlende Notwendigkeit einer Rechtfertigung für die Ungleichbehandlung unbeschränkt und beschränkt Einkommensteuerpflichtiger wird auch mit den Lebensverhältnissen innerhalb und vor allem außerhalb der Europäischen Union begründet. Argumentiert wird, eine Gleichbehandlung, die nicht zwischen Bürgern unterschiedlicher Staaten unterscheide, verstoße aufgrund der unterschiedlichen wirtschaftlichen und sozialen Verhältnisse gegen das Art. 3 Abs. 1 GG zu entnehmende Verbot, Ungleiches gleich zu behandeln.[435]

Obwohl aber danach eine Begründung der Ungleichbehandlung von unbeschränkt und beschränkt Einkommensteuerpflichtigen für nicht erforderlich gehalten wird, lassen sich Rechtfertigungsgründe für die einkommensteuerrechtliche Benachteiligung beschränkt Steuerpflichtiger nachweisen. Das liegt daran, dass die Schlechterstellung eines Steuerausländers in den Fällen einer Begründung bedarf, in denen aufgrund besonderer Umstände die Situation eines beschränkt Steuerpflichtigen mit derjenigen eines unbeschränkt Steuerpflichtigen vergleichbar ist. Das ist beispielsweise dann der Fall, wenn ein Steuerausländer seine Einkünfte ausschließlich oder nahezu ausschließlich im Quellenstaat erzielt und demzufolge die steuerliche Berücksichtigung seiner persönlichen Situation im Ansässigkeitsstaat ausgeschlossen ist.[436]

dern auf Bruttobasis, 1988, S. 87; Knobbe-Keuk, DStR 1993, S. 425 (428); Kaefer/Saß, DB 1995, S. 642 (648 f.); Léger, IStR 1995, S. 27 (27 f.); Blümich/Krabbe, § 49 EStG Rz. 13; HHR/Kumpf, EStG § 50 Anm. 6

433 EuGH, Urteil v. 11.08.1995 - Rs. C-80/94 (G. H. E. J. Wielockx ./. Inspecteur der directe belastingen), Slg. 1995, I 2493, 2508 (2515, Rn. 18); Urteil v. 27.06.1996 - Rs. C-107/94 (P. H. Asscher ./. Staatssecretaris van Financien) -, Slg. 1996, I 3089, 3113 (3125, Rn. 41.); BVerfG, Beschluss v. 24.02.1989 - 1 BvR 519/87 -, StRK EStG 1975 § 36 b R. 2 a (S. 9); BFH, Urteil v. 16.08.1963 - VI 96/62 U -, BStBl. III 1963, 486 (487); Urteil v. 10.10.1973 - I R 162/71 -, BStBl. II 1974, 30 (31); Urteil v. 14.02.1975 - VI R 210/72 -, BStBl. II 1975, 497 (498);

434 Léger, IStR 1995, S. 27 (27 f.)

435 Kaefer/Saß, DB 1995, S. 642 (648 f.)

436 EuGH, Urteil v. 14.02.1995 - Rs. C-279/93 (Finanzamt Köln-Altstadt ./. Roland Schumacker) -, Slg. 1995, I 225, 249 (261, Rn. 36 f.); Urteil v. 11.08.1995 - Rs. C-80/94 (G. H. E. J. Wielockx ./. Inspecteur der directe belastingen), Slg. 1995, I 2493, 2508 (2515, Rn. 20 f.); Urteil v. 27.06.1996 - Rs. C-107/94 (P. H. Asscher ./. Staatssecretaris van Financien) -, Slg. 1996, I 3089, 3113 (3125 f., Rn. 43)

Wird jedoch in bestimmten Fällen sogar die Vereinbarkeit der Differenzierung nach der Ansässigkeit mit höherrangigem Recht in Frage gestellt, so ist dieses ein sicheres Indiz dafür, dass Gerechtigkeitsdefizite bestehen und nach Maßgabe der Vorbemerkungen zur Rechtfertigung von unbeschränkter und beschränkter Steuerpflicht[437] Rechtfertigungsbedarf besteht.

Prüfungsbedarf besteht also, obwohl eine Rechtfertigung der Ungleichbehandlung von unbeschränkt und beschränkt Einkommensteuerpflichtigen verbreitet gar nicht für erforderlich gehalten wird.

2. Prüfungsgegenstand

Im Mittelpunkt der Diskussion um die Rechtfertigung der einkommensteuerlichen Ungleichbehandlung von unbeschränkt und beschränkt Steuerpflichtigen steht die Frage, ob die Benachteiligung beschränkt Einkommensteuerpflichtiger bei der Ausgestaltung der Bemessungsgrundlage und beim Steuertarif gerechtfertigt ist.[438]

Die Zuspitzung der Rechtfertigungsfrage auf die Ausgestaltung der beschränkten Steuerpflicht beruht darauf, dass die unbeschränkte Steuerpflicht als Grundfall der Einkommensbesteuerung geregelt ist.[439] Nicht der gesetzliche Ausgangsfall, sondern die Abweichung von diesem wird für rechtfertigungsbedürftig gehalten. Deshalb wird das Problem auf die beschränkte Steuerpflicht beschränkt.

Gegenstand der vorliegenden Prüfung ist jedoch die Rechtfertigung der beschränkten und der unbeschränkten Einkommensteuerpflicht. Deshalb ist die umfassende Berücksichtigung der persönlichen Situation des unbeschränkt Steuerpflichtigen ebenso zu rechtfertigen wie die eingeschränkte Rücksichtnahme auf die individuellen Verhältnisse beschränkt Steuerpflichtiger.

---

437 s. o. zu I.

438 EuGH, Urteil v. 14.02.1995 - Rs. C-279/93 (FA Köln Altstadt ./. Roland Schumacker), BB 1995, 438 (439); DStR 1995, 326 (327); EC Tax Review 1995, 109 (112); FR 1995, 224 (225 f.); Urteil v. 11.08.1995 - Rs. C-80/94 (G. H. E. J. Wielockx ./. Inspecteur der directe belastingen), Slg. 1995, I 2493, 2508 (2515, Rn. 19); Urteil v. 27.06.1996 - Rs. C-107/94 (P. H. Asscher ./. Staatssecretaris van Financien) -, Slg. 1996, I 3089, 3113 (3124 f., Rn. 40 f.); BVerfG, Beschluss v. 24.09.1965 - 1 BvR 228/65 -, BVerfGE 19, 119 (123 f.); Beschluss v. 05.09.1975 - 1 BvR 219/75 -, HFR 1975, 540 (540); Beschluss v. 12.10.1976 - 1 BvR 2328/73 -, BVerfGE 43, 1 (8 ff.); BStBl. II 1977, 190 (192 f.); BFH, Urteil v. 11.08.1961 - VI 30/60 U -, BStBl. III 1961, 486; Urteil v. 16.08.1963 - VI 96/62 U -, BStBl. III 1963, 486; Urteil v. 10.10.1973 - I R 162/71 -, BStBl. II 1974, 30; Urteil v. 14.02.1975 - VI R 210/72 -, BStBl. II 1975, 497; Urteil v. 09.07.1976 - VI R 158/74 -, BStBl. II 1976, 755 (756 f.); Urteil v. 20.04.1988 - I R 219/82 -, BStBl. II 1990, 701 (704); Hess. FG, Urteil v. 18.05.1971 - II 319/68 -, EFG 1971, 488 (489); Bayer, in: FS Mosler, 1983, S. 59 (70 f.); Engelschalk, Die Besteuerung von Steuerausländern auf Bruttobasis, 1988, S. 87; Knobbe-Keuk, DStR 1993, S. 425 (428); Kaefer/Saß, DB 1995, S. 642 (648 f.); Léger, IStR 1995, S. 27 (27 f.); Blümich/Krabbe, § 49 EStG Rz. 13; HHR/Kumpf, EStG § 50 Anm. 6

439 s. o. 1. Abschnitt B. III. 1.

3. Prüfungsmaßstab

Maßstab für eine gerechte Ausgestaltung der Einkommensteuer ist das Leistungsfähigkeitsprinzip.[440] Es besagt, dass die Steuerbelastung nach der individuellen, einkommensbezogenen Fähigkeit zur Zahlung von Steuern zu bemessen ist.[441] Zu beachten ist jedoch, dass es bei der unbeschränkten und bei der beschränkten Einkommensteuerpflicht um die Besteuerung grenzüberschreitend erzielter Einkünfte und damit um einen Steuerzugriff durch mehrere Staaten geht.

Vor diesem Hintergrund genügt es nicht, nach der Gerechtigkeit der Besteuerung im innerstaatlichen Bereich zu fragen. Entscheidend ist statt dessen, ob sich die Besteuerung des gesamten Einkommens durch alle beteiligten Staaten als sachgerecht erweist. Wie der Hinweis auf die Gefahr der Begünstigung des beschränkt Steuerpflichtigen bei doppelter Berücksichtigung von Leistungsfähigkeitsminderungen[442] zeigt, ergibt sich die gesamte steuerliche Situation einer Person nämlich erst aus dem Zusammenwirken der Besteuerung im Ansässigkeits- und im Quellenstaat.

Hinzu kommt, dass die zwischenstaatliche Aufteilung der Einkommensbesteuerung Gegen-stand eigenständiger Gerechtigkeitsüberlegungen ist.[443] Auf dieser Grundlage ist eine Besteuerung nur dann sachgerecht, wenn sie bei Bestehen einer Steuerpflicht in mehreren Staaten sowohl die Erfassung der gesamten Leistungsfähigkeit des Steuerpflichtigen als auch die gerechte Aufteilung der Besteuerung zwischen Ansässigkeits- und Quellenstaat gewährleistet.

4. Prüfungsauftrag

Zu prüfen ist demnach, ob sich die Behandlung der Steuerpflichtigen im Hinblick auf ihre individuelle Leistungsfähigkeit und auf die zwischenstaatliche Verteilung des Steueraufkommens als sachgerecht erweist.

Einen Vorschlag für die zwischenstaatliche Aufteilung der aus dem Leistungsfähigkeitsprinzip resultierenden Pflicht zur Berücksichtigung der persönlichen Verhältnisse

---

[440] Neumark, Grundsätze der Besteuerung in Vergangenheit und Gegenwart, 1970, S. 43 ff.; Tipke, Die Steuerrechtsordnung, Band II, 1993, S. 547; Lang, in: Tipke/Lang, Steuerrecht, 2002, § 4 Rz. 83; K. Vogel, in: FS Klein, 1994, S. 361 (367, 371)

[441] Tipke, Die Steuerrechtsordnung, Band I, 2000, S. 478

[442] EuGH, Urteil v. 27.06.1996 - Rs. C-107/94 (P. H. Asscher ./. Staatssecretaris van Financien) -, Slg. 1996, I 3089, 3113 (3126, Rn. 44); BFH, Urteil v. 09.07.1976 - VI R 158/74 -, BStBl. II 1976, 755 (756 f.); Kaefer/Saß, DB 1995, S. 642 (648); Schaumburg, Internationales Steuerrecht, 1998, S. 173 (Rz. 5.138); Wassermeyer, in: K. Vogel (Hrsg.), Grundfragen des Internationalen Steuerrechts, JDStJG Bd. 8, S. 49 (63)

[443] Roer, AWD 1971, S. 73 (75); Zuber, Anknüpfungsmerkmale und Reichweite der internationalen Besteuerung, 1991, S. 111; Morgenthaler, IStR 1993, S. 258 (260); K. Vogel, in: FS Klein, 1994, S. 361 (376); ders., DStZ 1997, S. 269 (273)

eines Steuerpflichtigen macht das geltende deutsche Einkommensteuerrecht.[444] Es fragt sich, ob diese Aufteilung der Besteuerung in jedem Fall eine der Gesamtleistungsfähigkeit des Steuerpflichtigen entsprechende Einkommensbesteuerung gewährleistet und darüber hinaus zu einer sach- und systemgerechten Aufteilung der Leistungsfähigkeitsminderungen zwischen Ansässigkeits- und Quellenstaat führt.

5. Prüfung

Zur Rechtfertigung der einkommensteuerrechtlichen Benachteiligung beschränkt Steuerpflichtiger werden mehrere Gründe angeführt, die selbständiger Prüfung bedürfen.

a. Leistungsfähigkeitsprinzip

So wird die eingeschränkte Berücksichtigung der persönlichen Situation des Steuerpflichtigen im Rahmen der beschränkten Einkommensteuerpflicht vor allem als Konsequenz der Ausrichtung der Einkommensbesteuerung am Leistungsfähigkeitsprinzip für gerechtfertigt gehalten.[445]

aa. Argumentation

Das Leistungsfähigkeitsprinzip erfordere es, den Steuerzugriff auf das Gesamteinkommen eines Steuerpflichtigen zu erstrecken. Mit der Welteinkommensbesteuerung gehe die uneingeschränkte Berücksichtigung von Leistungsfähigkeitsminderungen einher. Bei der beschränkten Steuerpflicht werde demgegenüber nicht auf das Welteinkommen, sondern nur auf dessen im Inland verwurzelten Teil zugegriffen. Demzufolge entfalle grundsätzlich die Berechtigung des Steuerpflichtigen, Leistungsfähigkeitsminderungen im Inland geltend zu machen.[446]

Zwischen dem Zugriff auf die ausländischen Einkünfte und dem Maß der Berücksichtigung persönlicher Verhältnisse eines Steuerpflichtigen wird damit ein Zusammenhang hergestellt.[447] Behauptet wird, Überlegungen zur Leistungsfähigkeit von Steuerpflichtigen träfen in vollem Umfang nur für unbeschränkt Steuerpflichtige zu, bei denen das gesamte Einkommen der Einkommensteuer unterliege.[448]

---

[444] s. o. 1. Abschnitt A. II., III.

[445] Debatin, FR 1969, S. 277 (279); Kaefer/Saß, DB 1995, S. 642 (643); Schaumburg, Internationales Steuerrecht, 1998, S. 173 f. (Rz. 5.138)

[446] Hess. FG, Urteil v. 18.05.1971 - II 319/68 -, EFG 1971, 488 (489)

[447] BFH, Urteil v. 16.08.1963 - VI 96/62 U -, BStBl. III 1963, 486 (487); Urteil v. 10.10.1973 - I R 162/71 -, BStBl. II 1974, 30 (31); Urteil v. 14.02.1975 - VI R 210/72 -, BStBl. II 1975, 497 (498); Urteil v. 20.04.1988 - I R 219/82 -, BStBl. II 1990, 701 (704)

[448] BVerfG, Beschluss v. 12.10.1976 - 1 BvR 2328/73 -, E 43, 1 (10)

bb. Kritik

Nach dem Leistungsfähigkeitsprinzip muss die individuelle Steuerbelastung der Fähigkeit entsprechen, Steuerleistungen aus dem Einkommen und in Abhängigkeit von diesem zu erbringen.[449] Maßstab einer gerechten Besteuerung sind damit nicht nur die Einnahmen aus einer erwerbswirtschaftlichen Betätigung, sondern gleichermaßen das Maß, in dem sie zur Steuerzahlung befähigen. Bei der Bemessung der Leistungsfähigkeit sind demnach sowohl Leistungsfähigkeitssteigerungen als auch Leistungsfähigkeitsminderungen zu berücksichtigen.

Dem Umfang der Einkommensbesteuerung muss das Ausmaß der Verpflichtung zur Berücksichtigung der persönlichen Situation des Steuerpflichtigen entsprechen (hier sog. Korrespondenzprinzip). Deshalb wird im Grundsatz zu Recht darauf hingewiesen, dass die Welteinkommensbesteuerung eine umfassende und die Quellenbesteuerung eine eingeschränkte Berücksichtigung der persönlichen Leistungsfähigkeit des Steuerpflichtigen bedinge.[450]

Es ist also prinzipiell gerechtfertigt, dass der Ansässigkeitsstaat im Rahmen der unbeschränkten Einkommensteuerpflicht die persönlichen Verhältnisse des Steuerpflichtigen in vollem Umfang berücksichtigt, weil er grundsätzlich auch dessen weltweit erwirtschaftetes Einkommen besteuert. Fraglich ist indes, ob die Einschränkungen bei der Berücksichtigung der persönlichen Verhältnisse beschränkt Steuerpflichtiger ihrer Art nach sach- und systemgerecht sind. Zu unterscheiden sind in diesem Zusammenhang die Beschränkung des Abzugs einkunftsbezogener, der Ausschluß des Abzugs personenbezogener Aufwendungen und die Versagung bestimmter tariflicher Vorteile.

(1) Abzug einkunftsbezogener Aufwendungen

Einkunftsbezogene Aufwendungen werden bei der Bemessung des zu versteuernden Einkommens beschränkt Steuerpflichtiger nur eingeschränkt berücksichtigt. Das gilt, wie Beispielsfall 5 zeigt,[451] auch dann, wenn sich die Aufwendungen des Steuerpflichtigen auf inländische Einkünfte beziehen.

Zu beachten ist jedoch, dass die Quellenbesteuerung aufgrund der Beteiligung des Quellenstaates an der Leistungsfähigkeitssteigerung des beschränkt Steuerpflichtigen

---

449 Tipke, Die Steuerrechtsordnung, Band I, 2000, S. 478

450 BVerfG, Beschluss v. 12.10.1976 - 1 BvR 2328/73 -, E 43, 1 (10); BFH, Urteil v. 11.08.1961 - VI 30/60 U -, BStBl. III 1961, 486 (); Urteil v. 16.08.1963 - VI 96/62 U -, BStBl. III 1963, 486 (487); Urteil v. 10.10.1973 - I R 162/71 -, BStBl. II 1974, 30 (31); Urteil v. 14.02.1975 - VI R 210/72 -, BStBl. II 1975, 497 (498); Urteil v. 20.04.1988 - I R 219/82 -, BStBl. II 1990, 701 (704); Debatin, FR 1969, S. 277 (279); Kaefer/Saß, DB 1995, S. 642 (643); Schaumburg, Internationales Steuerrecht, 1998, S. 173 f. (Rz. 5.138)

451 vgl. o. 1. Abschnitt A. III. 1.

gerechtfertigt ist.[452] Beansprucht wird die Besteuerung von Leistungsfähigkeitssteigerungen, die dem inländischen Markt zuzuordnen sind. Mit dem Recht zur Besteuerung von Leistungsfähigkeitssteigerungen korrespondiert jedoch nach der aufgezeigten Systematik die Pflicht zur Berücksichtigung von Leistungsfähigkeitsminderungen.[453]

Bezogen auf die Besteuerung im Quellenstaat bedeutet das, dass sie nicht die Einnahmen, sondern den Gewinn bzw. den Überschuss aus der Erzielung von inländischen Einkünften zu besteuern und auf inländische Einkünfte bezogene Aufwendungen wie bei unbeschränkt Steuerpflichtigen zum Abzug zuzulassen hat. Aufwendungen, die der Erzielung von Einkünften dienen, die der Quellenstaat besteuert, erfordern also ihren Abzug durch den Quellenstaat bei der Bemessung des zu versteuernden Einkommens.

Der beschränkte Abzug von einkunftsbezogenen Aufwendungen beschränkt Steuerpflichtiger durch den jeweiligen Quellenstaat steht damit einer sach- und systemgerechten zwischenstaatlichen Aufteilung der Besteuerung entgegen.

Der Abzug einkunftsbezogener Leistungsfähigkeitsminderungen bei beschränkt Steuerpflichtigen kann auch nicht unter Berufung auf den mangelnden Bezug zur Gesamtleistungsfähigkeit versagt werden,[454] denn dieser existiert auch bei erwerbsbezogenen Aufwendungen, wenn auch nur mittelbar. Zwar sind nur indisponible personenbezogene Aufwendungen unmittelbar mit der Gesamtleistungsfähigkeit eines Steuerpflichtigen verbunden, während erwerbsbezogene Aufwendungen unmittelbar mit einem konkreten Vermögenserwerb korrespondieren, aber das Leistungsfähigkeitsprinzip fordert die Verwirklichung sowohl des subjektiven als auch des objektiven Nettoprinzips.

(2) Abzug personenbezogener Aufwendungen/Gewährung tariflicher Vorteile

Durch die persönlichen Verhältnisse veranlasste, unabwendbare Aufwendungen werden bei beschränkt Steuerpflichtigen nur in Ausnahmefällen zum Abzug zugelassen.[455] Die persönliche Situation des Steuerpflichtigen wird auch bei der Bemessung des Steuertarifs im Rahmen der beschränkten Steuerpflicht nur ausnahmsweise berücksichtigt.[456] Auch hier gilt es, den von den Befürwortern des geltenden Systems angeführten Zusammenhang zwischen dem Umfang der Besteuerung und dem Ausmaß der Berück-

---

[452] BFH, Beschluss v. 14.04.1993 - I R 29/92 -, BStBl. II 1994, 27 (29); Strutz, Kommentar zum EStG 1925, 1927, S. 421; Bühler, Prinzipien des Internationalen Steuerrechts, 1964, S. 148; Engelschalk, Die Besteuerung von Steuerausländern auf Bruttobasis, 1988, S. 87; Prokisch, RIW 1991, S. 396 (398); K. Vogel, in: FS Klein, 1994, S. 361 (371); HHR/Stapperfend, § 1 EStG Anm. 2

[453] so im Ergebnis auch: BVerfG, Beschluss v. 12.10.1976 - 1 BvR 2328/73 -, E 43, 1 (10); BFH, Urteil v. 16.08.1963 - VI 96/62 U -, BStBl. III 1963, 486 (487); Urteil v. 10.10.1973 - I R 162/71 -, BStBl. II 1974, 30 (31); Urteil v. 14.02.1975 - VI R 210/72 -, BStBl. II 1975, 497 (498); Urteil v. 20.04.1988 - I R 219/82 -, BStBl. II 1990, 701 (704)

[454] Schaumburg, Internationales Steuerrecht, 1998, S. 173 (Rz. 5.138)

[455] vgl. o. 1. Abschnitt A. III. 2. (Beispielsfall 7)

[456] vgl. o. 1. Abschnitt A. IV 1. (Beispielsfall 8)

sichtigung der individuellen Leistungsfähigkeit[457] auf die zwischenstaatliche Ebene zu übertragen.

Die persönlichen Verhältnisse eines Steuerpflichtigen weisen aber im Gegensatz zu seiner sachlichen, mit der Erzielung von Einkünften verbundenen Situation keinen Bezug zu bestimmten, territorial verankerbaren Einkünften auf. Daher lassen sich Gesetzestatbestände, die aufgrund der persönlichen Verhältnisse des Steuerpflichtigen Abzüge zulassen, nicht einkunftsbezogen dem Ansässigkeits- oder dem Quellenstaat zuordnen.

Im Mittelpunkt steht statt dessen die Person des Steuerpflichtigen. Sie wird nach der Grundkonzeption des Einkommensteuergesetzes dem Ansässigkeitsstaat zugeordnet. Vor diesem Hintergrund liegt es nahe, die Pflicht zur Berücksichtigung der persönlichen Verhältnisse ebenfalls dem Ansässigkeitsstaat zuzuordnen, zumal dieser sie leichter erfassen und kontrollieren kann.[458]

Kritisiert wird die derzeitige Gesetzeslage dementsprechend lediglich dahingehend, dass die Möglichkeiten beschränkt Steuerpflichtiger zum Abzug personenbezogener Aufwendungen nicht in jedem Fall eingeschränkt werden dürfen. Etwas anderes müsse insbesondere dann gelten, wenn ein beschränkt Steuerpflichtiger ausnahmsweise im Wohnsitzstaat nicht über Einkünfte verfüge, die eine Berücksichtigung unabwendbarer persönlicher Leistungsfähigkeitsminderungen ermöglichten, dieses aufgrund entsprechender Einkünfte aber im Quellenstaat möglich sei.[459]

Übersehen wird dabei jedoch, dass die Einkommensteuer auch bei beschränkter Steuerpflicht eine Steuer bleibt, die an die Person des Steuerpflichtigen anknüpft und eine persönliche Verbindung zwischen dem Steuerpflichtigen und dem besteuernden Staat begründet.[460] So hat nicht unbedingt der Ansässigkeitsstaat die persönlichen Lasten des beschränkt Steuerpflichtigen zu tragen.[461] Die Teilnahme am wirtschaftlichen Verkehr

---

[457] vgl. BVerfG, Beschluss v. 12.10.1976 - 1 BvR 2328/73 -, E 43, 1 (10); BFH, Urteil v. 16.08.1963 - VI 96/62 U -, BStBl. III 1963, 486 (487); Urteil v. 10.10.1973 - I R 162/71 -, BStBl. II 1974, 30 (31); Urteil v. 14.02.1975 - VI R 210/72 -, BStBl. II 1975, 497 (498); Urteil v. 20.04.1988 - I R 219/82 -, BStBl. II 1990, 701 (704); Debatin, FR 1969, S. 277 (279); Kaefer/Saß, DB 1995, S. 642 (643); Schaumburg, Internationales Steuerrecht, 1998, S. 173 f. (Rz. 5.138)

[458] Hess. FG, Urteil v. 18.05.1971 - II 319/68 -, EFG 1971, 488 (489); Engelschalk, Die Besteuerung von Steuerausländern auf Bruttobasis, 1988, S. 86 f.; Mössner, in: Haarmann, Die beschränkte Steuerpflicht, 1993, S. 110 (124); Kaefer/Saß, DB 1995, S. 642 (648); Léger, IStR 1995, S. 27 (27)

[459] EuGH, Urteil v. 14.02.1995, a. a. O.; Urteil v. 11.08.1995 - Rs. C-80/94 (G. H. E. J. Wielockx ./. Inspecteur der directe belastingen), Slg. 1995, I 2493, 2508 (2515 f., Rn. 20 ff.); Urteil v. 27.06.1996 - Rs. C-107/94 (P. H. Asscher ./. Staatssecretaris van Financien) -, Slg. 1996, I 3089, 3113 (3125, Rn. 43); Mössner, in: Haarmann, Die beschränkte Steuerpflicht, 1993, S. 110 (123)

[460] Zuber, Anknüpfungsmerkmale und Reichweite der internationalen Besteuerung, 1991, S. 92; Morgenthaler, IStR 1993, S. 258 (260); s. o. 1. Abschnitt B. II.

[461] Mössner, in: Haarmann, Die beschränkte Steuerpflicht, 1993, S. 110 (124)

des Quellenstaates führt ebenfalls zu einer persönlichen Mitgliedschaft.[462] Da diesem Staat auch bilateral regelmäßig der Steuerzugriff belassen wird, kann es auch aus Gründen der Aufkommensgerechtigkeit unter den Staaten nicht nur dem Ansässigkeitsstaat obliegen, die individuelle Situation des Steuerpflichtigen zu berücksichtigen.[463]

Die Befreiung des Quellenstaates von der Pflicht zur Berücksichtigung der persönlichen Verhältnisse unterbricht die Verbindung zwischen dem Recht zur Besteuerung von Leistungsfähigkeitssteigerungen und der Pflicht zur Berücksichtigung von Leistungsfähigkeitsminderungen. Es ist nicht systemgerecht, dem Quellenstaat zwar einen Teil des Einkommens zur Besteuerung zu überlassen, ihn aber gleichzeitig von der Verpflichtung zur Gewährung personenbezogener Vorteile zu befreien.[464]

Der Zusammenhang zwischen der Beschränkung der Besteuerung auf inländische Einkünfte und der beschränkten Berücksichtigung von Privatausgaben ist damit als nicht tragfähig entlarvt.[465] Das der Beschränkung des Steuerzugriffs zugrunde liegende völkerrechtliche Prinzip der eingeschränkten Territorialität[466] erschöpft sich in der Aussage, dass bei auslandsansässigen Personen ausländische Einkünfte wegen des fehlenden Inlandsbezugs nicht berücksichtigt werden dürften. Über die Ausgestaltung der Besteuerung der Inlandseinkünfte eines Steuerausländers sagt es nichts aus.[467]

Eine Quellenbesteuerung, die die individuelle Situation des Steuerpflichtigen ausklammert, kann schließlich auch nicht gewährleisten, dass im Zusammenspiel mit der im Ansässigkeitsstaat bestehenden unbeschränkten Steuerpflicht in jedem Fall die gesamte Leistungsfähigkeit des Steuerpflichtigen berücksichtigt wird. Diese prinzipielle Schwäche des geltenden Systems zeigt sich, wenn ein Steuerpflichtiger sein Einkommen ausschließlich oder nahezu ausschließlich im Quellenstaat erwirtschaftet. Eine Berücksichtigung seiner persönlichen Situation im Ansässigkeitsstaat ist mangels eines ausreichenden Einkommens ausgeschlossen. Im Quellenstaat bleiben Leistungsfähigkeitsgesichtspunkte generell außer Betracht. Eine leistungsfähigkeitsgerechte Einkommensbesteuerung unterbleibt.[468]

---

462 Zuber, Anknüpfungsmerkmale und Reichweite der internationalen Besteuerung, 1991, S. 92

463 Morgenthaler, IStR 1993, S. 258 (260)

464 Morgenthaler, a. a. O.

465 Trzaskalik, StuW 1990, S. 380 (381)

466 auch: Gebot der internationalen Rücksichtnahme; vgl. Ritter, BB 1984, S. 1109 (1111 f.); Wassermeyer, in: K. Vogel (Hrsg.), Grundfragen des Internationalen Steuerrechts, JDStJG Bd. 8, 1985, S. 49 (53)

467 Trzaskalik, StuW 1990, S. 380 (381)

468 EuGH, Urteil v. 14.02.1995 - Rs. C-279/93 (Finanzamt Köln-Altstadt ./. Roland Schumacker) -, Slg. 1995, I 225, 249 (261, Rn. 36 f.); Urteil v. 11.08.1995 - Rs. C-80/94 (G. H. E. J. Wielockx ./. Inspecteur der directe belastingen), Slg. 1995, I 2493, 2508 (2515, Rn. 20 f.); Urteil v. 27.06.1996 - Rs. C-107/94 (P. H. Asscher ./. Staatssecretaris van Financien) -, Slg. 1996, I 3089, 3113 (3125 f., Rn. 43)

Es ist folglich weder sach- noch systemgerecht, dass der Quellenstaat grundsätzlich von der Pflicht zur Berücksichtigung der persönlichen Verhältnisse des Steuerpflichtigen entbunden sein soll.

(3) Einfluss der Rechtsprechung des EuGH

Der EuGH hat zur Diskriminierung von Steuerausländern im Hinblick auf die Berücksichtigung persönlicher Umstände im Quellenstaat in mehreren Entscheidungen Stellung genommen.[469] Danach ist eine rechtfertigungsbedürftige Diskriminierung eines beschränkt einkommensteuerpflichtigen EG-Bürgers gegeben, wenn sich dieser in einer mit derjenigen eines Gebietsansässigen vergleichbaren Situation befindet.[470]

Die Vergleichbarkeit der Situationen setzt nach der Rechtsprechung des EuGH grundsätzlich voraus, dass der Auslandsansässige seine Einkünfte fast ausschließlich im Inland erzielt.[471] Aus der Urteilsbegründung im Fall Asscher geht jedoch hervor, dass eine europarechtswidrige tarifliche Benachteiligung unabhängig von der Verteilung der Einkünfte auf die beteiligten Staaten möglich sein soll.[472] Damit dürfte insbesondere die grundsätzliche Versagung des Splittingtarifs für auslandsansässige EG-Bürger in der Bundesrepublik Deutschland[473] europarechtswidrig sein.[474]

Hinzu kommt, dass der EuGH als Rechtfertigungsgrund für die Diskriminierung eines Steuerausländers, der sich in einer mit derjenigen eines Steuerinländers gleichartigen Situation befindet, bisher lediglich die Kohärenz der Steuerregelungen eines Mitgliedsstaates anerkannt hat.[475] Zu Recht wird daher die Frage gestellt, ob der EuGH überhaupt noch Vorschriften, die beschränkt steuerpflichtige EG-Bürger im Vergleich

---

[469] EuGH, Urteil v. 28.01.1992 - Rs. C-204/90 (Hanns-Martin Bachmann ./. Belgischer Staat) -, Slg. 1992, I 249, 276; Urteil v. 26.01.1993 - Rs. C-112/91 (Hanns Werner ./. FA Aachen Innenstadt) -, DB 1993, 359; RIW 1993, 341; Urteil v. 14.02.1995 - Rs. C-279/93 (Finanzamt Köln-Altstadt ./. Roland Schumacker) -, Slg. 1995, I 225, 249; Urteil v. 11.08.1995 - Rs. C-80/94 (G. H. E. J. Wielockx ./. Inspecteur der directe belastingen) -, Slg. 1995, I 2493, 2508; Urteil v. 27.06.1996 - Rs. C-107/94 (P. H. Asscher ./. Staatssecretaris van Financien) -, Slg. 1996, I 3089, 3113

[470] EuGH, Urteil v. 14.02.1995 - Rs. C-279/93 (Finanzamt Köln-Altstadt ./. Roland Schumacker) -, Slg. 1995, I 225, 249 (259, Rn. 30); Urteil v. 11.08.1995 - Rs. C-80/94 (G. H. E. J. Wielockx ./. Inspecteur der directe belastingen), Slg. 1995, I 2493, 2508 (2515, Rn. 17); Urteil v. 27.06.1996 - Rs. C-107/94 (P. H. Asscher ./. Staatssecretaris van Financien) -, Slg. 1996, I 3089, 3113 (3124 f., Rn. 40)

[471] EuGH, Urteil v. 14.02.1995 - Rs. C-279/93 (Finanzamt Köln-Altstadt ./. Roland Schumacker) -, Slg. 1995, I 225, 249 (261, Rn. 36 f.); Urteil v. 11.08.1995 - Rs. C-80/94 (G. H. E. J. Wielockx ./. Inspecteur der directe belastingen), Slg. 1995, I 2493, 2508 (2515, Rn. 20 f.); Urteil v. 27.06.1996 - Rs. C-107/94 (P. H. Asscher ./. Staatssecretaris van Financien) -, Slg. 1996, I 3089, 3113 (3125 f., Rn. 43)

[472] EuGH, Urteil v. 27.06.1996 - Rs. C-107/94 (P. H. Asscher ./. Staatssecretaris van Financien) -, Slg. 1996, I 3089, 3113 (3125 f., Rn. 45 ff.)

[473] s. o. 1. Abschnitt A. IV. 1. (Beispielsfall 8)

[474] Kramer, RIW 1996, S. 951 (954); Rainer, IStR 1996, S. 332 (332); Saß, DB 1996, S. 1607 (1608)

[475] EuGH, Urteil v. 28.01.1992 - Rs. C-204/90 (Hanns-Martin Bachmann ./. Belgischer Staat) -, Slg. 1992, I 249, 276 (283 f., Rn. 28)

zu unbeschränkt steuerpflichtigen EG-Bürgern benachteiligen, für europarechtsgemäß halten kann.[476]

(4) Ergebnis zu bb.

Das geltende Einkommensteuersystem, nach dem die Leistungsfähigkeit beschränkt Steuerpflichtiger im Quellenstaat nur in beschränktem Maße berücksichtigt wird, erweist sich sowohl im Hinblick auf die individuelle Leistungsfähigkeit als auch bezogen auf die zwischenstaatliche Verteilung der Besteuerung als ungerecht. Durch den Einfluss der Rechtsprechung des EuGH wird es dementsprechend zunehmend in Frage gestellt.

Die eingeschränkte Berücksichtigung einkunftsbezogener Aufwendungen beschränkt Steuerpflichtiger durch den Quellenstaat ist nicht sachgerecht, wenn sie der Erzielung inländischer Einkünfte dienen, die von der Einkommensbesteuerung im Quellenstaat erfasst werden.

Die prinzipielle Ausklammerung der persönlichen Situation des Steuerpflichtigen im Rahmen der beschränkten Einkommensteuerpflicht ist weder system- noch sachgerecht. Sie verstößt gegen die Regel, nach der das Recht zur Besteuerung von Einkünften mit der Pflicht zur Berücksichtigung der individuellen Leistungsfähigkeit korrespondiert. Sie ist auch nicht sachgerecht, da nicht in jedem Fall eine die persönlichen Verhältnisse des Steuerpflichtigen berücksichtigende Besteuerung durch den Ansässigkeitsstaat gewährleistet ist.

b. Begünstigungsgefahr

Die Durchbrechung der Nettobesteuerung bei beschränkt Einkommensteuerpflichtigen wird darüber hinaus mit der Gefahr der Begünstigung dieses Personenkreises bei Gewährung der Vorteile der unbeschränkten Steuerpflicht begründet.[477]

aa. Argumentation

Bei beschränkt Steuerpflichtigen würden persönliche Verhältnisse im Ansässigkeitsstaat berücksichtigt.[478] Die Verwirklichung des Nettoprinzips im Quellenstaat berge damit das Risiko einer doppelten Berücksichtigung von Leistungsfähigkeitsminderun-

[476] Kramer, RIW 1996, S. 951 (954)

[477] BFH, Urteil v. 14.02.1975 - VI R 210/72 -, BStBl. II 1975, 497 (498); Urteil v. 09.07.1976 - VI R 158/74 -, BStBl. II 1976, 755 (756 f.); Müller, DStR 1995, S. 585 (589)

[478] BVerfG v. 11.12.1969 - 1 BvR 154/69 -, StRK EStG § 50 R. 21; Beschluss v. 12.10.1976 - 1 BvR 2328/73 -, E 43, 1 (10)

gen in sich. Es bestehe die Gefahr eines ungerechtfertigten Vorteils des Steuerausländers.[479]

Interessant ist die Begründung, die der EuGH für die Nichtberücksichtigung persönlicher Umstände im Quellenstaat bei Steuerpflichtigen mit ausreichendem Einkommen im Ansässigkeitsstaat gibt. Das Gericht argumentiert, nach internationalem Steuerrecht obliege dem Ansässigkeitsstaat die Berücksichtigung der persönlichen Lage und des Familienstandes. Die Versagung der Vergünstigungen im Quellenstaat sei daher aufgrund der Gewährung vergleichbarer Vergünstigungen im Ansässigkeitsstaat gerechtfertigt.[480]

bb. Kritik

Aus der in vielen Staaten anzutreffenden Rechtslage, nach der nur bei unbeschränkt Einkommensteuerpflichtigen auf persönliche Leistungsfähigkeitsminderungen und auf den Familienstand Rücksicht genommen wird, kann nicht auf die Existenz eines diese Situation reflektierenden, für alle Seiten verbindlichen Rechtssatzes geschlossen werden. Dieses belegen bereits die aufgrund der Rechtsprechung des EuGH in die nationalen Einkommensteuerrechtsordnungen aufgenommenen Durchbrechungen im Hinblick auf Ansässige anderer Staaten. Von der Existenz entsprechenden Gewohnheitsrechtes geht dann auch der EuGH, wie der argumentative Zusammenhang zeigt, nicht aus. Vielmehr soll eine praktikable sowie Besser- und Schlechterstellungen grenzüberschreitend Einkünfte erzielender Personen vermeidende Aufteilung der Besteuerung vorgenommen werden.

Dem steht entgegen, dass die Einkommensteuer ihrem Wesen nach auch bei beschränkter Steuerpflicht eine Personensteuer ist. Damit ist die Gesamtleistungsfähigkeit des Steuerpflichtigen bei ihrer Bemessung zu berücksichtigen. Hinzu kommt, dass nach dem aus dem Wesen der Einkommensteuer und der mit ihm korrespondierenden Rechtfertigung abzuleitenden Grundsatz der wirtschaftlichen Zugehörigkeit[481] und dem damit verbundenen Korrespondenzprinzip auch bei beschränkt Steuerpflichtigen durch den Quellenstaat in dem Maße personenbezogene Leistungsfähigkeitsminderungen zu berücksichtigen sind, wie Leistungsfähigkeitssteigerungen erfasst werden dürfen. Dieser Ansatz ist auch deshalb sachgerechter, weil sich der Steuerpflichtige mit dem Entschluss, Einkünfte im Ausland zu erzielen, auf das Steuerregime dieses Staates einzustellen hat.

---

479 Kaefer/Saß, DB 1995, S. 642 (648); Schaumburg, Internationales Steuerrecht, 1998, S. 173 (Rz. 5.138); Wassermeyer, in: K. Vogel (Hrsg.), Grundfragen des Internationalen Steuerrechts, JDStJG Bd. 8, S. 49 (63)

480 EuGH, Urteil v. 27.06.1996 - Rs. C-107/94 (P. H. Asscher ./. Staatssecretaris van Financien) -, Slg. 1996, I 3089, 3113 (3126, Rn. 44)

481 s. o. zu B. III. 2.

Der Gefahr einer doppelten Berücksichtigung des subjektiven Nettoprinzips kann in der Praxis ohne weiteres dadurch begegnet werden, dass die Gewährung personenbezogener Vergünstigungen in einem Quellenstaat vom Nachweis der Nichtgewährung in anderen Staaten abhängig gemacht wird.

c. Kohärenz der nationalen Steuerregeln

Zum Rechtfertigungsgrund für die Diskriminierung beschränkt Steuerpflichtiger wird außerdem die Kohärenz der Steuerregelungen eines Staates erklärt.[482] So korrespondiere beispielsweise beim Realsplitting die dem einen Ehegatten durch den deutschen Staat gewährte Abzugsmöglichkeit von Unterhaltsleistungen mit der Pflicht des anderen Ehegatten, die Unterhaltsleistungen in Deutschland zu versteuern.[483]

Der EuGH hält den Sachzusammenhang im Hinblick auf Verstöße gegen Grundfreiheiten des EG-Vertrags allerdings nur dann für ausreichend, wenn ein unmittelbarer Zusammenhang bzw. eine strenge Wechselbeziehung zwischen dem die Ungleichbehandlung begründenden Vorteil des Steuerinländers und dem ausgleichend wirkenden Steuernachteil vorliegt.[484]

Auch Regelungen des Quellenstaates, die einen steuerlichen Vorteil gewähren, weil dieser an anderer Stelle ausgeglichen wird, rechtfertigen nicht zwingend die Benachteiligung des Steuerausländers, bei dem das nicht zutrifft, weil der Steuervorteil im Quellenstaat einen steuerlichen Nachteil im Ansässigkeitsstaat zur Folge haben kann.[485]

Das Argument der Kohärenz nationaler Steuerregeln ist folglich bereits deshalb nicht tragfähig, weil die Sichtweise auf die Besteuerungssituation in einem der beiden besteuernden Staaten beschränkt wird. Entscheidend ist jedoch in jedem Fall eine auf die Person des Steuerpflichtigen beschränkte Gesamtschau der Besteuerung in allen Staaten. Der für das Realsplitting angeführte Zusammenhang zwischen dem Sonderausgabenabzug bei einem Steuerpflichtigen und der Versteuerung der Unterhaltsleistungen bei einem anderen Steuerpflichtigen reicht demnach nicht aus.

d. Typisierung und Möglichkeit eines Billigkeitserlasses

Darüber hinaus wird argumentiert, die Konzeption der beschränkten Steuerpflicht führe in manchen Fällen zu einer Besser- und in anderen Fällen zu einer Schlechterstel-

---

482 EuGH, Urteil v. 28.01.1992 - Rs. C-204/90 (Hanns-Martin Bachmann ./. Belgischer Staat) -, Slg. 1992, I 249, 276 (283 f., Rn. 28); BFH, Urteil v. 09.07.1976 - VI R 158/74 -, BStBl. II 1976, 755 (756 f.)

483 Mössner, in: Haarmann, Die beschränkte Steuerpflicht, 1993, S. 110 (122)

484 EuGH, Urteil v. 11.08.1995 - Rs. C-80/94 (G. H. E. J. Wielockx ./. Inspecteur der directe belastingen), Slg. 1995, I 2493, 2508 (2516, Rn. 24); Urteil v. 27.06.1996 - Rs. C-107/94 (P. H. Asscher ./. Staatssecretaris van Financien) -, Slg. 1996, I 3089, 3113 (3128 f., Rn. 55 ff.)

485 Mössner, in: Haarmann, Die beschränkte Steuerpflicht, 1993, S. 110 (122 f.)

lung des Steuerpflichtigen. Diese Auswirkungen seien Folge einer aus Praktikabilitätsgründen gebotenen Typisierung,[486] bei der die ausländischen Lebensumstände des Steuerpflichtigen weitgehend außer Betracht blieben.[487] Zu typisieren sei insbesondere deshalb, weil der zur Ungleichbehandlung führende Sachverhalt von deutschen Behörden oder Gerichten nicht ermittelt werden könne.[488] In Härtefällen trage die Möglichkeit eines Billigkeitserlasses zur verfassungsrechtlichen Rechtfertigung der aus der Typisierung folgenden Ungleichbehandlungen bei.[489]

Auch die Typisierung rechtfertigt indes die steuerliche Benachteiligung beschränkt Steuerpflichtiger nicht.[490] Der hinter dem Argument der Typisierung stehende Gedanke, Vor- und Nachteile der beschränkten Einkommensteuerpflicht glichen sich zum Zwecke der vereinfachten Besteuerung beschränkt Steuerpflichtiger aus, ist nicht nachzuvollziehen. Es kann generell kein Vorteil darin gesehen werden, dass der Steuerausländer zusätzlich zu der Besteuerung im Ansässigkeitsstaat im Quellenstaat ein weiteres Mal zu einer Besteuerung herangezogen wird.[491] Außerdem kann der Typisierungsaspekt auch deshalb nicht die zahlreichen Benachteiligungen beschränkt Steuerpflichtiger rechtfertigen, weil Vorteile lediglich bestimmten Gruppen von Steuerpflichtigen und diesen auch nur unter bestimmten Voraussetzungen entstehen.[492]

Praktikabilitätserwägungen sind schließlich ebenfalls kein ausreichender Grund für eine typisierende Besteuerung. Der Einwand mangelnder Praktikabilität einer der Leistungsfähigkeit eines Steuerausländers entsprechenden Besteuerung stellt vielmehr die Differenzierung zwischen unbeschränkter und beschränkter Steuerpflicht insgesamt in Frage.[493]

Der von der Rechtsprechung zum Ausgleich von Härten in Grenzfällen aus Gerechtigkeitsgründen eingeschlagene Weg des Billigkeitserlasses ist auch nicht als unbefriedigender Ausweg aus der Diskriminierungsproblematik zu tolerieren. Es ist nicht sachgerecht, beschränkt Steuerpflichtigen zuzumuten, ihr Recht auf eine am Leistungsfähigkeitsprinzip orientierte Besteuerung in zwei Verfahren durchzusetzen.[494] Außerdem wird der Fiskus mit den im Steuerfestsetzungsverfahren vermiedenen Schwierigkeiten bei der Einkünfteermittlung im Erlassverfahren erneut konfrontiert.[495]

---

[486] BVerfG, Beschluss v. 12.10.1976 - 1 BvR 2328/73 -, E 43, 1 (11); BStBl. II 1977, 190 (193)

[487] BFH, Urteil v. 19.12.2001 - I R 63/00, DB 2002, 874 (877)

[488] BVerfG, Beschluss v. 12.10.1976, a. a. O.

[489] BVerfG, Beschluss v. 05.09.1975, - 1 BvR 219/75 -, HFR 1975, 540 (540); Beschluss v. 12.10.1976, a. a. O., E 43, 1 (12)

[490] Trzaskalik, StuW 1990, S. 380 (381)

[491] Mössner, in: Haarmann, Die beschränkte Steuerpflicht, 1993, S. 110 (122)

[492] BVerfG, Beschluss v. 12.10.1976 - 1 BvR 2328/73 -, BVerfGE 43, 1 (8 f.)

[493] s. u. f.

[494] Knobbe-Keuk, DStR 1993, S. 425 (428)

[495] Schmidt, FR 1988, S. 562 (562)

e. Objektsteuerartiger Charakter

Zur Rechtfertigung der Benachteiligungen beschränkt Steuerpflichtiger wird ferner angeführt, sie sei Folge der grundlegend verschiedenen Ausrichtung einer persönlichen und einer sachlichen Steuerpflicht.[496] Der objektsteuerartige Charakter der beschränkten Einkommensteuerpflicht zeige, dass eine Sonderbehandlung Gebietsfremder geboten sei.[497] Im Rahmen der beschränkten Steuerpflicht reduziere sich die Einkommensteuer auf Vermögenszugänge mit einer objektiven Beziehung zum Inland. Dementsprechend blieben die subjektiven Verhältnisse weitestgehend unberücksichtigt.[498] Es handele sich nicht um eine das Gesamteinkommen ergreifende Einkommens-, sondern um eine Ertragsbesteuerung. Deren Wesen schließe die Berücksichtigung aller persönlichen Abzüge und Verhältnisse aus.[499]

Selbst wenn die Einkommensteuer bei beschränkter Steuerpflicht das Wesen einer Objektsteuer hätte, was hier bestritten wird,[500] könnte dieses Wesen nicht zur Rechtfertigung der Ungleichbehandlung herangezogen werden, da es lediglich das Ergebnis einer gesetzgeberischen Entscheidung beschriebe.[501] Die Besonderheiten der beschränkten Steuerpflicht sind Gegenstand der Prüfung und scheiden damit als Bestandteil der Begründung des Ergebnisses aus.[502] Da die Einkommensteuer auch bei beschränkter Steuerpflicht eine Personensteuer bleibt, könnte ebenso gut gefolgert werden, dass sie die persönlichen Verhältnisse des Steuerausländers berücksichtigen müsse.[503] In beiden Fällen handelt es sich um einen Zirkelschluss.

f. Verwaltungspraktikabilität

Die Ungleichbehandlung unbeschränkt und beschränkt Einkommensteuerpflichtiger wird schließlich auch damit begründet, dass der Ansässigkeitsstaat am ehesten in der Lage sei, die persönliche Situation des Steuerpflichtigen einzuschätzen.[504]

---

496 Bayer, in: FS Mosler, 1983, S. 59 (70 f.); Engelschalk, Die Besteuerung von Steuerausländern auf Bruttobasis, 1988, S. 87

497 BVerfG, Beschluss v. 05.09.1975 - 1 BvR 219/75 -, HFR 1975, 540 (540); Hess. FG, Urteil v. 18.05.1971 - II 319/68 -, EFG 1971, 488 (489); HHR/Kumpf, EStG § 50 Anm. 6; Krabbe, in: Blümich, EStG, § 49 Rz. 13

498 Crezelius, DB 1984, S. 530 (531)

499 PrOVG, Entscheidung des VI. Senates v. 31.05.1902 - J. N. XII. b. 24 - Rep. XII. b 23/02, PrOVGSt 10,22 (23)

500 s. o. 1. Abschnitt B. II.

501 Eckert, Die beschränkte Steuerpflicht, 1994, S. 123; Mössner, in: Haarmann, Die beschränkte Steuerpflicht, 1993, S. 110 (121)

502 Engelschalk, Die Besteuerung von Steuerausländern auf Bruttobasis, 1988, S. 85

503 Morgenthaler, IStR 1993, S. 258 (260)

504 BFH, Urteil v. 19.12.2001 - I R 63/00, DB 2002, 874 (877); Léger, IStR 1995, S. 27 (27)

Der Schwerpunkt der Gesamteinkünfte liege meist in dem Ort, an dem eine Person ihren Lebensmittelpunkt habe. Auch deren Steuerkraft und die persönliche Lage sowie der Familienstand könnten am leichtesten an diesem Ort ermittelt und beurteilt werden.[505] Im Gegenzug trage die vereinfachte Ermittlung des Einkommens beschränkt Steuerpflichtiger den praktischen Schwierigkeiten bei der Ermittlung steuerlicher Auslandssachverhalte Rechnung.[506]

Die Berücksichtigung der persönlichen Verhältnisse im Quellenstaat sei wegen der dafür erforderlichen Zusammenarbeit der Finanzbehörden sehr kompliziert und aufwendig.[507] Vor allem im Verhältnis zu Nicht-EU-Staaten sei die unterschiedliche Besteuerung daher schon wegen der verwaltungstechnischen Schwierigkeiten gerechtfertigt. Hier gebe es weder einen funktionierenden Informationsaustausch noch eine effiziente Amtshilfe.[508]

Sofern sich also die Zusammenarbeit zwischen den Finanzbehörden der beteiligten Staaten verbessert, ist auch eine Berücksichtigung von Leistungsfähigkeitsminderungen im Quellenstaat praktikabel. Dem einzelnen Steuerpflichtigen gegenüber lassen sich Besteuerungsnachteile jedenfalls nicht durch den bloßen Verweis auf Probleme der Praxis wie Sprachbarrieren oder lange Verfahrensdauern begründen.

Zumindest innerhalb der Europäischen Union sind Praktikabilitätsgründe nicht mehr dazu geeignet, den Abzug persönlicher Lasten im Quellenstaat zu verwehren. Die sog. Amtshilferichtlinie[509] räumt Informationsmöglichkeiten ein, die praktische Ermittlungsschwierigkeiten beseitigen helfen.[510] Im Verhältnis zu Drittstaaten können entsprechende Möglichkeiten bilateral, wie die verschiedenen DBA-Auskunftsklauseln zeigen, eingeräumt und eingefordert werden. Unabhängig davon besteht die Möglichkeit, insbesondere bei der Umsetzung des subjektiven Nettoprinzips die (anteilige) Gewährung personenbezogener Vergünstigungen in begründeten Verdachtsfällen davon abhängig zu machen, dass der Steuerpflichtige die (anteilige) Nichtgewährung eines entsprechenden Steuervorteils in dem anderen besteuernden Staat nachweist.

Im Übrigen ist es gerade nicht so, dass die unbeschränkte Steuerpflicht einen Lebensmittelpunkt des Steuerpflichtigen im Inland voraussetzt.[511] Vielmehr können die Vor-

---

[505] EuGH, Urteil v. 14.02.1995 - Rs. C-279/93 (Finanzamt Köln-Altstadt ./. Roland Schumacker) -, Slg. 1995, I 225, 249 (Rn. 31 f.); Urteil v. 14.09.1999 - Rs. C 391/97 (Franz Gschwind ./. FA Aachen Außenstadt), EWS 1999, 382 (384, Rn. 22); Hess. FG, Urteil v. 18.05.1971 - II 319/68 -, EFG 1971, 488 (489)

[506] BFH, Urteil v. 20.04.1988 - I R 219/82, BStBl. II 1990, 701 (704)

[507] Engelschalk, Die Besteuerung von Steuerausländern auf Bruttobasis, 1988, S. 86 f.; Mössner, in: Haarmann, Die beschränkte Steuerpflicht, 1993, S. 110 (124)

[508] Kaefer/Saß, DB 1995, S. 642 (648)

[509] Richtlinie vom 19.12.1977 - 77/799/EWG -, ABl. EG Nr. L 336 S. 15 und vom 06.12.1979 - 79/1070/EWG -, ABl. EG Nr. L 331 S. 8

[510] BFH, Beschluss v. 14.04.1993 - I R 29/92 -, BStBl. II 1994, 27 (29)

[511] BFH, Urteil v. 19.03.1997 – I R 69/96, BStBl. II 1997, 447 (448); s. o. 1. Abschnitt A. I. 1. a.

aussetzungen des § 1 Abs. 1 EStG vorliegen, obwohl sich der Mittelpunkt der Lebensinteressen im Ausland befindet.[512] Praktikabilitätserwägungen zur Besteuerung grenzüberschreitend erzielter Einkünfte können deshalb nicht mit dem Lebensmittelpunkt des Steuerpflichtigen untermauert werden.

Schließlich ist es widersprüchlich, praktischen Ermittlungsschwierigkeiten im Hinblick auf Auslandssachverhalte zwar bei der Einkommensbesteuerung beschränkt Steuerpflichtiger Rechnung zu tragen, gleichzeitig aber Auslandseinkünfte unbeschränkt Steuerpflichtiger zu erfassen. Der Einnahmeerzielungszweck der Steuer vermag diese Differenzierung nicht als sachgerecht zu erweisen.[513]

6. Ergebnis zu V.

Die einkommensteuerliche Benachteiligung beschränkt Steuerpflichtiger kann nicht mit dem Leistungsfähigkeitsprinzip gerechtfertigt werden. Der Quellenstaat hat aufgrund der Besteuerung eines Teils der Einkünfte grundsätzlich auch einen Teil der Leistungsfähigkeitsminderungen zu berücksichtigen.

Sowohl die Begünstigungsgefahr als auch Steuernachteile auslandsansässiger Einkommensteuerpflichtiger und Praktikabilitätsdefizite einer auch die Leistungsfähigkeit beschränkt Einkommensteuerpflichtiger umfassender berücksichtigenden Besteuerung können durch den Gesetzgeber beseitigt werden. Auch die Kohärenz und das gesetzgeberische Mittel der Typisierung gebieten es nicht, bei der Ausgestaltung der Einkommensteuer nach Maßgabe der Ansässigkeit im In- oder im Ausland zu differenzieren. Der Weg über den Billigkeitserlass ist weder zumutbar noch zur Beseitigung struktureller Defizite geeignet. Der objektsteuerartige Charakter hat beschreibenden und kann daher keinen rechtfertigenden Charakter haben.

Dem gegenwärtigen Zusammenwirken von unbeschränkter und beschränkter Einkommensteuerpflicht[514] wird letztlich durch die Übertragung der nutzentheoretischen Einkommensteuerrechtfertigung auf den zwischenstaatlichen Bereich die Grundlage entzogen.

VI. Ergebnis zu C.

Basierend auf den zur allgemeinen Rechtfertigung der Einkommensteuer gewonnenen Erkenntnissen erweist sich die Besteuerung beschränkt Steuerpflichtiger als sachgerecht. Dagegen lässt sich die Besteuerung unbeschränkt Steuerpflichtiger mit ausländi-

---

[512] BFH, Urteil v. 24.01.2001 – I R 100/99, IStR 2001, 349 (349)

[513] vgl. o. zu IV. 2. c.

[514] s. o. 1. Abschnitt A.

schen Einkünften und die Ausgestaltung der Einkommensbesteuerung grenzüberschreitender Sachverhalte nicht rechtfertigen.

Die beschränkte Einkommensteuerpflicht ist grundsätzlich gerechtfertigt, weil der Äquivalenzgedanke, die Wettbewerbsneutralität und Parallelen zum Sozialversicherungsrecht und zur Umsatzsteuer den Leistungsfähigkeitstransfer auf den Quellenstaat als gerecht erweisen.

Die unbeschränkte Einkommensteuerpflicht lässt nicht rechtfertigen, weil die Ausrichtung der Steuerpflicht am Wohnsitz- und am Welteinkommensprinzip weder sach- noch systemgerecht ist. Der Steuerzugriff auf ausländische Einkünfte lässt sich nicht mit der Ansässigkeit des Steuerpflichtigen rechtfertigen. Aus der grenzüberschreitenden Erzielung von Einkünften resultieren keine Besonderheiten, die eine Einkommensbesteuerung durch den Ansässigkeitsstaat ohne eine unmittelbare Beteiligung am Vermögenserwerb als gerecht erweisen.

Auch die generelle Einschränkung der Besteuerung nach Maßgabe der individuellen Leistungsfähigkeit im Rahmen der beschränkten Einkommensteuerpflicht ist ungerecht, weil die Berücksichtigung persönlicher und der einkommensbezogener Verhältnisse zwischenstaatlich nach sachfremden Kriterien zugeordnet wird. Der Zusammenhang zwischen dem Recht zur Besteuerung und der Pflicht zur Rücksichtnahme auf die individuelle Leistungsfähigkeit wird nicht konsequent umgesetzt. Hinzu kommt, dass systembedingt nicht in jedem Fall eine die Gesamtleistungsfähigkeit des Steuerpflichtigen berücksichtigende Einkommensbesteuerung durch Ansässigkeits- und Quellenstaat gewährleistet ist.

Damit ist es unmöglich, das gegenwärtige System der Besteuerung grenzüberschreitend erzielter Einkünfte zu rechtfertigen. Der Hauptgrund dafür besteht darin, dass die Ansässigkeit im System der Einkommensbesteuerung einen Fremdkörper darstellt. Sie ist mit dem Wesen der Einkommensteuer als einer Steuer auf eine der Wirtschaftssphäre zuzuordnende, individuelle Leistungsfähigkeitssteigerung nicht vereinbar.

Die Ansässigkeit vermag weder den Zugriff auf ausländische Einkünfte unbeschränkt Steuerpflichtiger noch die prinzipiell eingeschränkte Berücksichtigung der Leistungsfähigkeit im Rahmen der beschränkten Steuerpflicht zu begründen. Auf zwischenstaatlicher Ebene führt sie zu einer nicht sachgerechten Abgrenzung der Einkommensbesteuerung.

D. Ergebnis der zweiten Abschnitts

Auf der Grundlage der zur allgemeinen Steuerrechtfertigung und zur Rechtfertigung der Einkommensteuer vertretenen Auffassungen ist folgendes Rechtfertigungssystem vorzuschlagen:

1. Grundsatz der Reproduktivität

Die allgemeine Rechtfertigung der Steuer ergibt sich aus ihrer verfassungsrechtlichen Rechtfertigung und dem Gesamtausgleich zwischen Steueraufwand und -nutzen.

Grundlage der verfassungsrechtlichen Rechtfertigung der Steuer als dem Finanzierungsmittel der Bundesrepublik Deutschland ist die Verbindung demokratisch legitimierter Zielvorgaben mit der Entscheidung für eine freie Eigentums- und Erwerbsordnung. Aus der Sicht des Steuerpflichtigen tritt ein weiterer Aspekt hinzu: der Ausgleich des Nachteils der Besteuerung durch Vorteile, die der Gesamtheit der der Staatsgewalt unterworfenen Personen aus der Staatstätigkeit entstehen. Konkretisiert wird dieser Aspekt durch den Grundsatz der Reproduktivität der Steuer, nach dem dem Einzelnen durch die Besteuerung nicht genommen werden darf, was zur Erhaltung seiner Wirtschaft- und Steuerkraft erforderlich ist.

2. Markteinkommenstheorie

Bei der Einkommensteuer ist die Besonderheit zu beachten, dass sie sich auf einen der Wirtschaftssphäre zuzuordnenden Vermögenserwerb bezieht. Dementsprechend ist der Markteinkommenstheorie zu folgen, nach der der staatliche Anteil an diesem Erwerb Belastungsgrund und -obergrenze ist. Die Einkommensteuer ist also dem Grunde nach gerechtfertigt, wenn und soweit der Staat entsprechend seinem Anteil am privaten Vermögenserwerb auf diesen zugreift. Der Höhe nach ist sowohl im Verhältnis des Steuerpflichtigen zum Staat als auch im Verhältnis der Steuerpflichtigen untereinander eine Besteuerung nach Maßgabe der individuellen Leistungsfähigkeit erforderlich.

3. Prinzip der Zuordnung nach der wirtschaftlichen Zugehörigkeit

In dieses Rechtfertigungssystem passt die Ansässigkeit einer natürlichen Person, auf der die unterschiedliche Besteuerung unbeschränkt und beschränkt Einkommensteuerpflichtiger beruht, nicht hinein. Demzufolge kann weder der Zugriff auf ausländische Einkünfte eines Gebietsansässigen noch die nach Maßgabe der Ansässigkeit unterschiedliche Berücksichtigung von Leistungsfähigkeitsminderungen gerechtfertigt werden.

Statt dessen kristallisiert sich heraus, dass nicht nur die beschränkte Einkommensteuerpflicht, sondern die Besteuerung grenzüberschreitender Einkünfte im Ganzen nur durch die Zugehörigkeit der Einkünfteerzielung zur Wirtschaftssphäre des besteuernden Staates gerechtfertigt werden kann. Eine der Gesamtleistungsfähigkeit des Steuerpflichtigen gerecht werdende Besteuerung hat dementsprechend einkunftsbezogene Leistungsfähigkeitsminderungen im Quellenstaat der jeweils betroffenen Einkünfte zu berücksichtigen. Personenbezogene Minderungen der Leistungsfähigkeit sind demgegenüber, sofern sie überhaupt abzugsfähig sein sollen, nach Maßgabe des hier sog. Korrespondenzprinzips aufzuteilen. Danach sind in der Person des Steuerpflichtigen begründete Leistungsfähigkeitsminderungen in dem Umfang zu berücksichtigen, in dem der weltweite Leistungsfähigkeitszuwachs des Steuerpflichtigen in dem jeweiligen Staat der Besteuerung unterliegt. Hier dem Ansässigkeitsstaat besondere Pflichten aufzuerlegen, hieße, dem als systemwidrig verworfenen Kriterium der Ansässigkeit eine Funktion zu übertragen, die es nach dem entwickelten Rechtfertigungssystem nicht auszufüllen vermag.

Dritter Abschnitt: Alternativvorschläge

Nachfolgend werden Alternativvorschläge zu der aus dem Nebeneinander von unbeschränkter und beschränkter Steuerpflicht bestehenden Grundkonzeption der Besteuerung grenzüberschreitend erzielter Einkünfte im deutschen Einkommensteuerrecht vorgestellt. Sie sind ebenso wie das im zweiten Abschnitt entwickelte Rechtfertigungssystem Grundlage des abschließend zu unterbreitenden, eigenen Alternativvorschlags.[515]

Die Alternativkonzepte, mit denen auf konzeptionelle Schwächen der Einkommensteuerpflicht im deutschen Steuerrecht reagiert wird, variieren die Ideen der Quellenbesteuerung und der Wohnsitz-/Welteinkommensbesteuerung. Dabei lassen sich Vorschläge von der strikten Orientierung am Quellenprinzip bis zur konsequenten Ausrichtung nach dem Wohnsitz-/Welteinkommensprinzip unterscheiden.

Sie stellen das Resultat der Suche nach einer möglichst sach- und systemgerechten Methode zur internationalen Abgrenzung der staatlichen Einkommensbesteuerung dar und sind einer genauen Prüfung zu unterziehen.

A. Abgrenzung nach der Wirtschaftszugehörigkeit

Grundlegend für die Entwicklung von Alternativvorschlägen zur Besteuerung grenzüberschreitend erzielter Einkünfte in Deutschland ist der Beitrag von Georg von Schanz „Zur Frage der Steuerpflicht“ aus dem Jahre 1892.[516] In den Vereinigten Staaten von Amerika hat Edwin R. A. Seligman die Gedanken des Georg von Schanz aufgegriffen.[517]

I. Diskussion möglicher Anknüpfungspunkte

Von Schanz und Seligman diskutieren die Staatsangehörigkeit, die Ortsanwesenheit, die Ansässigkeit und die Wirtschaftszugehörigkeit als mögliche Anknüpfungskriterien der persönlichen Steuerpflicht.[518] Seligman setzt sich zudem mit der Einkunftsquelle auseinander.[519] Beide Autoren plädieren dafür, die Einkommensteuerpflicht mit der wirtschaftlichen Zugehörigkeit einer Person zu einem Gemeinwesen zu verbinden.[520]

---

515 s. u. 4. Abschnitt

516 Schanz, FA 1892 (Jg. 9), S. 365 ff./Bd. 2 S. 1 ff.

517 Seligman, Essays in Taxation, 1895 (1931), S. 111 ff.

518 Schanz, a. a. O., S. 368/Bd. 2 S. 4; Seligman, a. a. O.

519 Seligman, a. a. O., S. 112 f.

520 Schanz, a. a. O., S. 373/Bd. 2 S. 9; Seligman, a. a. O., S. 113

1. Staatsangehörigkeit

Von Schanz und Seligman beginnen mit dem Kriterium der Staatsangehörigkeit.[521] Sie widerlegen das Argument, nach dem derjenige, der alle sich aus der Gemeinschaft ergebenden Rechte genieße, auch die Pflichten gegenüber der Gemeinschaft zu tragen habe und daher mit seiner Person (Wehrpflicht) und seinem Gut (Steuerpflicht) für das Gemeinwesen einstehen müsse.

Statt dessen vertreten sie die Auffassung, dass eine Besteuerung auf der Grundlage der Staatsangehörigkeit undurchführbar sei, weil sich die rechtliche und die tatsächliche Bevölkerung nicht decke. Der abwesende Teil der rechtlichen Bevölkerung sei im Gegensatz zum anwesenden Teil schwer zu erfassen und zu kontrollieren. Für auswärtige Staatsangehörige entfielen die Vorteile des Gemeinwesens zum größten Teil.

Gegen die Anknüpfung an die Staatsangehörigkeit werden damit vor allem Praktikabilitätsgesichtspunkte, aber auch fehlender Nutzen aus der Staatstätigkeit angeführt. Insofern fehlt der Bezug zu dem besonderen Belastungsgrund der Einkommensteuer.[522] Hinzufügen ließe sich, dass es ineffektiv ist, auf nationaler Ebene einen Steueranspruch zu kreieren, der sich international in aller Regel nicht aufrechterhalten lässt.

2. Ortsanwesenheit

Auch an die ortsanwesende Bevölkerung kann nach Ansicht von von Schanz und Seligman die Steuerpflicht nicht geknüpft werden.[523] Natürliche Personen verweilten häufig nur vorübergehend an einem Ort. Daher sei eine Erfassung wenigstens unzweckmäßig. Hinzu komme, dass es unbillig sei, einen so geringen Grad der Zugehörigkeit zu einem Gemeinwesen wie die Anwesenheit auf seinem Territorium für die volle Steuerpflicht ausreichen zu lassen.

Dem ist auf der Grundlage der im zweiten Abschnitt entwickelten Markteinkommenstheorie zuzustimmen. Wenn Belastungsgrund der Einkommensteuer der staatliche Anteil am marktwirtschaftlichen Erfolge des Steuerpflichtigen ist,[524] muss die Verbindung zu dem besteuernden Gemeinwesen durch eine erwerbswirtschaftliche Betätigung an dem durch ihn eröffneten Markt und nicht durch bloße physische Präsenz hergestellt werden.

---

[521] Schanz, a. a. O., S. 369 f./Bd. 2 S. 5 f.; Seligman, a. a. O., S. 111 f.

[522] vgl. 2. Abschnitt B. III. 2.

[523] Schanz, a. a. O., S. 370 f./Bd. 2 S. 6 f.; Seligman, a.. a. O., S. 112

[524] P. Kirchhof, in: Kirchhof/Söhn, EStG, § 2 Rdnr. A 146; ders., in: P. Kirchhof u. a., Steuern im Verfassungsstaat, 1996, S. 27 (38); zustimmend: Prokisch, RIW 1991, S. 396 (397 f.)

3. Ansässigkeit

Das Anknüpfungskriterium der Ansässigkeit wird von von Schanz und Seligman ebenfalls abgelehnt. Beide Autoren verwerfen in diesem Zusammenhang das Konzept der Wohnsitz-/Welteinkommensbesteuerung, weil bei ihm jeder Ansässige nach seiner gesamten Leistungsfähigkeit und ohne Rücksicht auf die Lage der Einkommensquellen zur Steuer herangezogen werde.[525]

Den Vorteil einer derartigen Besteuerung sieht von Schanz zwar darin, dass die persönliche Ausprägung der Steuerpflicht eine umfassende Berücksichtigung von Leistungsfähigkeitsminderungen ermögliche. Ausschlaggebend sei aber, dass das Gemeinwesen hinsichtlich der auswärtigen Einkommensquellen in einem hohen Maße auf die Glaubwürdigkeit des Steuerpflichtigen angewiesen sei und diesbezüglich Kontrollen und Zwangsmittel nur unter erschwerten Umständen möglich seien.

Hinzu kommt nach Auffassung beider Autoren, dass Steuern ein generelles Entgelt für Aufwendungen der Gemeinschaft seien, diese Aufwendungen aber in erheblichem Umfang Nichteinwohnern zugute kämen. Es sei nicht zu vertreten, dass ein Gemeinwesen Personen, denen seine Aufwendungen dienten, nicht heranziehe, demgegenüber aber andere Personen besteuere, die nicht aus seinen, sondern aus den Aufwendungen eines anderen Gemeinwesens Nutzen zögen.[526]

Auch von Schanz und Seligman halten demnach eine an die Ansässigkeit anknüpfende Einkommensbesteuerung in erster Linie für ungerecht. Dem Einwand, eine umfassende Berücksichtigung von Leistungsfähigkeitsminderungen lasse sich nur durch eine persönliche Ausprägung der Einkommensteuerpflicht gewährleisten, kann allerdings nicht gefolgt werden.[527] Vielmehr dürfte es bei ausreichendem Informationsaustausch auch durch ein Zusammenwirken mehrerer Quellenstaaten möglich sein, die nach Maßgabe der jeweiligen Steuerrechtsordnungen berücksichtigungsfähigen Leistungsfähigkeitsminderungen mit Erfolg geltend zu machen.

4. Einkunftsquelle

Seligman diskutiert als vierten Anknüpfungspunkt die Einkunftsquelle, die er mit der Belegenheit des Vermögens gleichstellt.[528] Er argumentiert, der Ursprung des Einkommens könne deshalb nicht die einzige Grundlage einer Steuerpflicht sein, weil Personen ihrem Ansässigkeitsstaat auch dann verpflichtet seien, wenn sie ihr gesamtes Vermögen im Ausland angelegt hätten.

---

[525] Schanz, a. a. O., S. 371/Bd. 2 S. 7; Seligman, a. a. O.

[526] Schanz, a. a. O., S. 372/Bd. 2 S. 8; Seligman, a. a. O.

[527] s. o. 2. Abschnitt C. V. 5. a. bb.

[528] Seligman, a. a. O., S. 112 f.

Die Verpflichtung gegenüber dem Ansässigkeitsstaat wird nach der hier vertretenen Auffassung bereits durch die die Einkünfteverwendung belastenden Steuern, hilfsweise durch die Gewerbesteuer erfüllt.[529] In diesem Zusammenhang bedarf es der Einkommensteuer nicht. Die Einkunftsquelle ist auch in Bezug auf den Ansässigkeitsstaat unter Äquivalenzgesichtspunkten ein sachgerechtes Anknüpfungskriterium.

5. Wirtschaftszugehörigkeit

Eine Anknüpfung an die wirtschaftszugehörige Bevölkerung kompensiert nach Ansicht beider Autoren die Defizite der anderen Anknüpfungskriterien.[530]

Von Schanz ist der Meinung, wirtschaftliche Zugehörigkeit zeige sich in unterschiedlicher Intensität: Auf der ersten Stufe äußere sich die Verbindung zum Inland lediglich in dem mit der Ansässigkeit verbundenen Verbrauch von Wirtschaftsgütern, auf der zweiten Stufe seien lediglich Erwerbsakte zu verzeichnen, und auf der dritten Stufe träten Verbrauch und Erwerb zusammen auf.[531]

Von Schanz folgert daraus, dass eine Person ohne Rücksicht auf die Staatsangehörigkeit voll zu besteuern sei, wenn Ansässigkeit und Einkommensquelle zusammenfielen. Sei das nicht der Fall, stehe dem Gemeinwesen der Einkommensquelle drei Viertel und dem Gemeinwesen, in dem der Steuerpflichtige ansässig sei, ein Viertel des Steueranspruchs zu. Durch diese Abstufung werde der intensiveren Verbindung zwischen dem Steuerpflichtigen und dem Erwerbsstaat Rechnung getragen.[532]

Das Abstellen auf die so verstandene wirtschaftliche Zugehörigkeit führt nach von Schanz zur größtmöglichen Deckung zwischen der Gemeinschaftstätigkeit auf der einen und dem Personenkreis, dem sie nutze, auf der anderen Seite. Jeder, der von der Erfüllung der Aufgaben durch das Gemeinwesen profitiere, trage auch zu dessen Lasten bei. Angesichts des Zusammenhangs zwischen Aufwand und Vorteil sei es das Natürlichste, die Steuerpflicht aus der wirtschaftlichen Zugehörigkeit zur Gemeinschaft abzuleiten.[533]

Darüber hinaus führe die Abgrenzung nach der Wirtschaftszugehörigkeit zu einem harmonischeren Verhältnis zwischen den besteuernden Gemeinwesen, da die Steuergewalt sich wie die allgemeine Hoheitsgewalt dort zurückhaltend zeige, wo das eigene Territorium überschritten werden solle.[534] Außerdem sei die Wirtschaftszugehörigkeit besser und sicherer zu handhaben als die Ansässigkeit. Steuerliche Maßnahmen be-

---

[529] vgl. 2. Abschnitt C. IV. 1. b. dd. (2)

[530] Schanz, a. a. O., S. 372/Bd. 2 S. 8 f.; Seligman, a. a. O., S. 113

[531] Schanz, a. a. O., S. 368/Bd. 2 S. 4

[532] Schanz, a. a. O., S. 375 f./Bd. 2 S. 11 f.

[533] Schanz, a. a. O., S. 372/Bd. 2 S. 8

[534] Schanz, a. a. O., S. 372 f., 435/Bd. 2 S. 8 f., 71

schränkten sich auf das eigene Hoheitsgebiet. Innerhalb dieses Bereiches seien Zwangs- und Kontrollmittel am wirksamsten.[535]

Seligman gewinnt das Kriterium der Wirtschaftszugehörigkeit aus einer Kombination der Anknüpfung an die Ansässigkeit und die Einkunftsquelle. Wie von Schanz unterscheidet Seligman in diesem Zusammenhang zwischen dem Erwerb und dem Verbrauch von Einkommen.

Im Gegensatz zu diesem sieht er jedoch keine gesteigerte Intensität der durch Erwerbsakte vermittelten Wirtschaftszugehörigkeit. Statt dessen plädiert er dafür, die Besteuerung der gesamten Leistungsfähigkeit einer Person nach Maßgabe ihrer wirtschaftlichen Interessen aufzuteilen. Der Quellenstaat könne für sich die an den Erwerb anknüpfende Besteuerung beanspruchen, dem Ansässigkeitsstaat stehe die Besteuerung des Verbrauchs zu. Diese könne sowohl direkt als auch indirekt erfolgen.[536]

II. Kritik des Verständnisses der Wirtschaftszugehörigkeit

Durch die generelle Anknüpfung der Besteuerung an die Wirtschaftszugehörigkeit der zu besteuernden Person lässt sich, und darin besteht der entscheidende Vorteil dieses Ansatzes, der Widerspruch zwischen der primär an die persönliche Zugehörigkeit anknüpfenden direkten Besteuerung und der schon jetzt ausschließlich auf die Wirtschaftszugehörigkeit abstellenden indirekten Besteuerung beseitigen. Damit gewinnt nicht nur das Steuersystem insgesamt an Klarheit, sondern es lassen sich auch besteuerungsnotwendige Informationen über internationale Sachverhalte mehrfach verwerten. Der Vorzug der Systemgerechtigkeit wird so durch einen Praktikabilitätsvorteil ergänzt.

Von Schanz macht zu Recht das Ausmaß der Besteuerung von dem Grad der Zugehörigkeit des Steuerpflichtigen zu einem Gemeinwesen abhängig. Vor diesem Hintergrund ist es bedauerlich, dass die überzeugende Idee, die Wirtschaftszugehörigkeit zur Grundlage und zur Grenze gerechter Besteuerung zu machen, konzeptionell nicht umgesetzt, sondern auf das systemwidrige Abstellen auf die Person des Steuerpflichtigen konterkariert wird. Eine Aufteilung, die letztlich doch die Ansässigkeit des Steuerpflichtigen in den Mittelpunkt stellt, ist unabhängig von Praktikabilitätsbedenken weder sach- noch systemgerecht.

---

535 Schanz, a. a. O., S. 373/Bd. 2 S. 9

536 Seligman, a. a. O., S. 113

B. Abgrenzung nach der staatswirtschaftlichen Zuordnung

Dorn greift den von Schanz'schen Gedanken der wirtschaftlichen Zugehörigkeit auf und entwickelt darauf basierend einen eigenen Ansatz für die internationale Aufteilung der Besteuerung.[537] Dabei unterscheidet er zwei Stufen der Entscheidungsfindung: Auf der ersten Stufe sei die volkswirtschaftliche, auf der zweiten Stufe die staatswirtschaftliche Zugehörigkeit des Steuergutes zu ermitteln.[538]

1. Volkswirtschaftlich könne ein Steuergut einem Staat entweder unmittelbar oder mittelbar zugehören. Unmittelbare Wirtschaftszugehörigkeit äußere sich in der örtlichen Verbindung des Gutes selbst mit der Volkswirtschaft. Sie sei insbesondere für die Güter Grundbesitz und Gewerbebetrieb anzunehmen. Mittelbare Wirtschaftszugehörigkeit sei dagegen die durch den Wohnsitz einer Person vermittelte Zuordnung des Gesamtbesitzes dieser Person zu einem Staat. Weder die persönliche noch die sachliche Wirtschaftszugehörigkeit sei indes vorrangig.[539]

2. Führe die Abgrenzung nach der volkswirtschaftlichen Zugehörigkeit daher nicht zu einer Entscheidung über die Aufteilung der Besteuerung zwischen den beteiligten Staaten, müsse die staatswirtschaftliche Zugehörigkeit des Steuergutes den Ausschlag geben. Aber auch dann, wenn das Steuergut bereits nach der volkswirtschaftlichen Zugehörigkeit eindeutig zugeordnet werden könne, sei das Ergebnis an dem Kriterium der staatswirtschaftlichen Zugehörigkeit zu überprüfen.[540] Die staatswirtschaftliche Zugehörigkeit stelle nach Ursache und Zweck der Steuer das entscheidende Kriterium für die internationale Zuordnung der Besteuerung dar.[541]

   Nach der staatswirtschaftlichen Zugehörigkeit sei das Steuergut demjenigen Staat zuzurechnen, der es am besten erfassen und kontrollieren und darüber hinaus den Steueranspruch am leichtesten erzwingen und sichern könne.[542]

Dorn weist damit der Praktikabilität der Besteuerung ausschlaggebende Bedeutung für die zwischenstaatliche Aufteilung der Besteuerungszuständigkeit zu. Dies ist vor allen Dingen deshalb nachzuvollziehen, weil Praktikabilitätsgesichtspunkte über die Effektivität der Besteuerung auf deren Reproduktivität einwirken und damit auch die Gerechtigkeit eines Steuersystems betreffen. Überdies ist es nicht zweckmäßig, einen Steueranspruch zu kreieren, wenn sich dieser nicht sicher begründen und durchsetzen lässt. Es bleibt die Frage zu beantworten, ob tatsächlich letztlich in jedem Fall Prakti-

---

[537] Dorn, VJSchrStFR 1927, S. 189 (208 ff.)

[538] Dorn, a. a. O., S. 211 ff.

[539] Dorn, a. a. O., S. 212

[540] Dorn, a. a. O., S. 213

[541] Dorn, a. a. O., S. 212

[542] Dorn, a. a. O., S. 212 f.

kabilitätsgesichtspunkte schwerer wiegen als eine sach- und systemgerechte Ausrichtung an der auch von Dorn berücksichtigten Wirtschaftszugehörigkeit.[543]

C. Abgrenzung nach der persönlichen/sachlichen Zugehörigkeit

In der neueren Literatur wird für eine Abgrenzung der staatlichen Besteuerung nach der Ansässigkeit, der Einkunftsquelle oder einer Kombination beider Kriterien plädiert.[544] Grund dafür sind die Schwächen des geltenden, auf dem Nebeneinander von Wohnsitz- und Quellenbesteuerung basierenden Einkommensteuersystems.

I. Abgrenzung nach der Ansässigkeit

Vereinzelt wird vorgeschlagen, die Besteuerung nur nach der Ansässigkeit aufzuteilen und dementsprechend inländische Einkünfte von Steuerausländern generell von der Besteuerung auszunehmen.[545] In der Konsequenz wird auch ein Finanzausgleich zwischen den beteiligten Staaten für erforderlich gehalten.[546]

1. Wesen der Einkommensteuer/Leistungsfähigkeitsprinzip

Für den „vollen Sieg der Wohnsitz- über die Ursprungssteuer"[547] spreche, dass die dem Wesen der Einkommensteuer entsprechende Berücksichtigung der Leistungsfähigkeit des Steuerpflichtigen eine Veranlagung durch den Ansässigkeitsstaat erfordere.[548] Jede Aufteilung des Einkommens für Besteuerungszwecke bewirke hingegen, dass die Einkommensteuer den Charakter einer Gesamteinkommensteuer verliere und sich einer Objektsteuer nähere.[549]

---

543 s. u. 4. Abschnitt C. II. 4.

544 Spitaler, Das Doppelbesteuerungsproblem bei den direkten Steuern, 1936, S. 341 f., 406 ff.; van Hoorn Jr., StuW 1960, Sp. 201 (210, 213); Flick, FA 1961 (NF Bd. 21), S. 86 (116); ders., FR 1961, S. 171 (172 f.); ders., in: Engelschalk/Flick u. a., Steuern auf ausländische Einkünfte, 1985, S. 93 (104); Bühler, Prinzipien des Internationalen Steuerrechts, 1964, S. 186; Schulze-Brachmann, StuW 1964, Sp. 589 (624); Endriss, Wohnsitz- oder Ursprungsprinzip, Köln 1967, S. 75, 104; ders., FR 1968, S. 338 (341); Roer, AWD 1971, S. 73 (76) K. Vogel, intertax 1988, S. 401; ders., in: FS Walter, 1988, S. 101 (112); ders., in: FS Klein, 1994, S. 361 (376); ders., DBA, 1996, Einl. Rz. 12 ff.; ders., DStZ 1997, S. 269 (273); Zuber, Anknüpfungsmerkmale und Reichweite der internationalen Besteuerung, 1991, S. 181; Witteveen, in: EC Tax Review 1995, S. 122 (123); Dautzenberg, BB 1995, S. 2397 (2399); ders., IWB F. 2 S. 645 (652); Kischel, IWB F. 11a S. 123 (124)

545 Spitaler, Das Doppelbesteuerungsproblem bei den direkten Steuern, 1936, S. 341 f., 406 ff.; Witteveen, in: EC Tax Review 1995, S. 122 (123)

546 Witteveen, in: EC Tax Review 1995, S. 122 (123)

547 Spitaler, Das Doppelbesteuerungsproblem bei den direkten Steuern, 1936, S. 407

548 Spitaler, a. a. O., S. 407 f.

549 Spitaler, a. a. O., S. 408

2. Gleichbehandlung im Ansässigkeitsstaat/Steuerflucht

Gegen die Besteuerung von Teileinkommen durch die jeweiligen Quellenstaaten sei einzuwenden, dass sie zwangsläufig zu einer Ungleichbehandlung von Ansässigen mit ausländischen Einkünften im Vergleich zu solchen mit ausschließlich inländischen Einkünften führe. Die Gleichmäßigkeit der Besteuerung werde nur durch die konsequente Durchführung einer Welteinkommensbesteuerung im Ansässigkeitsstaat gewährleistet.[550]

Die Herausnahme ausländischer Einkünfte sei abzulehnen, weil sie dazu führe, dass in noch stärkerem Maße versucht werde, durch Kapitalanlagen in niedrig besteuernden Staaten der Besteuerung im Ansässigkeitsstaat zu entgehen.[551]

3. Doppelbesteuerung

Die Aufgabe der Quellenbesteuerung führe außerdem zu einer weitgehenden Ausschaltung der internationalen Doppelbesteuerung.[552]

4. Verwaltungspraktikabilität/Rechtsvereinfachung

Schließlich spreche für das System der Wohnsitz-/Welteinkommensbesteuerung, dass die Unterscheidung zwischen in- und ausländischen Einkünften bedeutungslos werde. Der Ansässigkeitsstaat besteuere das Welteinkommen des Steuerinländers unabhängig von dem Ort seiner Erzielung und unbeeinflusst durch den Quellenstaat nur nach Maßgabe seiner Gesetze.[553]

Der Steuerpflichtige müsse unabhängig von der Lokalisierung seiner Einkunftsquellen nur mit der Steuer des Wohnsitzstaates rechnen.[554] Außerdem habe er sich nur mit der Finanzverwaltung dieses Staates auseinanderzusetzen.[555] Nur die Finanzverwaltung des Ansässigkeitsstaates sei schließlich auch in der Lage, eine Einkommensbesteuerung nach Maßgabe der individuellen Leistungsfähigkeit zu gewährleisten.[556]

---

550 Spitaler, a. a. O., S. 409; Debatin, StbJb. 1964/65, S. 399 (412); Knechtle, Grundfragen des internationalen Steuerrechts, 1976, S. 45; Dautzenberg, BB 1995, S. 2397 (2397); Witteveen, EC Tax Review 1995, S. 122 (123)

551 Knechtle, Grundfragen des internationalen Steuerrechts, 1976, S. 45

552 Spitaler, Das Doppelbesteuerungsproblem bei den direkten Steuern, 1936, S. 408 f.

553 Spitaler, Das Doppelbesteuerungsproblem bei den direkten Steuern, 1936, S. 342

554 Debatin, StbJb. 1964/65, S. 399 (412); Spitaler, Das Doppelbesteuerungsproblem bei den direkten Steuern, 1936, S. 408

555 Prokisch, RIW 1991, S. 396 (406); Witteveen, EC Tax Review 1995, S. 122 (123)

556 Spitaler, Das Doppelbesteuerungsproblem bei den direkten Steuern, 1936, S. 407 f.

5. Kritik

Obwohl die Beschränkung der Einkommensbesteuerung auf die unbeschränkte Steuerpflicht der im zweiten Abschnitt am Kriterium der Ansässigkeit geübten Kritik entgegensteht, lassen sich einem allein auf ihr basierenden Einkommensteuersystem auch positive Seiten abgewinnen.

Gegen eine ausschließliche Abgrenzung der Besteuerung nach der Ansässigkeit spricht jedoch, dass sie auf der einen Seite insgesamt keine Vorteile hat, die eine ausschließlich an die Einkunftsquelle anknüpfende Besteuerung nicht hätte, auf der anderen Seite aber gravierende Nachteile im Vergleich zu diesem Alternativsystem aufweist:

a. Vereinfachung rechtlicher Strukturen und der Rechtsanwendung

Für die Idee, von der Besteuerung an der Quelle generell abzusehen und nur noch an die Ansässigkeit des Einkommensteuersubjektes anzuknüpfen, spricht, dass sie zu einer gewissen Rechtsvereinfachung führen würde und schon deshalb auch Gerechtigkeitsvorteile hätte. So würde sich etwa das Doppelbesteuerungsproblem auf die übereinstimmende Festlegung der Ansässigkeit reduzieren. Auf der Grundlage dieser Entscheidung könnte der Ansässigkeitsstaat nach Maßgabe eines wesentlich einfacheren Einkommensteuersystems agieren.

Ferner würden alle Gebietsansässigen nach einer einzigen Einkommensteuerrechtsordnung besteuert. Sie könnten sich auf dieses ihnen bekannte Steuersystem des Ansässigkeitsstaates auch bei der Entscheidung über und der Durchführung von Auslandsengagements einstellen. Für jeden Steuerpflichtigen ist eine Besteuerung ideal, bei der er sich nicht wegen eines Steuergutes mit zwei Steuerhoheiten auseinandersetzen muss.[557]

Dem gegenüber stehen allerdings bereits im Hinblick auf Rechtsvereinfachung und Praktikabilität gravierende Nachteile. So hat die deutsche unbeschränkte Einkommensteuerpflicht als eine an die Ansässigkeit anknüpfende Besteuerungskonzeption bereits bei der Betrachtung der Anknüpfungsmerkmale "Wohnsitz" und "gewöhnlicher Aufenthalt" strukturbedingt deutliche Praktikabilitätsdefizite offenbart.[558]

Die Bestimmung des Wohnsitzes bereitet national Schwierigkeiten, weil zum Zwecke der Missbrauchsbekämpfung insbesondere vom Wohnungsbegriff des § 11 MRRG abgewichen wird. Der Rückgriff auf die melderechtliche Zuordnung wird so durch die Verwendung selbständiger unbestimmter und daher unpraktikabler Rechtsbegriffe ersetzt. International überzeugt vor allem die Möglichkeit mehrerer, teils in- und teils ausländischer Wohnsitze nicht. Sie führt dazu, dass die für die Anwendung der Dop-

[557] Flick, in: Engelschalk/Flick, , Steuern auf ausländische Einkünfte, 1985, S. 93 (95)

[558] s. o. 1. Abschnitt A. I. 1.

pelbesteuerungsabkommen erforderliche Zuordnung der Ansässigkeit auf nationaler Ebene nicht vorbereitet wird.

Der gewöhnliche Aufenthalt bereitet nicht nur deshalb Schwierigkeiten, weil sich die physische Präsenz bei schwindenden Grenzkontrollen kaum zumutbar erfassen lassen dürfte, sondern auch deshalb, weil wiederum zur Missbrauchsbekämpfung letztlich nicht praktikable Ausnahmen von der noch am ehesten anwendbaren 183-Tage-Regel gemacht werden.

Schließlich führt auch das nicht näher koordinierte Zusammenwirken der Anknüpfungskriterien zu Rechtsunsicherheiten, die durch die in Fällen doppelter Ansässigkeit nach nationalem Recht durch die selbständige Lokalisierung der Ansässigkeit nach Maßgabe der DBA noch verstärkt wird.

b. Einkommensteuer als Standortfaktor

Ein weiterer Nachteil der reinen Besteuerung durch den Ansässigkeitsstaat besteht darin, dass infolge der Wohnsitz- und Welteinkommensbesteuerung Ungleiches gleich behandelt wird.[559] Entscheidend ist insofern, dass sich die Gesamtleistungsfähigkeit eines Steuerpflichtigen mit ausschließlich inländischen Einkünften grundsätzlich von derjenigen eines Steuerpflichtigen unterscheidet, der insgesamt oder teilweise ausländische Einkünfte erzielt. Der Grund dafür besteht darin, dass die Rahmenbedingungen oder der Markt, auf dem er tätig wird, wenn man vom Sonderfall des europäischen Binnenmarktes absieht, ein anderer ist als der inländische.

Der Gesamtleistungsfähigkeit wird dementsprechend prinzipiell nur eine Einkommensbesteuerung gerecht, die die Einkommensteuer international zu dem macht, was sie nach ihrem Belastungsgrund ist: einem bloßen Standortfaktor.

c. Schutz vor Steuervermeidung

Eine alleinige Besteuerung durch den Ansässigkeitsstaat bietet auch weniger Schutz vor Steuervermeidungen als eine Quellenbesteuerung.

Jeder Besteuerungszugriff auf ausländische Einkünfte erfordert eine Abstimmung mit einem anderen Staat nicht nur über die Besteuerungszuständigkeit, sondern auch über die Besteuerungsgrundlagen. Letzteres entfiele bei einer auf inländische Einkünfte beschränkten Steuer. Steuerverkürzungen würden bereits aus diesem Grund durch die ausschließliche Verknüpfung der Besteuerung grenzüberschreitend erzielter Einkünfte mit der Ansässigkeit des Steuersubjektes nicht erschwert, sondern erleichtert.

---

[559] s. o. 2. Abschnitt C. IV. 2. b. bb. (1)

Hinzu kommt der Aspekt der sog. Steuerflucht: Während die Ansässigkeit durch die Angleichung der Lebensverhältnisse und den Wegfall vieler Schranken grenzüberschreitenden Handelns zunehmend disponibel wird, ist die Einkünfteerzielung als Gegenstand der Einkommensteuer unmittelbar und untrennbar mit einem sie ermöglichenden und nicht disponiblen Markt verbunden. Im Gegensatz zu der mit der Person des Steuerpflichtigen verbundenen Ansässigkeit lässt sich der den Vermögenserwerb ermöglichende Markt nicht beliebig verlagern. Er stellt damit den verlässlicheren Anknüpfungspunkt der Einkommensteuer dar.

Haben es Steuerpflichtige durch eine legale Steuerflucht per Wohnsitzverlagerung oder eine Steuerumgehung durch Gründung einer Auslandsgesellschaft in der Hand, das nationale Welteinkommensprinzip gegenstandslos zu machen, so kann der Ansässigkeitsstaat eine gleichmäßige Besteuerung nicht gewährleisten.[560]

Die besondere Situation bei Kapitaleinkünften vermag nicht, diese von der Einkunftsart unabhängigen Bedenken zu entkräften. Vielmehr stellt sich bezogen auf diesen Sonderfall die Frage, ob der Steuerzugriff im Ansässigkeitsstaat nicht auch wegen der besonderen Qualität des Steuerobjektes unzweckmäßig ist.

Werden etwa inländische Aktien durch einen ausländischen Fonds gehalten, an dem wiederum ein Gebietsansässiger beteiligt ist, so bedarf es zum Zwecke der Missbrauchsbekämpfung nicht der Anknüpfung an die Ansässigkeit. Vielmehr lässt sich auf der Grundlage der Ursprungsbesteuerung der aus der Berührung des inländischen Marktes resultierende Einkommensteueranspruch gegen den ausländischen Fonds durchsetzen, ohne dass es der Prüfung der Beteiligungsverhältnisse oder des Steuerniveaus in dem betreffenden Staat bedarf.

d. Wettbewerb der Staaten kontra Finanztransfer

Schließlich spricht gegen die Beschränkung der Einkommensbesteuerung auf Inlandsansässige auch die mit dem Hinweis auf die Erforderlichkeit eines internationalen Finanzausgleichs[561] angedeutete Störung des Wettbewerbs zwischen den Staaten.

Wie insbesondere die bereits im Zusammenhang mit der Diskussion der unbeschränkten Einkommensteuerpflicht dargestellten Auswirkungen der Wohnsitz- und Welteinkommensbesteuerung auf Entwicklungsländer zeigen,[562] raubt dieses Besteuerungskonzept den Staaten die Möglichkeit, über die Minimierung der Steuerbelastung defizitäre sonstige Rahmenbedingungen am Inlandsmarkt zu kompensieren. Dadurch unterbleiben die für eine positive Entwicklung der wirtschaftlichen Situation in dem betref-

[560] Flick, FR 1961, S. 171 (174); Roer, AWD 1971, S. 73 (74); Jacobs, Internationale Unternehmensbesteuerung, 1999, S. 10 f.

[561] Witteveen, in: EC Tax Review 1995, S. 122 (123)

[562] s. o. 2. Abschnitt C. IV. 2. c. bb. (3)

fenden Staat notwendigen Investitionen aus dem Ausland. Eine nachhaltige Verbesserung der Situation im Quellenstaat unterbleibt zugunsten des Ansässigkeitsstaates. Die Unterschiede in der Wirtschaftskraft kapitalexport- und kapitalimportorientierter Staaten wächst und lässt schließlich auch aus Sicherheitsgründen einen Finanztransfer unausweichlich werden. Derartige Transfers dokumentieren das Scheitern einer auf freien Wettbewerb ausgerichteten und hier als im Grundsatz interessengerecht bewerteten internationalen Wirtschaftsverfassung. Sie berühren den Kernbereich staatlicher Selbständigkeit und Macht. An diesem Punkt spätestens wird das Versagen einer ausschließlich an das Kriterium der Ansässigkeit anknüpfenden Besteuerungskonzeption deutlich.

II. Abgrenzung nach der Einkunftsquelle

Von mehreren Autoren wird die Aufteilung der Einkommensbesteuerung nach der Einkunftsquelle und demzufolge die Aufgabe jeder an die Ansässigkeit einer Person anknüpfenden Besteuerung vorgeschlagen.[563] Gefordert wird, dass es statt der unbeschränkten und der beschränkten Einkommensteuerpflicht nur noch eine, die beschränkte Steuerpflicht, geben solle. Auch bei Wohnsitz oder gewöhnlichem Aufenthalt im Inland seien nur noch inländische Einkünfte zu besteuern.[564] Im Detail weichen die Vorschläge jedoch deutlich voneinander ab. Als besonders problematisch erweist sich die Bestimmung der Einkunftsquelle, die Berücksichtigung der persönlichen Leistungsfähigkeit und diejenige der Steuerprogression.

Gefordert wird eine konsequente und nicht nach der Ansässigkeit differenzierende Erfassung inländischer Einkünfte.[565] Horst Walter Endriss geht dabei besonders weit: Er fordert, dass die Zuordnung der Einkünfte nicht einmal mehr von der Beweglichkeit ihres Ursprungs abhängig sein solle.[566] Dagegen legen andere besonderen Wert auf eine konsensfähige Zuordnung der Einkunftsquelle und entwickeln einkunftsartbezogene Kriterien für eine Abgrenzung der inländischen Einkünfte.[567]

Arno Schulze-Brachmann plädiert dafür, eine beschränkte Steuerpflicht der Inlandseinkünfte ansässiger Personen und eine zweite der inländischen Einkünfte gebietsfremder Personen einzuführen. Die beschränkte Steuerpflicht ansässiger Personen

---

[563] Beiser, ÖStZ 2000, S. 413 (420); Flick, FA 1961 (NF Bd. 21), S. 86 (116); ders., FR 1961, S. 171 (172 f.); ders., in: Engelschalk/Flick u. a., Steuern auf ausländische Einkünfte, 1985, S. 93 (104); Endriss, Wohnsitz- oder Ursprungsprinzip, Köln 1967, S. 75, 104; ders., FR 1968, S. 338 (341); Roer, AWD 1971, S. 73 (75) K. Vogel, intertax 1988, S. 401; ders., in: FS Walter, 1988, S. 101 (112); ders., in: FS Klein, 1994, S. 361 (376); ders., DBA, 1996, Einl. Rz. 12 ff.; ders., DStZ 1997, S. 269 (273); Dautzenberg, BB 1995, S. 2397 (2399); ders., IWB F. 2 S. 645 (652)

[564] Schulze-Brachmann, StuW 1964, Sp. 589 (624); Endriss, FR 1968, S. 338 (341)

[565] so unter anderem: Roer, AWD 1971, S. 73 (76)

[566] Endriss, Wohnsitz- oder Ursprungsprinzip, 1967, S. 76

[567] Flick, FR 1961, S. 171 (173 f.); K. Vogel, intertax 1988, S. 216 (223 ff.); ders., DStZ 1997, S. 269 (273 f.)

könne im Gegensatz zu derjenigen Gebietsfremder die persönliche Leistungsfähigkeit berücksichtigen.[568] Insoweit solle lediglich für Ansässige eines anderen EG-Mitgliedsstaates eine Ausnahme gemacht werden. Da der Zusammenschluss in eine Wirtschaftsunion einmünden solle, sei die Einführung des „immerhin etwas isolierend wirkenden Territorialitätsprinzips unangebracht".[569]

Diesem Ansatz ist zu entgegnen, dass die Berücksichtigung der persönlichen Leistungsfähigkeit keine die Einkommensteuer verkomplizierende und letztlich das zu Recht kritisierte, derzeitige System bestätigende Differenzierung nach der Ansässigkeit erfordert.[570] Auch ist ein Steuerkonzept nur dann überzeugend, wenn es grundsätzlich keiner Unterscheidung zwischen EG- und Drittstaaten bedarf. Überzeugender ist deshalb die Lösung von Endriss und Zuber:

Sie fordern, persönliche Verhältnisse durch eine Aufteilung der steuerlichen Abzüge zu berücksichtigen.[571] Endriss fordert, die individuelle Leistungsfähigkeit müsse in jedem Staat zu dem Teil berücksichtigt werden, der dem Anteil des in diesem Staat erwirtschafteten Einkommens am Gesamteinkommen entspreche.[572] Durch Übereinkünfte mit anderen Staaten sei die Gegenseitigkeit dieses Ansatzes sicherzustellen.[573]

Die Quellenbesteuerung soll nach Ansicht von Endriss und Roer mit einem Progressionsvorbehalt verbunden werden. Der nach dem Gesamteinkommen ermittelte Steuersatz sei dem gemäß durch den Quellenstaat auf die inländischen Einkünfte anzuwenden.[574] So könne dafür gesorgt werden, dass die Steuerbelastung eines Steuerpflichtigen mit Einkünften aus mehreren Staaten derjenigen eines Steuerpflichtigen mit ausschließlich inländischen Einkünften entspreche. Das sei jedoch nicht als Forderung nach einer, bezogen auf den Betrag, gleichen Steuerbelastung zu verstehen. Abweichungen, die sich aus Unterschieden in den Steuersystemen ergäben, verstießen nämlich nicht gegen den Grundsatz der Gleichmäßigkeit der Besteuerung.[575]

In diesem Sinne weitergehend schlagen Flick und Schulze-Brachmann vor, ausländische Einkünfte ohne Progressionsvorbehalt von der Besteuerung im Quellenstaat frei-

[568] Schulze-Brachmann, StuW 1964, Sp. 589 (624)

[569] Schulze-Brachmann, StuW 1964, Sp. 589 (625)

[570] s. o. 2. Abschnitt C. V. 5. bb. (2)

[571] Endriss, Wohnsitz- oder Ursprungsprinzip, 1967, S. 73, 101; ders., FR 1968, S. 338 (342); Zuber, Anknüpfungsmerkmale und Reichweite der internationalen Besteuerung, 1991, S. 97

[572] Endriss, Wohnsitz- oder Ursprungsprinzip, 1967, S. 73, 101; ders., FR 1968, S. 338 (342)

[573] Endriss, FR 1968, S. 338 (342)

[574] Endriss, FR 1968, S. 338 (343); zustimmend: Roer, AWD 1971, S. 73 (75)

[575] Endriss, FR 1968, S. 338 (342 f.)

zustellen.[576] Die Unterschiede im Zustandekommen und in der Ermittlung in- und ausländischer Einkünfte erforderten es, einen echten Trennungsstrich zu ziehen.[577]

Die konsequente Umsetzung des Quellenprinzips erfüllt alle Anforderungen des im zweiten Abschnitt entwickelten Rechtfertigungssystems.[578] Fraglich ist jedoch, ob das Absehen von einer an bestimmten Kriterien festzumachenden Einkunftsquelle praktikabel ist. Problematisch ist des Weiteren die zwischenstaatliche Organisation und Durchsetzung der Berücksichtigung von subjektiven Leistungsfähigkeitsminderungen. Es zeigt sich, dass bei der Rechtfertigung des vor allem an die Überlegungen von Endriss anknüpfenden, eigenen Alternativvorschlags[579] zwischen Gerechtigkeits- und Praktikabilitätsgesichtspunkten abzuwägen sein wird.

Festgestellt werden kann aber schon jetzt, dass bereits innerstaatlich angreifbare Ansätze wie die Verfolgung des Umverteilungsgedankens mittels der Einkommensteuerprogression sowie die Berücksichtigung nicht einkunftsbezogener Leistungsfähigkeitsminderungen über das Medium der Steuer statt per Finanztransfer bei der Suche nach einem international überzeugenden Besteuerungssystem äußerst problematisch sind. Dieser Umstand sollte Rückwirkungen auf die Diskussion zur Ausgestaltung des nationalen Einkommensteuerrechtes haben.

III. Differenzierung nach der Art der Einkünfte

Mehrere Autoren plädieren dafür, ein modifiziertes, nach der Art der Einkünfte differenzierendes System einzuführen, in dem teilweise durch den Quellenstaat und teilweise durch den Ansässigkeitsstaat besteuert wird.[580]

1. Passive und aktive Einkünfte

J. van Hoorn Jr. ist der Ansicht, es müsse nach der Art der Einkünfte differenziert werden, um den charakterlichen Unterschieden gerecht zu werden.[581] Er unterscheidet Einkünfte, bei denen die Einkommensverwendung im Vordergrund steht, von solchen, die aus einer gewerblichen oder ähnlichen Tätigkeit fließen und damit von der Art und Weise der Einkünfteerzielung geprägt werden. Diese Differenzierung behauptet er dem geltenden internationalen Steuerrecht entnehmen zu können.[582]

---

576 Flick, FA 1961 (NF Bd. 21), S. 86 (104); Schulze-Brachmann, StuW 1964, Sp. 589 (618)

577 Schulze-Brachmann, StuW 1964, Sp. 589 (618)

578 s. o. 2. Abschnitt D.

579 s. u. 4. Abschnitt B. I. 2., C. I. 2.

580 van Hoorn Jr., StuW 1960, Sp. 201 (210, 213); Bühler, Prinzipien des Internationalen Steuerrechts, 1964, S. 186; Zuber, Anknüpfungsmerkmale und Reichweite der internationalen Besteuerung, 1991, S. 181

581 van Hoorn Jr., StuW 1960, Sp. 201 (210, 213)

582 van Hoorn Jr., StuW 1964, Sp. 475 (477)

Einkünfte, die dem Verbrauch dienten, seien im Ansässigkeitsstaat zu besteuern. Dem Quellenstaat sei allenfalls ein Teil dieser Einkünfte zur Besteuerung zu überlassen. Dadurch werde dem Umstand Rechnung getragen, dass im Wohnsitzstaat der Verbrauch stattfinde.[583] Demgegenüber seien solche Einkünfte, die das Ergebnis einer produktiven Tätigkeit repräsentierten, gänzlich dem Quellenstaat zu belassen. Der Staat, in dem die Produktion stattfinde, sei berechtigt, sich die Produktion mittels einer Besteuerung der betreffenden Einkünfte zunutze zu machen.[584]

In der Tat lassen sich in der Praxis der Doppelbesteuerungsabkommen Einkünfte, bei denen regelmäßig die Anrechnungsmethode zur Anwendung kommt, von solchen, bei denen regelmäßig die Befreiungsmethode angewendet wird, unterscheiden. Zu Ersteren gehören etwa Zinsen und Lizenzgebühren, zu letzteren Unternehmensgewinne oder Arbeitsentgelte. Im Rahmen der Befreiungsmethode wird der Besteuerungszugriff durch den Quellenstaat in stärkerem Maße durch den Ansässigkeitsstaat akzeptiert, als dieses bei Anwendung der Anrechnungsmethode der Fall ist. Daraus könnte geschlossen werden, dass es sachgerecht wäre, je nach Grad der bei der Einkünfteerzielung entfalteten Aktivität schon auf nationaler Ebene als Ansässigkeitsstaat die Besteuerungszuständigkeit zu beanspruchen oder diese dem Quellenstaat zu überlassen.

Dass indes weder eine Differenzierung nach der Einkünfteerzielung und -verwendung noch eine solche nach dem Grad der entfalteten Aktivität zielführend ist, zeigen die Einkünfte aus unbeweglichem Vermögen, die passiv aus der Verwendung aktiv erworbenen Vermögens erzielt werden und bei denen es gleichwohl zu einer Freistellung im Ansässigkeitsstaat und zu einer Besteuerung im Belegenheitsstaat kommt.

Die Frage der Differenzierung nach der überwiegend angewandten Methode zur Vermeidung der Doppelbesteuerung scheint statt dessen auf den Grad der Intensität der Verknüpfung mit dem Quellenstaat oder, mit anderen Worten, auf die Beweglichkeit des Ursprungs[585] zurückzuführen zu sein. Dies zeigen exemplarisch die Unternehmensgewinne, bei denen erst die Existenz einer Betriebsstätte dazu führt, dass der Ansässigkeitsstaat zugunsten des Quellenstaates von der Besteuerung absieht.

Damit sind es in erster Linie Praktikabilitätserwägungen, die zu einer Differenzierung im internationalen Steuerrecht führen. Diese Erwägungen weisen zwar wegen des Zusammenhangs zur Effizienz und damit zur Reproduktivität der Steuer[586] einen selbständigen Bezug zur Gerechtigkeit eines Besteuerungssystems auf. Es wäre jedoch verfehlt, sie zum Fundament für die Ausgestaltung eines sachgerechten Besteuerungssystems machen zu wollen.

---

583 van Hoorn Jr., StuW 1960, Sp. 201 (213)

584 van Hoorn Jr., StuW 1960, Sp. 201 (210)

585 s. o. 1. Abschnitt A. II. 2.

586 s. o. 2. Abschnitt A. IV. 1., B. III. 3. a.

Statt dessen wird bei der Entwicklung des eigenen Alternativkonzeptes zu prüfen sein, inwieweit Rückschlüsse aus der Praxis der Doppelbesteuerungsabkommen das Ergebnis von Überlegungen zur Sach- und Systemgerechtigkeit dahingehend zu beeinflussen vermögen, dass es punktuell doch zur Beibehaltung der Anknüpfung bestimmter Verfahrenselemente an die Ansässigkeit kommt.

2. Sonderbehandlung von Einkünften aus nachhaltiger Erwerbstätigkeit

Barbara Zuber plädiert in der Konsequenz einer opfertheoretischen Steuerrechtfertigung für eine grundsätzliche Ausrichtung des internationalen Steuerrechts am Welteinkommensprinzip.[587] Lediglich partiell sei die Steuerpflicht der Ansässigen und diejenige der Nichtansässigen zu vereinheitlichen.

Einkünfte einer natürlichen Person seien grundsätzlich unabhängig von ihrem Ursprung im Ansässigkeitsstaat zu erfassen. In Doppelbesteuerungsabkommen sei grundsätzlich nach der Anrechnungsmethode zu verfahren. Etwas anderes solle lediglich bei einem „unternehmerischen Wertschöpfungsprozess“ und längerfristigen nichtselbständigen Arbeitsleistungen im Ausland gelten, da in diesen Fällen eine besonders enge Verflechtung mit der Wirtschaft des ausländischen Staates gegeben sei. Hier seien die erzielten Einkünfte im Ansässigkeitsstaat unter Progressionsvorbehalt von der Besteuerung freizustellen. Im Quellenstaat seien sie nach dem Nettoprinzip und unter Zugrundelegung eines auf die Gesamtleistungsfähigkeit des Steuerpflichtigen bezogenen Steuersatzes zu besteuern.

Ein so gestaltetes Steuersystem gewährleiste strukturell eine Besteuerung nach Leistungsfähigkeitsgesichtspunkten. Außerdem stehe es mit dem Gerechtigkeitspostulat in Einklang. Schließlich würden verzerrende Einflüsse auf den Wettbewerb im Quellenstaat und auf die Entscheidung zwischen in- und ausländischer Tätigkeit reduziert.[588]

Wie allen Mischsystemen ist auch diesem System zu Eigen, dass ihm die besonderen Vorzüge einer entweder auf die Ansässigkeit oder auf die Einkunftsquelle reduzierten Besteuerung fehlen. So wird weder das nationale Einkommensteuerrecht vereinfacht noch das Doppelbesteuerungsproblem entschärft.

Überdies ist es nicht so, dass bei anderen als den hier vorrangig dem Quellenstaat zugewiesenen "Arbeitseinkünften" Wettbewerb im Quellenstaat nicht stattfindet. So stehen etwa Lizenzgeber und auch Eigentümer unbeweglichen Vermögens dort in einem Wettbewerb, der durch jede Besteuerung im Ansässigkeitsstaat erschwert wird.

---

587 Zuber, Anknüpfungsmerkmale und Reichweite der internationalen Besteuerung, 1991, S. 36, 181

588 Zuber, Anknüpfungsmerkmale und Reichweite der internationalen Besteuerung, 1991, S. 186

Ausscheiden muss das von Zuber vorgeschlagene Besteuerungssystem letztlich jedoch, weil es sich wie das derzeit geltende deutsche Einkommensteuerrecht, dem es in den Grundzügen entspricht, nicht mit dem im zweiten Abschnitt entwickelten Rechtfertigungssystem vereinbaren lässt.

3. Sonderbehandlung des Einsatzes von Kapital und Lizenzen

Ottmar Bühler plädiert anders als Zuber im Grundsatz für eine Einkommensbesteuerung nach dem Quellenprinzip.[589] Eine Ausnahme solle dieses Prinzip jedoch bei grenzüberschreitenden Zahlungen im Hinblick auf Ansprüche auf Dividenden und Zinsen sowie im Hinblick auf Lizenzen erfahren.

Die damit verbundenen, aus dem Staat der Investition in den Ansässigkeitsstaat des Investors fließenden Einkünfte seien letztlich auf die Kapitalinvestition zurückzuführen. So hätten den Entwicklungsländern von jeher Arbeitskräfte und Bodenschätze zur Verfügung gestanden. Zur Ausbeutung der Ressourcen habe es jedoch nur aufgrund des Kapitalzuflusses aus dem Ausland kommen können. Bezogen auf diese Einkünfte schlägt Bühler daher vor, die Besteuerung zur Hälfte dem Ansässigkeitsstaat zu überlassen. Formell vorrangig sei aber auch in diesem Fall die Besteuerung durch den Quellenstaat.[590]

Bühlers Idee basiert, das zeigen vor allen Dingen seine Ausführungen zur Situation in den Entwicklungsländern, auf der Suche nach dem Ursprung der Leistungsfähigkeitssteigerung. Diesen Gesichtspunkt ordnet er bei Dividenden, Zinsen und Lizenzgebühren dem Ansässigkeitsstaat des Investors bzw. Lizenzgebers und nicht dem Staat zu, auf dessen Markt die wirtschaftliche Potenz verlagert wurde.

Der Nachteil dieses Ansatzes besteht darin, dass dem Belastungsgrund der Einkommensteuer für Zwecke der internationalen Aufteilung der Besteuerung das Kriterium des Ursprungs übergeordnet wird, dessen es jedoch bei näherer Betrachtung nicht bedarf. Dieses zeigt gerade das von Bühler selbst angeführte Beispiel der Entwicklungsländer. Auch hier erfolgen Investitionen in der Regel nicht zum Zwecke des Einkünfteverbrauchs, sondern weil sich der Investor aufgrund des besonderen Zusammenwirkens des mit der Investition verbundenen Risikos und der aus ihr zu erwartenden Rendite, basierend etwa auf niedrigen Arbeitslöhnen oder/und vorhandenen und leicht abbaubaren Bodenschätzen, also aufgrund des Marktes im Entwicklungsland, einen besonderen Vorteil verspricht. Gleiches gilt für den Lizenzgeber, der sich ausschließlich an der Attraktivität des Marktes für sein geistiges Eigentum orientiert.

[589] Bühler, Prinzipien des Internationalen Steuerrechts, 1964, S. 186

[590] Bühler, a. a. O., S. 184

Sieht man folglich den Belastungsgrund der Einkommensteuer im staatlichen Anteil am marktwirtschaftlichen Erfolg des Steuerpflichtigen,[591] so gibt es diesen Anteil auch bezogen auf Zinsen, Dividenden und Lizenzgebühren, und es besteht kein Grund, ihn nicht durch die Zuordnung des entsprechenden Steueraufkommens zu honorieren.

D. Zusammenfassung

Grundlegend für die Entwicklung eines Alternativkonzeptes zur Besteuerung grenzüberschreitend erzielter Einkünfte ist die Suche nach einem sachgerechten Anknüpfungspunkt für die Steuerpflicht.

Georg von Schanz und Herbert Dorn, deren Vorschläge richtungweisend für das deutsche Einkommensteuerrecht waren,[592] verankern die Steuerpflicht an der wirtschaftlichen Zugehörigkeit von Einkünften, wobei für von Schanz die volkswirtschaftliche Verankerung von Einkünften ausschlaggebend ist, während nach der Meinung Dorns der territoriale Einflussbereich der Staatsgewalt über die Zuordnung der Einkünfte entscheidet.

In der neueren Literatur finden sich neben vereinzelten Plädoyers für eine isolierte Anknüpfung der Steuerpflicht an den Wohnsitz vor allem Stimmen, die eine Abgrenzung der staatlichen Besteuerung nach der Einkunftsquelle und dementsprechend eine Aufgabe des Ansässigkeitskriteriums vorschlagen. Beide Positionen werden in erster Linie mit dem Wesen der Einkommensteuer, dem Leistungsfähigkeitsprinzip und dem Grundsatz der Gleichmäßigkeit der Besteuerung begründet. Für die Quellenbesteuerung wird darüber hinaus auf die Wettbewerbsneutralität verwiesen. Im Hinblick auf die Besonderheiten der Einkunftsarten werden zudem vermittelnde Positionen eingenommen. Kennzeichnend ist hier die Differenzierung zwischen aktiven und passiven Einkünften.

Die vorgestellten Alternativkonzepte erweisen sich mit Ausnahme des von von Schanz initiierten, von Endriss entwickelten und von anderen aufgegriffenen Konzeptes der Besteuerung nach Maßgabe der Wirtschaftszugehörigkeit als nicht mit dem im zweiten Abschnitt entwickelten Rechtfertigungssystem vereinbar. Allerdings werfen sie wiederholt die Frage auf, inwieweit es aus Praktikabilitätsgründen nicht doch angebracht ist, in einem streng an Gerechtigkeitsüberlegungen orientierten, auf die Quellenbesteuerung ausgerichteten Alternativkonzept bestimmte Funktionen dem Staat des Wohnsitzes oder des Lebensmittelpunktes zu belassen. Diese Frage wird bei der Entwicklung und Rechtfertigung des eigenen Alternativvorschlags im letzten Abschnitt zu beantworten sein.

---

[591] s. o 2. Abschnitt B. III. 2.

[592] Spitaler, StuW 1948, Sp. 7 (12 f.)

Vierter Abschnitt: Eigener Alternativvorschlag

Die Diskussion der allgemeinen Steuerrechtfertigung,[593] der Rechtfertigung der Einkommensteuer[594] und der Rechtfertigung von unbeschränkter und beschränkter Einkommensteuerpflicht[595] haben gravierende Mängel der im ersten Abschnitt dargestellten Grundlagen der Einkommensbesteuerung grenzüberschreitend erzielter Einkünfte aufgezeigt. Die vorgestellten Alternativkonzepte[596] haben die Grundidee eines sach- und systemgerechten Besteuerungssystems aufgezeigt. Ein eigener Vorschlag für eine grundlegende Neukonzeption der Steuerpflicht im deutschen Einkommensteuerrecht soll die aufgezeigten Mängel beseitigen und dabei die positiv bewerteten Bestandteile der vorgestellten Alternativkonzepte berücksichtigen.

Eine Steuerreform kann jedoch nicht durch die Konstruktion eines Steuersystems auf der Grundlage theoretischer Besteuerungsgrundsätze initiiert werden.[597] Der Alternativvorschlag bezieht sich deshalb auf die derzeit geltenden Grundtatbestände der unbeschränkten und der beschränkten Einkommensteuerpflicht. Zur Verdeutlichung werden die vorgeschlagenen Neuregelungen auf einige der eingangs zur Erläuterung des Verhältnisses zwischen den Arten der Steuerpflicht angeführten Beispielsfälle[598] angewandt.

A. Steuersubjekt - Anknüpfung an die Wirtschaftszugehörigkeit

Die Einkommensteuerpflicht einer Person hängt generell und ausschließlich von ihrer durch die Erzielung inländischer Einkünfte vermittelten Wirtschaftszugehörigkeit zum Inland ab. International wird die Besteuerung nach Maßgabe der wirtschaftlichen Zugehörigkeit der Steuerpflichtigen zu einem Staat aufgeteilt.

Das Wohnsitzprinzip wird aufgegeben. Die Ansässigkeit einer Person ist sowohl für die Begründung der Steuerpflicht als auch für die Ausgestaltung und die internationale Aufteilung der Besteuerung bedeutungslos.

---

593 s. o. 2. Abschnitt A.

594 s. o. 2. Abschnitt B.

595 s. o. 2. Abschnitt C.

596 s. o. 3. Abschnitt

597 Gutachten der Steuerreformkommission 1971, S. 28 (Allg. Teil, I. C. 2. Rdnr. 34)

598 s. o. 1. Abschnitt A.

I. Konsequenzen: Abhängigkeit von der Einkünfteerzielung (Beispielsfall 2)

Im zweiten Beispielsfall[599] haben die vorgeschlagenen Änderungen folgende Konsequenzen:

> Sowohl der in Osnabrück ansässige B als auch der in Amsterdam wohnhafte C können nur dann in Deutschland subjektiv steuerpflichtig sein, wenn sie inländische Einkünfte erzielen. Nicht nur die Ansässigkeit, sondern auch die Erzielung ausländischer Einkünfte durch den inlandsansässigen B ist für die Beantwortung der Frage nach der subjektiven Steuerpflicht irrelevant. Entscheidend ist nicht mehr nur die Erzielung von Einkünften, sondern die Erzielung inländischer Einkünfte.

Die Steuerpflicht wird vereinheitlicht. Die Unterscheidung zwischen Steuerin- und Steuerausländern wird bedeutungslos. Die persönliche Steuerpflicht in einem Staat besteht nur noch dann, wenn die sachliche Steuerpflicht aufgrund inländischer Einkünfte gegeben ist.

Mit dem Ansässigkeitskriterium entfällt die systematische Grundlage für eine Differenzierung zwischen unbeschränkter und beschränkter Einkommensteuerpflicht.[600] Die Einkommensteuerpflicht wird sowohl national als auch international mit der Einkünfteerzielung verbunden und nicht mehr an die Einkünfte erzielende Person geknüpft. Der völkerrechtlich erforderliche sachgerechte Anknüpfungspunkt für die Abgabenerhebung im Inland[601] besteht in der sachlichen Zugehörigkeit des Steuerschuldners zum Inland. Es gilt das sog. Quellenprinzip.[602]

II. Begründung

Auf der Ebene des Steuersubjektes sind damit zwei Entscheidungen zu begründen: zum einen die Aufgabe der doppelten Anknüpfung der Einkommensteuerpflicht zugunsten einer einheitlichen Lösung und zum anderen die Aufgabe der Ansässigkeit zugunsten der Wirtschaftszugehörigkeit.

---

599 s. o. 1. Abschnitt A. I. 3.

600 s. o. 2. Abschnitt D. 3.

601 BVerfG, Beschluss v. 22.03.1983 - 2 BvR 475/78 -, BVerfGE 63, 343 (369); BFH, Urteil v. 18.12.1963 - I 230/61 S -, BStBl. III 1964, 253 (256); Urteil v. 16.12.1964 - II 154/61 U -, BStBl. III 1965, 134 (135); Rudolf, in: FS Bärmann, 1975, S. 769 (777); Mössner, Einführung in das Völkerrecht, 1977, S. 191; ders., in: Haarmann, Die beschränkte Steuerpflicht, 1993, S. 110 (112); ders., in: Mössner u. a., Steuerrecht international tätiger Unternehmen, 1998, Rz. B 3; Verdross/Simma, Universelles Völkerrecht, 1984, § 1183 (S. 778 f.); K. Vogel, DStZ 1997, S. 269 (272)

602 s. o. 1. Abschnitt A. I. 2., B. II.

1. Vereinheitlichung der persönlichen Steuerpflicht

Eine einheitliche, an die Wirtschaftszugehörigkeit anknüpfende Einkommensteuerpflicht bietet im Vergleich zum Nebeneinander von unbeschränkter und beschränkter Steuerpflicht zahlreiche Vorteile.

a. Gleichmäßigkeit der Besteuerung

Die konsequente Umsetzung des Ursprungsprinzips entspricht zunächst dem Grundsatz der Gleichmäßigkeit der Besteuerung.[603]

International führt nur eine auf Inlandseinkünfte beschränkte Besteuerung zu einer angemessenen Berücksichtigung der persönlichen Leistungsfähigkeit.[604] Es ist sachgerecht, bei einem Steuerpflichtigen, der aufgrund seiner Erwerbstätigkeit den Verhältnissen in einem Quellenstaat unmittelbar und nachhaltig ausgesetzt sei, die dortigen Verhältnisse zum alleinigen Maßstab für die Besteuerung nach der Leistungsfähigkeit zu machen. Die gleichmäßige Besteuerung von in- und ausländischen Einkünften bei grenzüberschreitender Einkünfteerzielung führt zu Verstößen gegen den Grundsatz der Gleichmäßigkeit der Besteuerung. Erforderlich ist daher eine Differenzierung zwischen in- und ausländischer Leistungsfähigkeit.[605]

Derjenige, der Einkünfte in einem bestimmten Staat erzielt, muss mit demjenigen gleichbehandelt werden, der seine Einkünfte unter den gleichen Bedingungen und damit in demselben Staat erzielt. Die Gleichbehandlung mit einer dritten Person, die Einkünfte in einem anderen Staat erzielt, ist dagegen unter keinen Umständen erforderlich.[606]

Durch die Vereinheitlichung des Besteuerungskonzeptes unter Abschaffung des Anknüpfungsmerkmals der Ansässigkeit entfällt überdies die potentielle Diskriminierung Gebietsfremder, die bisher im Mittelpunkt der Diskussion um die Einkommensteuerpflicht stand.[607] Der Vorwurf der Diskriminierung beschränkt Steuerpflichtiger wird

---

603 Endriss, FR 1968, S. 338 (341)

604 Endriss, Wohnsitz- oder Ursprungsprinzip, 1967, S. 66; ders., FR 1968, S. 338 (341); Mössner, in: K. Vogel (Hrsg.), Grundfragen des Internationalen Steuerrechts, 1985, S. 135 (142)

605 Jacobs, Internationale Unternehmensbesteuerung, 1999, S. 30; Schaumburg, in: FS Tipke, 1995, S. 125 (130)

606 K. Vogel, DStZ 1997, S. 269 (273)

607 vgl. EuGH, Urteil v. 14.02.1995 - Rs. C-279/93 (FA Köln Altstadt ./. Roland Schumacker), BB 1995, 438 (439); DStR 1995, 326 (327); EC Tax Review 1995, 109 (112); FR 1995, 224 (225 f.); Urteil v. 11.08.1995 - Rs. C-80/94 (G. H. E. J. Wielockx ./. Inspecteur der directe belastingen), Slg. 1995, I 2493, 2508 (2515, Rn. 19); Urteil v. 27.06.1996 - Rs. C-107/94 (P. H. Asscher ./. Staatssecretaris van Financien) -, Slg. 1996, I 3089, 3113 (3124 f., Rn. 40 f.); BVerfG, Beschluss v. 24.09.1965 - 1 BvR 228/65 -, BVerfGE 19, 119 (123 f.); Beschluss v. 05.09.1975 - 1 BvR 219/75 -, HFR 1975, 540 (540); Beschluss v. 12.10.1976 - 1 BvR 2328/73 -, BVerfGE 43, 1 (8 ff.); BStBl. II 1977, 190 (192 f.); BFH, Urteil v. 16.08.1963 - VI 96/62 U -, BStBl. III 1963, 486 (487); Urteil v. 10.10.1973 - I R 162/71 -, BStBl. II 1974, 30 (31); Urteil v. 14.02.1975 - VI R 210/72 -, BStBl. II 1975, 497 (498); Urteil v. 09.07.1976 - VI R 158/74 -, BStBl. II 1976, 755 (756

gegenstandslos.[608] Bereits durch die Definition der persönlichen Steuerpflicht wird so eine willkürliche Ungleichbehandlung sowohl von Gebietsansässigen und Gebietsfremden als auch von Steuerpflichtigen mit in- und solchen mit ausländischen Einkünften ausgeschlossen wird.

Wird die Einkommensteuerpflicht sowohl in subjektiver als auch in objektiver Hinsicht vereinheitlicht, kann der Suche nach sachlichen Gründen für verbleibende Unterschiede bei der Besteuerung inländischer Einkünfte nicht mehr durch das auf den konzeptionellen Unterschieden zwischen unbeschränkter und beschränkter Steuerpflicht beruhende Scheinargument[609] ausgewichen werden. Damit wird der Schutz der Steuerpflichtigen vor nicht zu rechtfertigenden Diskriminierungen erhöht und dem Grundsatz der Gleichmäßigkeit der Besteuerung in erhöhtem Maße Geltung verschafft.

b. Wettbewerbsneutralität

Die Kombination von Wohnsitz- und Quellenbesteuerung erhöht nicht nur das Risiko willkürlicher Ungleichbehandlungen, sondern verursacht auch Wettbewerbsverzerrungen. Liegen Ansässigkeit und Einkunftsquelle in verschiedenen Staaten, so verzerrt die Wohnsitz- und Welteinkommensbesteuerung den Wettbewerb im Quellenstaat.[610] Im Gegenzug beeinflusst die Quellenbesteuerung die Wettbewerbssituation im Ansässigkeitsstaat.

Die wechselseitigen Einflüsse entfallen bei einer Einkommensbesteuerung, die an die Ansässigkeit oder an die Einkunftsquelle anknüpft. Hier bleibt entweder die Neutralität der Einkommensbesteuerung im Ansässigkeitsstaat,[611] also die Kapitalexportneutralität, oder die Wettbewerbsneutralität im Quellenstaat,[612] die Kapitalimportneutralität, gewahrt. Der Vorteil einer vereinheitlichten Steuerpflicht besteht also darin, dass entweder Wettbewerbsneutralität im Ansässigkeits- oder im Quellenstaat erreicht wird.

f.); Urteil v. 20.04.1988 - I R 219/82 -, BStBl. II 1990, 701 (704); Hess. FG, Urteil v. 18.05.1971 - II 319/68 -, EFG 1971, 488 (489); Bayer, in: FS Mosler, 1983, S. 59 (70 f.); Engelschalk, Die Besteuerung von Steuerausländern auf Bruttobasis, 1988, S. 87; Knobbe-Keuk, DStR 1993, S. 425 (428); Kaefer/Saß, DB 1995, S. 642 (648 f.); Léger, IStR 1995, S. 27 (27 f.); Blümich/Krabbe, § 49 EStG Rz. 13; HHR/Kumpf, EStG § 50 Anm. 6

608 Schulze-Brachmann, StuW 1964, Sp. 589 (618 f.)

609 s. o. 2. Abschnitt C. V. 1.

610 Endriss, FR 1968, S. 338 (341); Flick, in: Engelschalk/Flick, Steuern auf ausländische Einkünfte, 1985, S. 93 (96, 102); Morgenthaler, IStR 1993, S. 258 (261)

611 Spitaler, Das Doppelbesteuerungsproblem bei den direkten Steuern, 1936, S. 409; Debatin, StbJb. 1964/65, S. 399 (412); Knechtle, Grundfragen des internationalen Steuerrechts, 1976, S. 45; Dautzenberg, BB 1995, S. 2397 (2397); Witteveen, EC Tax Review 1995, S. 122 (123)

612 Endriss, Wohnsitz- oder Ursprungsprinzip, 1967, S. 70; ders., FR 1968, S. 338 (341); Flick, in: Engelschalk/Flick, Steuern auf ausländische Einkünfte, 1985, S. 93 (96, 102); Morgenthaler, IStR 1993, S. 258 (261); Jacobs, Internationale Unternehmensbesteuerung, 1995, S. 30

c. Rechtsvereinfachung/Verwaltungspraktikabilität

Für die Aufgabe des Nebeneinanders von unbeschränkter und beschränkter Einkommensteuerpflicht spricht außerdem die damit verbundene konzeptionelle Vereinfachung des Einkommensteuerrechtes.

Das „ob“ der Steuerpflicht richtet sich nur noch nach einem Kriterium. Bei der innerstaatlichen Anwendung des Einkommensteuerrechts entfällt die Prüfung, ob eine natürliche Person unbeschränkt oder beschränkt steuerpflichtig ist. Zwischenstaatlich wird die Abgrenzung der Einkommensbesteuerung erleichtert. Die Staaten können sich darauf beschränken, die aus dem unterschiedlichen Verständnis des Besteuerungsmerkmals "inländische Einkünfte" resultierenden Konflikte zu lösen.

Auch die Handhabung der Einkommensteuer durch die Finanzverwaltung wird erleichtert. Zum einen reduziert sich die Anzahl der Personen, die der nationalen Einkommensteuerpflicht unterliegen. Zum anderen verbleibt nur noch ein Anknüpfungsmerkmal, auf dessen Erfassung und Kontrolle sich die Verwaltung konzentrieren kann.

d. Sachgerechtigkeit auf zwischenstaatlicher Ebene

Gründe dafür, dass eine auf die Besteuerung inländischer Einkünfte beschränkte Steuerpflicht nicht nur aufgrund ihres höheren Maßes an Wettbewerbsneutralität sachgerechter ist als ein Nebeneinander von unbeschränkter und beschränkter Steuerpflicht, ergeben sich aus den Hintergründen der derzeitigen Besteuerungskonzeption.

aa. Einnahmenmaximierung

So ist die Kombination von unbeschränkter und beschränkter Einkommensteuerpflicht nicht etwa deshalb besonders sachgerecht, weil sie durch die gleichzeitige Anknüpfung an die Ansässigkeit und das Vorliegen inländischer Einkünfte die weitestgehende, mit dem Völkerrecht vereinbare und gleichzeitig noch praktikable Einkommensbesteuerung bedeutet.

Das Nebeneinander von unbeschränkter und beschränkter Steuerpflicht im deutschen Einkommensteuerrecht ist auf den Gedanken der Einnahmenoptimierung bzw. auf das von Endriss in anderem Zusammenhang gebrauchte „Prinzip der höchsten Einnahmeerzielung“[613] zurückzuführen. Der Fiskalzweck alleine vermag jedoch in keinem Fall eine Besteuerung als sachgerecht zu erweisen.[614] Statt dessen erlaubt die Beschränkung der Besteuerung auf ein einheitliches Anknüpfungskriterium eine effektivere und damit auch sachgerechtere Besteuerung. Nur ein möglichst effektiver Zugriff

---

[613] Endriss, Wohnsitz- oder Ursprungsprinzip, 1967, S. 62

[614] Reiß, in: Tipke/Lang, Steuerrecht, 2002, § 14 Rz. 1

wird dem zum Maßstab für die Gerechtigkeit einer Steuer erklärten Grundsatz der Reproduktivität[615] gerecht.

bb. Stärkung der Verhandlungsposition

Auch Einnahmeinteressen des Ansässigkeitsstaates vermögen nicht die Kombination von unbeschränkter und beschränkter Einkommensteuerpflicht zu begründen. Haushalterischen Gesichtspunkten wird am ehesten durch eine international durchsetzbare Beschränkung auf Inlandseinkünfte gedient.

Die grenzüberschreitende Erzielung von Einkünften führt zwangsläufig dazu, dass mehrere Staaten an einer Besteuerung der Leistungsfähigkeitssteigerung interessiert sind. In Doppelbesteuerungsabkommen wird nach einem Ausgleich der konkurrierenden Interessen gesucht. Den Steuerpflichtigen, auf die wegen der Ablehnung der organischen Staatslehre[616] abzustellen ist, könnte nun daran gelegen sein, dass seinem Ansässigkeitsstaat ein möglichst großer Verhandlungsspielraum zur Verfügung steht, innerhalb dessen er auf eine Besteuerung verzichten kann, ohne die finanzielle Grundlage des Gemeinwesens zu gefährden.

Dem liegt die Idee zugrunde, dass nur durch eine möglichst weitgehende nationale Besteuerung die Doppelbesteuerungsabkommen definitionsgemäß zu einem „sachgemäßen, auf Gegenseitigkeit gegründeten System von Steuerverzichten"[617] werden können. Herbert Dorn wies bereits 1928 auf das seines Erachtens nur scheinbar paradoxe Ergebnis dieser Überlegung hin: „Vermehrung der Doppelbesteuerungsfälle durch Ausbau der Steuersysteme, und eben dadurch Erleichterung der Verträge zu ihrer Vermeidung, weil durch die Vermehrung der Fälle der psychologische Druck zugunsten der Verträge wächst und die Annäherung der Steuersysteme, die Gleichheit und Gleichwertigkeit der Verzichte bedeutet, den Verhandlungen zustatten kommt."[618]

Diese auf den ersten Blick plausible Rechtfertigung einer möglichst weitgehenden nationalen Besteuerung grenzüberschreitender Sachverhalte erweist sich indes bei genauerer Betrachtung als Zirkelschluss. Hauptursache der Doppelbesteuerung ist die Kombination von unbeschränkter und beschränkter Einkommensteuerpflicht in den Steuerrechtsordnungen der Staaten.[619] Doppelbesteuerungsabkommen beseitigen unerwünschte Folgen einer derartigen nationalen Einkommensbesteuerung. Macht man sie zum Rechtfertigungsgrund für die Ausgestaltung der Steuerrechtsordnungen, so werden Grund und Folge vertauscht. Doppelbesteuerungsabkommen basieren auf den na-

---

[615] s. o. 2. Abschnitt A. IV. 1., B. III. 3. a.

[616] s. o. 2. Abschnitt A. III. 2. d.

[617] Dorn, StuW 1926, Sp. 97 (98)

[618] Dorn, StuW 1928, Sp. 909 (922)

[619] Jacobs, Internationale Unternehmensbesteuerung, 1999, S. 10

tionalen Besteuerungskonzepten. Deshalb eignen sie sich grundsätzlich nicht dazu, diese zu begründen.

Hinzu kommt, dass ein Interesse des Steuerpflichtigen an einer starken Verhandlungsposition des Ansässigkeitsstaates als Argumentationsgrundlage nicht tragfähig wäre. Ein derartiges Interesse setzt voraus, dass der Steuerpflichtige die fiskalischen Interessen des Staates teilt, in dem er wohnt oder sich gewöhnlich aufhält. Das ist jedoch eine Behauptung, die sich sachlich nicht begründen lässt. Die Einkommensteuer bezieht sich auf den individuellen Vermögenserwerb als einen Vorgang, der der Wirtschaftssphäre zuzuordnen ist. Dementsprechend verfolgt der Steuerpflichtige im Hinblick auf die Einkommensbesteuerung individuelle, wirtschaftliche Interessen. Diesem Umstand trägt die Unterstellung einer Interessenidentität zwischen Ansässigkeitsstaat und beschränkt Steuerpflichtigem keine Rechnung.

Darüber hinaus eignet sich die Wahrung nationaler Interessen auch staatstheoretisch nicht zur Begründung der Einkommensteuerpflicht. Eine Besteuerungskonzeption, die ohne Rücksicht auf die berechtigten Interessen anderer Staaten und die Belange des internationalen Wirtschaftsverkehrs ausschließlich auf die Schaffung einer starken nationalen Verhandlungsposition abzielt, ist mit dem grundgesetzlichen Bekenntnis zur offene Staatlichkeit und zur europäischen Einigung[620] nicht zu vereinbaren.

Schließlich ist es nicht nur grundgesetzkonform, sondern auch fiskalisch überzeugender und damit erfolgversprechender, international mit einem auf einem einheitlichen Anknüpfungspunkt beruhenden Besteuerungssystem aufzutreten. So reduzieren sich die mit Vertretern anderer Staaten zu lösenden Besteuerungskonflikte auf ein Mindestmaß. Das Hauptaugenmerk kann auf die Lokalisierung der Ansässigkeit bzw. der Einkunftsquelle gelegt werden.

cc. Ergebnis zu d.

Im Hinblick auf die Begründung der Kombination von unbeschränkter und beschränkter Einkommensteuerpflicht gilt: Nationale Steuernormen mit internationalem Charakter werden vom Geist einer nationalistischen Politik beherrscht.[621] Sachgerechte Regelungen zur Einkommensteuerpflicht sind auf einer solchen Grundlage nicht zu erwarten.

Das Nebeneinander von unbeschränkter und beschränkter Steuerpflicht im nationalen Einkommensteuerrecht lässt sich jedoch nicht mit fiskalischen Interessen rechtfertigen. Statt dessen hat sich eine dem Grundsatz der Reproduktivität verpflichtete Einkommensteuer an einem einheitlichen Anknüpfungspunkt zu orientieren. Die danach erfor-

---

[620] K. Vogel, in: K. Vogel (Hrsg.), Grundfragen des Internationalen Steuerrechts, JDStJG Bd. 8, 1985, S. 3 (29); ders., in: FS Klein, S. 361 (375); Scholz in Maunz/Dürig, Komm. z. GG, Art. 23 Rdnr. 2

[621] van Hoorn Jr., StuW 1960, Sp. 201 (202)

derliche Konzeption einer ausschließlichen Wohnsitz- oder Quellenbesteuerung dient international fiskalischen Interessen durch eine Eingrenzung der Konfliktfälle bei gleichzeitiger Stärkung der Argumentationsgrundlage.

e. Systemgerechtigkeit

Durch den Verzicht entweder auf die Wohnsitz- und Welteinkommensbesteuerung oder auf die Quellenbesteuerung wird keine innere Systematik der Steuerpflicht zerstört. Unbeschränkte und beschränkte Einkommensteuerpflicht bedingen einander nicht, sondern sie stehen, wie die Untersuchung ihres Verhältnisses gezeigt hat,[622] als Besteuerungskonzeptionen selbständig nebeneinander. Die Gemeinsamkeiten beschränken sich darauf, dass jeweils sich die Einkommensteuer als eine Personensteuer am Leistungsfähigkeitsprinzip orientiert und an einem inländischen Anknüpfungskriterium verankert wird. Gründe, die die gleichzeitige Umsetzung von unbeschränkter und beschränkter Einkommensteuerpflicht als vorzugswürdig erscheinen lassen, ergeben sich daraus nicht.

Die Systemgerechtigkeit erfordert jedoch eine Berücksichtigung der Aufgabe der Einkommensbesteuerung im Steuersystem. Dieses weist den indirekten Steuern die Abschöpfung von ansässigkeitsbedingten Vorteilen und der Einkommensteuer wie den übrigen direkten Steuern die Geltendmachung einer Gegenleistung für den staatlichen Anteil am Erfolg privaten Wirtschaftens zu. Steuersystematisch überzeugt damit, wie nachfolgend weiter begründet werden wird, nur eine einheitliche, ausschließlich die Erzielung inländischer Einkünfte treffende Einkommensteuer.

2. Sachliche Zugehörigkeit als Grundlage der persönlichen Steuerpflicht

Die durch die Wirtschaftszugehörigkeit vermittelte sachliche Zuordnung ist nicht nur dem Nebeneinander von unbeschränkter und beschränkter Einkommensteuerpflicht, sondern auch einer einheitlichen, durch die Ansässigkeit begründeten persönlichen Zuordnung des Steuerpflichtigen zum Inland vorzuziehen.

Das liegt nicht nur an den dogmatischen Schwächen der Ansässigkeitskriterien "Wohnsitz" und "gewöhnlicher Aufenthalt" im deutschen Steuerrecht,[623] sondern vor allem daran, dass grundlegenden Bedenken gegen eine persönliche Anknüpfung der Einkommensbesteuerung prinzipielle Vorzüge einer ausschließlich sachlichen Begründung der Steuerpflicht gegenüberstehen.

---

[622] s. o. 1. Abschnitt B. III.

[623] s. o. 1. Abschnitt A. I. 1.

a. Erfolgsorientierung der Einkommensteuer

Schon die Ausgestaltung der Einkommensteuer erfordert eine Verbindung der Einkommensteuerpflicht mit der Wirtschaftszugehörigkeit des Vermögenserwerbs und kennzeichnet die Ansässigkeit als systemfremdes Kriterium.

Nicht nur die beschränkte, sondern auch die unbeschränkte Einkommensteuerpflicht setzt gem. § 2 Abs. 1 S. 1 EStG die Erzielung von Einkünften voraus.[624] Nach der Rechtsprechung des Bundesverfassungsgerichtes bilden "Einnahmen und Aufwendungen, die durch eine Erwerbstätigkeit veranlasst sind, ... den Ausgangstatbestand der Einkommensteuer."[625] Steuerfolgen treffen nur diejenige Person, die tatsächlich Einkünfte erzielt.[626]

Eine Person wird demnach aufgrund ihrer Einkünfteerzielung zur Einkommensteuer herangezogen. Sie wird nur deshalb besteuert, weil ein Steuerobjekt vorhanden ist. Vor diesem Hintergrund ist es konsequent, auch an dem Ort zu besteuern, an dem sie Einkünfte erzielt hat.[627] Entscheidend für die Steuerpflicht ist damit die durch die Einkünfteerzielung repräsentierte Wirtschaftszugehörigkeit des Steuerpflichtigen. Deshalb ist sie auch das sachgerechte Kriterium für die innerstaatliche Begründung der Einkommensteuerpflicht.

b. Einkommensteuerrechtfertigung

Die Besonderheit der unbeschränkten Einkommensteuerpflicht besteht darin, dass zwischen persönlicher und sachlicher Steuerpflicht differenziert wird. Da die besondere Begründung der persönlichen Steuerpflicht aber nicht ausreicht, um die Besteuerung des Welteinkommens Gebietsansässiger zu rechtfertigen,[628] besteht kein Grund, an ihr festzuhalten.

Die Einkommensbesteuerung ist dem Grunde nach gerechtfertigt, wenn der Staat den Markt schafft, auf dem der Steuerpflichtige Einkommen erwirtschaftet.[629] Damit begründet der Vermögenserwerb und nicht die Ansässigkeit die Einkommensteuerpflicht einer Person. Das Abstellen auf die Wirtschaftszugehörigkeit bewirkt folglich, dass sich auch die Besteuerung von Steuerinländern unmittelbar auf den der Einkommensteuer zugrunde liegenden Rechtfertigungsansatz zurückführen lässt. Die Einkommensteuerpflicht erhält eine einheitliche, ihrem Wesen entsprechende und dementsprechend sachgerechte Grundlage.

---

[624] s. o. 1. Abschnitt A. I. 3.

[625] BVerfG, Beschluss v. 11.11.1998 - 2 BvL 10/95, BStBl. II 1999, 502 (505)

[626] von Stein, Finanzwissenschaft, 2. Teil, 1. Abt., S. 405 f.

[627] Endriss, Wohnsitz- oder Ursprungsprinzip, 1967, S. 71, 75, 76, 104 f.

[628] s. o. 2. Abschnitt C. IV. 1. c.

[629] s. o. 2. Abschnitt B. III. 2.

Die vorgeschlagene Neukonzeption wird dem für die Zuordnung der Besteuerung maßgeblichen Äquivalenzgedanken gerecht.[630] Die Ursprungsbesteuerung bedeutet in erster Linie eine Gegenleistung für die Leistungen des Staates, der die Einkünfteerzielung durch seine Vorleistungen ermöglicht habe.[631] Die Rahmenbedingungen für die Erzielung von Einkünften werden in erster Linie durch den Quellenstaat geschaffen. Zudem benötigt der Quellenstaat die an den Vermögenserwerb geknüpften Steuern, um auch weiterhin dazu in der Lage zu sein, die Voraussetzungen für eine erfolgreiche erwerbswirtschaftliche Betätigung auf seinem Hoheitsgebiet zu schaffen.

Die Aufwendungen des Ansässigkeitsstaates für die Gewährung der mit der Ansässigkeit verbundenen Leistungen werden dagegen durch die indirekten, an den privaten Verbrauch anknüpfenden Steuern abgegolten.[632] Hier bedarf es der Einkommensbesteuerung nicht, um den Nutzen, der aus staatlichen Leistungen resultiert, auszugleichen und abzusichern.

Hinzu kommt, dass die Verknüpfung der unbeschränkten Einkommensteuerpflicht mit der Ansässigkeit einer Person letztlich auf der Überzeugung beruht, dass zwischen dem Steuerpflichtigen und dem Staat, in dem er ansässig ist, eine persönliche Verbindung besteht.[633] Diese Überzeugung widerspricht indes der Begründung der Einkommensteuerpflicht mit dem Äquivalenzgedanken.[634] Außerdem beruht sie auf der opfertheoretischen Steuerrechtfertigung, die schon wegen des ihr zugrunde liegenden Staatsverständnisses abzulehnen ist.[635]

c. Vorrang der Kapitalimportneutralität

Der Interessenwiderstreit zwischen Kapitalexport- und Kapitalimportländern besteht darin, dass erstere daran interessiert sind, durch Kapitalexport im Ausland erzielte Einkünfte zu besteuern, während letztere Einkünfte aus ausländischen Investitionen im Inland besteuern wollen. Im internationalen Kontext ist ein Zustand wünschenswert, in dem die Entscheidung, im Ausland zu investieren, weder im Kapitalexport- noch im Kapitalimportland durch Steuergesetze beeinflusst werde. Da allerdings die Besteuerung grenzüberschreitend erzielter Einkünfte fester Bestandteil jeder Einkommensbe-

630 Endriss, Wohnsitz- oder Ursprungsprinzip, 1967, S. 74

631 Endriss, Wohnsitz- oder Ursprungsprinzip, 1967, S. 72

632 s. o. 2. Abschnitt C. IV. 1. b. dd.

633 Debatin, FR 1969, S. 277 (279); Knechtle, Grundfragen des Internationalen Steuerrechts, 1976, S. 48; Littmann, Das Einkommensteuerrecht, 1981, § 1 Rdnr. 4

634 P. Kirchhof, in: Kirchhof/Söhn, EStG, § 2 Rdnr. A 146; ders., in: P. Kirchhof u. a., Steuern im Verfassungsstaat, 1996, S. 27 (37 f.)

635 ebenso: K. Vogel, in: Steueroasen und Außensteuergesetze, 1981, S. 125 (129); ders., in: FS Klein, 1994, S. 361 (366 f.)

steuerung ist, bedarf es der grundlegenden Entscheidung, grenzüberschreitende Investitionen im Land der Investition und nicht im Land des Investors zu besteuern.[636]

Dafür sprechen zunächst die Überlegungen zur Einkommensteuerrechtfertigung.[637] Hinzu kommt, dass nur die Kapitalimportneutralität freien Wettbewerb sowohl zwischen den Steuerpflichtigen im Quellenstaat als auch zwischen den verschiedenen, um Investitionen konkurrierenden Staaten gewährleistet. Die Einkommensteuer wird so ihrem Belastungsgrund entsprechend zum bloßen Standortfaktor. Das ist der entscheidende Grund dafür, dass es sachgerechter ist, Wettbewerbsverzerrungen des geltenden Systems durch eine einheitliche Quellenbesteuerung zu beseitigen.

d. Europatauglichkeit

Besonders augenfällig werden die dogmatischen Vorteile der Quellenbesteuerung gegenüber der Wohnsitzbesteuerung im Hinblick auf die Situation innerhalb der Europäischen Gemeinschaft. Hier widerspricht die Verbindung der Einkommensteuerpflicht mit dem Ansässigkeitskriterium im Grundsatz sowohl den tatsächlichen als auch den rechtlichen Rahmenbedingungen erwerbswirtschaftlicher Betätigung.

Die tatsächlichen Verhältnisse werden durch den Binnenmarktgedanken geprägt. Die Errichtung einer Wirtschafts- und Währungsunion lässt die tatsächliche Bindung des Steuerpflichtigen an seinen Ansässigkeitsstaat zunehmend schwächer werden. Dem widerspricht eine Besteuerung, die auf das persönliche Band zwischen dem Steuerpflichtigen und einem bestimmten Staat abstellt.

Die Rechtswirklichkeit in der Europäischen Gemeinschaft wirkt sich auf zwei Stufen auf das internationale Steuerrecht der Mitgliedstaaten und damit auf die Unterscheidung zwischen unbeschränkter und beschränkter Einkommensteuerpflicht aus. Die erste Stufe ist diejenige der direkten Einwirkung auf die nationale Besteuerung durch Maßnahmen der Europäischen Kommission. Die zweite Stufe ist diejenige der indirekten Harmonisierung durch gerichtliche Entscheidungen zu den Grundfreiheiten des EG-Vertrags.[638]

Während auf der ersten Stufe vor allem Praktikabilitätsbedenken gegen eine an der individuellen Leistungsfähigkeit orientierten Quellenbesteuerung entkräftet werden, wird auf der zweiten Stufe im Hinblick auf EG-Ausländer die Bedeutung der Ansässigkeit für sog. „steuerliche Sozialvergünstigungen"[639] relativiert. Im Ergebnis wird

[636] Gandenberger, in: K. Vogel (Hrsg.), Grundfragen des Internationalen Steuerrechts, JDStJG Bd. 8, 1985, S. 33 (47); K. Vogel, DStZ 1997, S. 269 (273)

[637] s. o. 2. Abschnitt C. IV. 2. b. bb., c. bb. (2), (3)

[638] Hirsch, DStZ 1998, S. 489 (494)

[639] de Weerth, RIW 1999, S. 893 (894)

damit die Einkommensbesteuerung nach Maßgabe der Ansässigkeit insgesamt in Frage gestellt.

aa. Richtlinien zur Umsetzung des Binnenmarktgedankens

Von besonderer Bedeutung für die Ausgestaltung einer auf dem Grundsatz der Wirtschaftszugehörigkeit basierenden Besteuerungskonzeption ist die Amtshilfe-Richtlinie.[640] Sie verpflichtet Finanzbehörden, den Finanzbehörden anderer Mitgliedstaaten der Europäischen Gemeinschaft Auskünfte zu erteilen, die für die Festsetzung der Steuern vom Einkommen erheblich sein können. Dadurch wird die grenzüberschreitende Ermittlung und Kontrolle grenzüberschreitender Sachverhalte innerhalb der EG wesentlich erleichtert.

Das bedeutet für die Entscheidung über die Praktikabilität einer auf inländische Einkünfte beschränkten und gleichwohl die Gesamtleistungsfähigkeit des Steuerpflichtigen berücksichtigenden Steuerpflicht, dass sie nicht von vornherein wegen Praktikabilitätsdefiziten verworfen werden kann. Vielmehr schwindet aufgrund der Amtshilfe-Richtlinie der Vorteil, die eine Verbindung der Besteuerung zur Ansässigkeit des Steuerpflichtigen auf den ersten Blick zu haben scheint.

bb. Umsetzung der Grundfreiheiten

Nach den in den Mitgliedstaaten unmittelbar anwendbaren[641] Entscheidungen des Europäischen Gerichtshofs zur Freizügigkeit nach EGV Art. 39 (ex-Art. 48), zur Niederlassungsfreiheit nach EGV Art. 43, 48 (ex-Art. 52, 58)[642] und zur Dienstleistungsfreiheit nach EGV Art. 49 (ex-Art. 59) sind an die Zulässigkeit der Unterscheidung zwischen unbeschränkt und beschränkt Steuerpflichtigen immer strengere Anforderungen zu stellen.[643] So dürfte etwa jede Differenzierung zwischen EG-In- und EG-Ausländern im Hinblick auf das Steuerobjekt und den Abzug einkunftsbezogener Leistungsfähigkeitsminderungen von der Bemessungsgrundlage europarechtswidrig sein.[644] Damit stellt der EuGH die einkommensteuerrechtliche Differenzierung zwischen Ge-

---

640 Richtlinie Nr. 77/799/EWG des Rates über die gegenseitige Amtshilfe im Bereich der direkten Steuern v. 19.12.1977, Abl. Nr. L 336/15; umgesetzt durch das Gesetz zur Durchführung der EG-Richtlinie über die gegenseitige Amtshilfe im Bereich der direkten und indirekten Steuern vom 19. Dezember 1985, BGBl. I 1985, S. 2436, 2441

641 Grabitz/Randelzhofer, Kommentar zum EG-Vertrag, Art. 48 Rdnr. 1; Art. 52 Rdnr. 9

642 unter anderen: EuGH, Urteil v. 28.01.1992 - Rs. C-204/90 (Hanns-Martin Bachmann ./. Belgischer Staat) -, Slg. 1992, I 249, 276; Urteil v. 26.01.1993 - Rs. C-112/91 (Hanns Werner ./. FA Aachen Innenstadt) -, DB 1993, 359; RIW 1993, 341; Urteil v. 14.02.1995 - Rs. C-279/93 (Finanzamt Köln-Altstadt ./. Roland Schumacker) -, Slg. 1995, I 225, 249; Urteil v. 11.08.1995 - Rs. C-80/94 (G. H. E. J. Wielockx ./. Inspecteur der directe belastingen) -, Slg. 1995, I 2493, 2508; Urteil v. 27.06.1996 - Rs. C-107/94 (P. H. Asscher ./. Staatssecretaris van Financien) -, Slg. 1996, I 3089, 3113

643 Lang, DStJG 24 (2001), S. 49 (68)

644 vgl. zur GewSt: EuGH, Urteil v. 26.10.1999 – Rs. C 294/97 (Eurowings Luftverkehrs AG ./. FA Dortmund-Unna)

bietsansässigen und Gebietsfremden insgesamt in Frage,[645] ohne jedoch explizit dazu Stellung zu nehmen, welches System er dem Nebeneinander von unbeschränkter und beschränkter Einkommensteuerpflicht in den Rechtsordnungen der Mitgliedsstaaten vorziehen würde.

Indem der EuGH die Grundfreiheiten des EG-Vertrages als Diskriminierungsverbote ausgestaltet hat, hat er sie allgemein zum Maßstab nationaler Regelungen auf dem Gebiet der direkten Steuern gemacht. Die Grundfreiheiten sind demnach als Gleichheitsrechte zu verstehen.[646] Sie stecken den Rahmen ab, in dem sich ein sachgerechtes und zweckmäßiges Einkommensteuersystem entwickeln lassen muss.

(1) Verbot mittelbarer Diskriminierungen

Ihrem Wortlaut nach beziehen sich die Grundfreiheiten indes nur auf Ungleichbehandlungen nach Maßgabe der Staatsangehörigkeit. Demnach könnte das an die Ansässigkeit einer Person anknüpfende internationale Steuerrecht der Mitgliedstaaten nicht an ihnen überprüft werden.

Der EuGH hat jedoch schon frühzeitig entschieden, dass der EG-Vertrag auch versteckte Diskriminierungen aufgrund der Staatsangehörigkeit verbiete.[647] Darunter seien Regelungen zu verstehen, die zwar nicht ausdrücklich nach der Staatsangehörigkeit differenzierten, faktisch aber vor allem ausländische Staatsangehörige benachteiligten.[648] Im Steuerrecht sei das dann der Fall, wenn an die Ansässigkeit angeknüpft werde. Regelungen, die Gebietsfremde benachteiligten, träfen nämlich im Regelfall Ausländer, da Steuerpflichtige regelmäßig in dem Staat, dessen Staatsangehörigkeit sie besäßen, ansässig seien.[649]

Die Benachteiligung Gebietsfremder würde mit der Vereinheitlichung des Systems der Besteuerung grenzüberschreitend erzielter Einkünfte unter Aufgabe jeglicher Anknüpfung an die Ansässigkeit ersatzlos entfallen. Das Diskriminierungsproblem wäre gelöst.

645 Kischel, IWB Fach 11 a, S. 123 (124)

646 Jarass, EuR 1995, S. 202 (216)

647 EuGH, Urteil v. 12.02.1974 - Rs. 152/73 (Giovanni Maria Sotgiu ./. Deutsche Bundespost) -, Slg. 1974, 153 (164 Rdnr. 11)

648 EuGH, Urteil v. 29.10.1980 - Rs. 22/80 (Boussac Saint-Frères SA ./. Brigitte Gerstenmeier) -, Slg. 1980, III, 3427 (3436 Rdnr. 10); Urteil v. 05.12.1989 - Rs. C-3/88 (Kommission der Europäischen Gemeinschaften ./. Italienische Republik) -, Slg. 1989, V, 4035 (4059 Rdnr. 9)

649 EuGH, Urteil v. 27.06.1996 - Rs. C-107/94 (P. H. Asscher ./. Staatssecretaris van Financien) -, Slg. 1996, I 3089, 3113 (3124, Rn. 38)

(2) Anwendbarkeit gegenüber eigenen Staatsangehörigen

Zu beachten ist, dass der EuGH seine Kontrollfunktion durch seine Entscheidung vom 27. Juni 1996 über das bis dahin bestehende Maß hinaus erweitert hat.[650] Noch in einem Urteil vom 26.01.1993 hatte er die Überprüfung einer Steuerrechtsnorm an den Grundfreiheiten des EG-Vertrags davon abhängig gemacht, dass der Staatsangehörige eines Staates durch die Bestimmung eines anderen Staates benachteiligt wurde.[651] Davon hat sich der EuGH nunmehr distanziert, indem er die Benachteiligung eines auslandsansässigen Staatsangehörigen durch seinen Herkunftsstaat am EG-Vertrag gemessen hat.[652] Zur Begründung hat er ausgeführt, dass Gebietsfremde sich auch gegenüber ihrem Herkunftsstaat auf die Grundfreiheiten des EG-Vertrags berufen können müssten, sofern sie sich in einer Situation befänden, die mit derjenigen von Staatsangehörigen ihres Ansässigkeitsstaates vergleichbar sei.[653]

Die Grundfreiheiten des EG-Vertrags haben sich damit von Verboten der Ausländerdiskriminierung zu Verboten der Ausländer- und Auslandsansässigendiskriminierung entwickelt.[654] Beide Formen der Diskriminierung können bei einem Besteuerungssystem, das weder an die rechtliche noch an die persönliche Zugehörigkeit einer Person zum Inland anknüpft, sondern deren sachliche Zugehörigkeit zum alleinigen Anknüpfungskriterium inländischer Einkommensbesteuerung macht, nicht auftreten.

(3) Probleme der „90 %-Grenze“

Gem. § 1 Abs. 3 EStG in der Fassung des Jahressteuergesetzes 1996 vom 11.10.1995[655] werden beschränkt Steuerpflichtige grundsätzlich dann auf Antrag wie unbeschränkt Steuerpflichtige besteuert, wenn ihre Einkünfte im Kalenderjahr mindestens zu 90 v.H. der deutschen Einkommensteuer unterliegen oder die nicht der deutschen Einkommensteuer unterliegenden Einkünfte nicht mehr als 6.136 € im Kalenderjahr betragen. Handelt es sich um EG- oder EWR-Staatsangehörige, können in diesem Fall gem. § 1a EStG zudem bestimmte familienbedingte Leistungsfähigkeitsminderungen von der Bemessungsgrundlage abgezogen bzw. tariflich berücksichtigt werden.

Hintergrund der Aufnahme von § 1 Abs. 3 n. F. und § 1a EStG waren die Urteile des EuGH vom 14.02.1995 in der Rechtssache C-279/93 – Schumacker[656] und vom

[650] vgl. EuGH, Urteil v. 27.06.1996 - Rs. C-107/94 (P. H. Asscher ./. Staatssecretaris van Financien) -, Slg. 1996 I, 3089 (3113 ff.)

[651] EuGH, Urteil v. 26.01.1993 - Rs. C-112/91 (Hanns Werner ./. FA Aachen Innenstadt) -, DB 1993, 359 (360); RIW 1993, 341 (342)

[652] Kischel, IWB Fach 11 a, S. 123 (124)

[653] EuGH, Urteil v. 27.06.1996 - Rs. C-107/94 (P. H. Asscher ./. Staatssecretaris van Financien) -, Slg. 1996, I 3089, 3113 (3122, Rn. 32)

[654] Kramer, RIW 1996, S. 951 (952)

[655] BGBl. I 1995, S. 1250

[656] Slg. 1995, I 225

11.08.1995 in der Rechtssache C-80/94 – Wielockx[657]. In ihnen hatte der EuGH entschieden, dass Gebietsfremde dann wie Gebietsansässige zu behandeln seien, wenn ihre persönliche und familiäre Situation im Wohnsitzstaat deswegen nicht berücksichtigt werden könne, weil sie den wesentlichen Teil ihrer Einkünfte im Quellenstaat erzielten.

Unabhängig davon, dass die Schaffung der Sondervorschriften für bestimmte Steuerausländer das Einkommensteuersystem weiter verkompliziert hat und schon deshalb konzeptionell nicht überzeugt, spricht auch eine weitere Überlegung gegen die vorgeschlagene Differenzierung: Mit der Einführung der 90 %-Grenze wird bezweckt, dass der Quellenstaat dann die Erfassung der Gesamtleistungsfähigkeit des Steuerpflichtigen sicherstellt, wenn der Wohnsitzstaat dazu ausnahmsweise – mangels ausreichenden inländischen Einkommens – nicht in der Lage ist. Die dem zugrunde liegende Annahme, dass in diesen Fällen Deutschland als Quellenstaat den Wohnsitzstaat substituieren könne, geht jedoch fehl, wenn der Steuerpflichtige ausländische Einkünfte in mehr als einem Staat erzielt, die jeweils im Quellenstaat zu versteuern sind, und bei Berücksichtigung des oder der weiteren Quellenstaaten deshalb die nicht der deutschen Einkommensteuer unterliegenden Einkünfte die Geringfügigkeitsgrenze übersteigen und gleichzeitig weniger als 90 v.H. der Einkünfte der deutschen Einkommensteuer unterliegen.[658]

Eine den Anforderungen des EuGH gerecht werdende, die Gesamtleistungsfähigkeit des Steuerpflichtigen in allen Fällen berücksichtigende Besteuerung grenzüberschreitend erzielter Einkünfte muss sich vor diesem Hintergrund an der Einkunftsquelle orientieren und darf nicht von einer Grundsatzzuständigkeit des Wohnsitzstaates ausgehen.

e. Interessenausgleich auf zwischenstaatlicher Ebene

Die Wirtschaftszugehörigkeit entspricht nicht nur dem die Einkommensteuer rechtfertigenden Grundgedanken, sondern stellt darüber hinaus ein sachgerechtes Kriterium für die Aufteilung der Besteuerung grenzüberschreitend erzielter Einkünfte dar.[659] An die Stelle fiskalischer Interessen tritt bereits auf nationaler Ebene eine auf einen gerechten Interessenausgleich im Verhältnis zu anderen Staaten ausgerichtete Lösung des Doppelbesteuerungsproblems. Ein Staat, der für sich die Besteuerung inländischer Quellen in Anspruch nimmt, muss auch anderen Staaten deren Quellen für Besteuerungszwe-

657 Slg. 1995, I 2493

658 Göttsche, DStR 1999, S. 1612 (1613)

659 ebenso: Beiser, ÖStZ 2000, S. 413 (420); Tipke, in: Tipke/Bozza, Besteuerung von Einkommen, 2000, S. 9 (26)

cke überlassen, wenn er seinen eigenen Prinzipien treu bleiben will.[660] Ein gerechtes internationales Einkommensteuersystem wird nicht entstehen, bis jeder Staat die Reichweite der nationalen Einkommensbesteuerung begrenzt und seine Einkommensteuerschuldner nach Kriterien auswählt, die auch zwischenstaatlich gerecht sind.[661]

Das mit dem Festhalten an der Ansässigkeit verbundene Postulat der Welteinkommensbesteuerung dient der Einnahmenoptimierung ohne Rücksicht auf die Interessen anderer Staaten. Zu Recht wird hier die Frage gestellt, ob bereits völkerrechtlich jeder Staat bei der Besteuerung die fiskalischen Interessen anderer Staaten mit dem Ziel der Konfliktvermeidung berücksichtigen müsse.[662] Auch wenn man so weit derzeit nicht gehen können wird, so dient doch das ausschließliche Abstellen auf die wirtschaftliche Zugehörigkeit einer Person der Konfliktvermeidung, weil es die Einkommensbesteuerung auf einen der nationalen Wirtschaftssphäre zuzuordnenden Sachverhalt beschränkt. Besteuert jeder Staat nur noch den seines Erachtens dem eigenen Markt zuzuordnenden Teil der Leistungsfähigkeitssteigerungen eines Steuerpflichtigen, so werden Besteuerungskonflikte bereits auf nationaler Ebene weitgehend ausgeschlossen. Das hat den entscheidenden Vorteil, dass auch bei Fehlen eines Doppelbesteuerungsabkommens wie im ersten Beispielsfall[663] eine sachgerechte Zuordnung der Besteuerungszuständigkeit erfolgt und eine Doppelbesteuerung schon dem Grunde nach ausgeschlossen wird. Die verbleibenden Fälle doppelter Zuordnung der wirtschaftlichen Zugehörigkeit sind als Konsequenz der nicht harmonisierten Steuerrechtsordnungen hinzunehmen.

Besteuert wird also, wenn Leistungsfähigkeitssteigerungen dem inländischen Markt zugeordnet werden können. Das entspricht der Rechtfertigung der Einkommensteuer durch den staatlichen Anteil an der individuellen Leistungsfähigkeitssteigerung.[664] Außerdem ist dieser Ansatz die Grundlage für einen gerechten zwischenstaatlichen Interessenausgleich. Gegen die Verwirklichung des Quellenprinzips lässt sich in diesem Zusammenhang nicht einwenden, dass es zu ungerechtfertigten Wettbewerbsvorteilen niedrig besteuernder Staaten führe. Eine niedrigere Steuerbelastung wird entweder durch geringere staatliche Leistungen oder durch eine höhere Wirtschaftlichkeit der Verwaltung ausgeglichen.[665] Im ersteren Fall wird der Nachteil geringerer staatlicher Leistungen nicht durch den Steuervorteil in einen Wettbewerbsvorteil für den Investor

---

[660] Flick, FR 1961, S. 171 (172 f.); ders., in: Engelschalk/Flick, Steuern auf ausländische Einkünfte, 1985, S. 93 (99); Schaumburg, in: FS Tipke, 1994, S. 125 (132); ders., Internationales Steuerrecht, 1998, S. 138 (Rz. 5.70)

[661] Kaufman, Law and Policy in International Business, vol. 29 (1998), p. 145 (188)

[662] Martha, Jurisdiction to Tax, 1989, p. 87

[663] s. o. 1. Abschnitt A. I. 1. a.

[664] P. Kirchhof, in: Kirchhof/Söhn, EStG, § 2 Rdnr. A 146; ders., in: P. Kirchhof u. a., Steuern im Verfassungsstaat, 1996, S. 27 (37 f.); s. o. 2. Abschnitt B. III. 2.

[665] Gandenberger, in: K. Vogel (Hrsg.), Grundfragen des Internationalen Steuerrechts, JDStJG Bd. 8, 1985, S. 33 (44 f.)

umgekehrt. Im letzteren Fall ist der Hochsteuerstaat angehalten, für eine wettbewerbsfähige Verwaltung zu sorgen.[666]

Im übrigen ist es nur einem Quellenstaat, der die Steuerbelastung der auf seinem Markt Tätigen eigenständig bestimmen kann, möglich, Standortvorteile anderer Staaten durch eine niedrige Steuer auszugleichen.[667]

Es trifft also nicht zu, dass es der Anknüpfung an die Ansässigkeit bedarf, um die Hoheitsrechte eines Staates gegenüber denjenigen eines anderen Staates abzugrenzen.[668] Die Anknüpfung an die Wirtschaftszugehörigkeit einer Person stellt vielmehr die sachgerechtere Methode zur internationalen Abgrenzung der nationalen Einkommensbesteuerung dar.

f. Abnahme von Steuervermeidungsmöglichkeiten (Beispielsfall 1)

Die konsequente Verbindung der Einkommensteuerpflicht mit der Wirtschaftszugehörigkeit einer Person führt außerdem dazu, dass es schwieriger wird, die inländische Einkommensteuerbelastung ohne eine Aufgabe der wirtschaftlichen Interessen im Inland zu umgehen. Die Steuervermeidung durch internationale Sachverhaltsgestaltungen wird auf ein Mindestmaß reduziert.[669] Verbleibende Gestaltungsmöglichkeiten können aufgrund der klareren Struktur der nationalen Besteuerung grenzüberschreitender Einkünfteerzielung leichter erkannt und im Missbrauchsfall durch die Anwendung von § 42 AO[670] oder besondere Missbrauchsklauseln in Doppelbesteuerungsabkommen effektiv bekämpft werden.

aa. Steuerflucht

Für die Anknüpfung der Einkommensteuerpflicht an die Wirtschaftszugehörigkeit spricht zunächst, dass das Problem der internationalen Steuerflucht gelöst wird. Eine internationale Steuerflucht liegt vor, wenn ein Steuerpflichtiger seinen Wohnsitz oder seinen gewöhnlichen Aufenthalt nur aus steuerlichen Gründen in eine Steueroase verlegt und dadurch seine unbeschränkte Einkommensteuerpflicht im Inland beendet.[671]

Spielt die Ansässigkeit für die Begründung der Steuerpflicht keine Rolle mehr, so kann der Steuerpflichtige nicht durch ihre Verlagerung in eine Steueroase der deutschen Besteuerung entgehen.

---

666 K. Vogel, in: Steueroasen und Außensteuergesetze, 1981, S. 125 (133 f.)

667 Endriss, Wohnsitz- oder Ursprungsprinzip, 1967, S. 69

668 so aber: Thömmes, in: Schön (Hrsg.), Gedächtnisschrift für Brigitte Knobbe-Keuk, 1997, S. 795 (795)

669 Endriss, Wohnsitz- oder Ursprungsprinzip, a. a. O., S. 67 f., 74, 105

670 BFH, Urteil v. 29.10.1997 - I R 35/96 -, RIW 1998, 415 (416)

671 Mössner, in: Staatsfinanzierung im Wandel, 1983, S. 817 (828 f.)

Im ersten Beispielsfall[672] hätte A nach dem Alternativkonzept seine Einkommensteuerpflicht in Deutschland nur dadurch beenden können, dass er keine inländische Einkünfte mehr bezieht. Die schwierige Frage nach dem Vorliegen eines Inlandswohnsitzes wäre danach bedeutungslos. Inländische Einkünfte, etwa aus Kapitalvermögen, ließen sich, vorausgesetzt, die deutsche Finanzverwaltung hätte entsprechende Ermittlungsmöglichkeiten bei inländischen Banken, problemlos lokalisieren und ermitteln.

Besonders deutlich sprechen die Auswirkungen des Internets auf die Erwerbstätigkeit für ein Abstellen auf die Wirtschaftszugehörigkeit. Das Internet ermöglicht es, Einkünfte unter Überwindung großer räumlicher Distanzen zu erzielen, ohne dass dafür die physische Präsenz des Erwerbstätigen oder eine besondere, mit der Person des Steuerpflichtigen verbundene Einrichtung am Ort der Einkünfteerzielung erforderlich ist. Die Möglichkeiten, die das Internet in diesem Zusammenhang eröffnet, reichen bis zur medizinischen Ferndiagnose und der anschließenden Operation eines Patienten unter Überwindung beliebiger Distanzen.

Diese Entwicklung verstärkt die Tendenz, dass die Wahl des Wohnsitzes immer weniger von dem Ort abhängt, an dem die Erwerbstätigkeit nachgefragt wird. Für Steuerpflichtige wird es nochmals einfacher, der unbeschränkten Einkommensteuerpflicht im Ansässigkeitsstaat durch die bloße Verlegung des Wohnsitzes zu entgehen. Bei einem Festhalten am Ansässigkeitskriterium ist daher auch aufgrund der Möglichkeiten des Internets eine Zunahme steuermotivierter Wohnsitzverlagerungen zu befürchten.

Wird die Wohnsitzbesteuerung dagegen durch eine Besteuerung nach Maßgabe der Wirtschaftszugehörigkeit ersetzt, so bedarf es in jedem Fall einer Verlagerung der Einnahmequelle, um Steuerfolgen zu beeinflussen. Dass Standortverlagerungen jedoch nur oder in erster Linie aus steuerlichen Gründen vorgenommen werden, ist aufgrund der Bedeutung anderer Standortfaktoren und der praktischen Schwierigkeiten einer Ursprungsverlagerung nur in Ausnahmefällen zu erwarten.[673] Die Einkünfteerzielung hängt von einem Markt ab, auf dem das Angebot oder die Investition des Steuerpflichtigen nachgefragt wird. Schon deshalb bereitet die Verlagerung des Vermögenserwerbs ohne den gleichzeitigen Verlust der Erwerbsgrundlage große Schwierigkeiten.

bb. Steuerumgehung

Auch die Möglichkeiten zur Umgehung der inländischen Einkommensbesteuerung durch die Verlagerung der Einkunftsquelle in einen Niedrigsteuerstaat nehmen bei konsequenter Verwirklichung des Quellenprinzips ab.

Besteuert generell nur noch der Quellenstaat das auf seinem Hoheitsgebiet erwirtschaftete Einkommen, so gibt es für den Steuerpflichtigen keinen Grund mehr, einen Einnahmezufluss im Inland durch die Gründung einer Basisgesellschaft in einer Steueroa-

[672] s. o. 1. Abschnitt A. I. 1. a.

[673] Endriss, Wohnsitz- oder Ursprungsprinzip, 1967, S. 68

se zu verhindern. Die Steuerbelastung im Quellenstaat ist unausweichlich. Ob das Vermögen eines in der Steueroase oder im Wohnsitzstaat ansässigen Steuersubjektes vermehrt wird, ist unerheblich, da insofern keine Steuerfolgen ausgelöst werden.

Auf den ersten Beispielsfall[674] übertragen bedeutet das, dass A inländische Einkünfte gleich welcher Art unabhängig davon in Deutschland versteuern muss, ob sie ihm unmittelbar oder über eine Basisgesellschaft in einem Niedrigsteuerstaat zufließen.

Die allgemeine Anknüpfung der Einkommensbesteuerung an das Kriterium der Wirtschaftszugehörigkeit führt dazu, dass die Steuerbelastung durch die Gründung einer Basisgesellschaft in einem niedrig besteuernden Staat nicht mehr vermindert werden kann. Der komplizierten Vorschriften der Hinzurechnungsbesteuerung, §§ 5, 7 ff. AStG, bedarf es zur Begründung der Steuerpflicht des A nicht.

Die Möglichkeit der Steuerumgehung durch die Gestaltung von Verrechnungspreisen zwischen international verbundenen Unternehmen besteht hingegen fort.

A könnte also beispielsweise versuchen, Gewinne einer Tochtergesellschaft aus einer inländischen, gewerblichen Tätigkeit durch überhöhte Gegenleistungen dieser Gesellschaft für Leistungen der durch ihn gegründeten ausländischen Mutter nicht im In, sondern im Ausland entstehen zu lassen.

Hier könnte indes auf das bewährte Instrumentarium zur Verhinderung derartiger Missbräuche zurückgegriffen werden.

g. Verhältnis zu anderen Steuern

Das Verhältnis zwischen direkten und indirekten Steuern verdient im internationalen Steuerrecht größere Aufmerksamkeit, als ihm zuteil wird.[675] Im Bereich der indirekten Steuern wird die Verknüpfung der Steuerpflicht mit sachbezogenen Kriterien nicht in Frage gestellt.[676] So verlangt etwa der Grundtatbestand des deutschen Umsatzsteuerrechtes, § 1 Abs. 1 Nr. 1 S. 1 UStG, einen Umsatz im Inland. Ob ein solcher Umsatz vorliegt, bestimmt sich nach speziellen Regeln über dessen Ort.[677]

Die Einkommensteuer wird durch eine Verknüpfung mit der auf die Zuordnung der Einkunftsquelle gegründeten Wirtschaftszugehörigkeit den indirekten Steuern angenähert, ohne dabei den Charakter einer Personensteuer zu verlieren.[678] In dem Maße, in dem jedoch die sachliche Steuerpflicht an Bedeutung gewinnt, werden Rückschlüsse aus der Dogmatik der indirekten Steuern, die als Sachsteuern ausgestaltet sind, erleichtert. Diese Parallelen versprechen insbesondere im Hinblick auf die internationale Ab-

---

674 s. o. 1. Abschnitt A. I. 1. a.

675 van Hoorn jr., StuW 1964, Sp. 475 (480)

676 Schulze-Brachmann, StuW 1964, Sp. 589 (591 f.)

677 § 3 Abs. 5 a - 8 a, §§ 3 a - 3 c, 3 e UStG; vgl. Stadie in Rau/Dürrwächter, UStG, Einf. Anm. 271

678 Becker, Die Grundlagen der Einkommensteuer, 1940, S. 150 ff.; s. o. zu B. I. 2. e. bb.

grenzung der Besteuerung Aufschlüsse zu geben und Praktikabilitätsvorteile mit sich zu bringen.

Hinzu kommt, dass auch andere Steuern wie etwa Gewerbe- und Körperschaftsteuer an wirtschaftliche Zusammenhänge anknüpfen, die durch einen Gegenleistungsgedanken im weitesten Sinne gekennzeichnet werden. Im Hinblick auf eine möglichst große Rechtsformneutralität der ebenfalls durch die Wirtschaftszugehörigkeit gerechtfertigten Einkommensteuer[679] ist es daher erforderlich, auch hier nach einer möglichst breiten Übereinstimmung zwischen der Besteuerung und der ökonomischen Wirklichkeit zu streben.[680]

Diesem Bestreben läuft es zuwider, die Steuerpflicht mit der Ansässigkeit als einem ausschließlich subjektbezogenem Merkmal zu verbinden. Durch die Verbindung der persönlichen Steuerpflicht mit der Wirtschaftszugehörigkeit wird dagegen schon auf der Ebene des Steuersubjektes dem Umstand Rechnung getragen, dass die Einkommensteuer an einen wirtschaftlichen Tatbestand anknüpft.

Für den Ersatz der Ansässigkeit durch die Wirtschaftszugehörigkeit spricht folglich auch, dass sich die Anknüpfung an die ökonomische Wirklichkeit zur allgemeinen Grundlage der indirekten und der direkten Steuern entwickelt. Dadurch kann die gesamte Besteuerung im internationalen Kontext auf einen einheitlichen Grundgedanken zurückgeführt werden.

h. Historische und politische Folgerichtigkeit

Die Aufgabe des Ansässigkeitskriteriums zugunsten des Kriteriums der Wirtschaftszugehörigkeit der Einkünfteerzielung knüpft darüber hinaus an die historische Entwicklung des deutschen Einkommensteuerrechts an und führt diese unter Beachtung der politischen, wirtschaftlichen und gesellschaftlichen Veränderungen fort. Sie wird damit der Forderung nach einem inneren System des Steuerrechtes und einer Anpassung der nationalen Steuerrechtsordnung an dieses System[681] gerecht.

Die völkerrechtlichen Entwicklungen der vergangenen Jahrzehnte werden dadurch gekennzeichnet, dass die Souveränität der Nationalstaaten den Kompetenzen supranationaler Organisationen weicht.[682] Dieser, letztlich auf die Erfahrungen der beiden Weltkriege zurückzuführende Prozess beeinflusst auch das internationale Einkommensteuerrecht der vormals unabhängigen Staaten. Obwohl die finanzielle Eigenständigkeit als Kernbereich staatlicher Souveränität das letzte sein dürfte, was auf supranationaler

---

[679] s. o. 2. Abschnitt D. 3.

[680] van Hoorn jr., StuW 1964, Sp. 475 (479)

[681] Lang, DStJG 24 (2001), S. 49 (72)

[682] Bühler, Prinzipien des Internationalen Steuerrechts, 1964, S. 131

Gebilde übertragen würde,[683] lässt sich doch die internationale Besteuerung nicht mehr begründen, als habe die Entwicklung von Nationalstaaten zu Mitgliedstaaten supranationaler Organisationen nicht stattgefunden. Besonders deutlich ist in diesem Zusammenhang die Veränderung der politischen und gesellschaftlichen, vor allem aber der für die Einkommensteuer bedeutsamen wirtschaftlichen Verhältnisse innerhalb der Europäischen Gemeinschaft. Die Begründung der Besteuerung international erzielter Einkünfte durch die Bundesrepublik Deutschland hat dieser Entwicklung gerecht zu werden.

Auf die Art und Weise, in der das zu geschehen hat, gibt die Geschichte der Einkommensteuerpflicht wichtige Hinweise. Bis zur Einführung des Einkommensteuergesetzes vom 10.08.1925[684] wurde die Einkommensteuerpflicht auch an die Staatsangehörigkeit geknüpft. Mit der Aufgabe dieses Kriteriums kam der Gesetzgeber der Forderung der Wissenschaft nach, das „Rechtsband der Staatsangehörigkeit" durch das „persönlich territoriale oder sachlich territoriale Rechtsband" zu ersetzen.[685] Das Nationalitätsprinzip wurde durch das Territorialprinzip verdrängt.[686] Die Konzeption der unbeschränkten Steuerpflicht wurde derjenigen der beschränkten Steuerpflicht angenähert.[687] In der Begründung des Gesetzesentwurfs heißt es, dass „die Fesseln, die die bisherigen Vorschriften über die persönliche Steuerpflicht der so dringend erforderlichen Wiederanknüpfung der wirtschaftlichen Beziehungen mit dem Ausland anlegten, nach Möglichkeit beseitigt werden"[688] müssen.

In den deutschen Doppelbesteuerungsabkommen wurde dieser Entwicklungsschritt nach dem zweiten Weltkrieg nachvollzogen. Während in der Vorkriegszeit nur Staatsangehörige eines der Vertragsstaaten Abkommensschutz genossen, wurde nunmehr der persönliche Geltungsbereich nach dem Wohnsitz des Betroffenen bestimmt. Der Grund dafür bestand darin, dass die Anknüpfung an die Staatsangehörigkeit wirtschaftlichen Erfordernissen nur in nicht ausreichendem Maße gerecht geworden war.[689]

Eine Beschränkung der Steuerpflicht auf die Anknüpfung an die wirtschaftliche Zugehörigkeit oder das „sachlich territoriale Rechtsband" entspricht der heutigen, auch unter wirtschaftlichen Gesichtspunkten an der unbeschränkten Einkommensteuerpflicht geübten Kritik.[690] Die mit der Wohnsitz-/Welteinkommensbesteuerung verbundenen

---

683 Bühler, a. a. O.

684 Deutsches Reichseinkommensteuergesetz. Vom 10. August 1925, RGBl. 1925 I Nr. 39, S. 189

685 Hensel, Steuerrecht, 1924, S. 50

686 Bühler, Prinzipien des Internationalen Steuerrechts, 1964, S. 161 f.

687 Strutz, Handbuch des Reichssteuerrechts, 1927, S. 297

688 Begründung zum Entwurf eines Einkommensteuergesetzes vom 23. April 1925, Reichstags-Drs. III 1924/25, zitiert nach: FA 1926 (43. Jg.), (Bd. 1) S. 166 (169)

689 Endriss, Wohnsitz- oder Ursprungsprinzip, 1967, S. 14

690 vgl. Endriss, Wohnsitz- oder Ursprungsprinzip, 1967, S. 70; Gandenberger, in: K. Vogel (Hrsg.), Grundfragen des Internationalen Steuerrechts, JDStJG Bd. 8, 1985, S. 33 (47); K. Vogel, in: FS Klein, 1994, S. 361

Beeinträchtigungen des internationalen Wirtschaftsverkehrs werden beseitigt. Die Effizienz internationalen wirtschaftlichen Handelns wie der Besteuerung wird auf das konzeptionell realisierbare Maximum gesteigert. Die 1925 begonnene, wirtschaftlich begründete Vereinheitlichung der Steuerpflicht wird abgeschlossen.

Darüber hinaus ist ein nochmaliger Gerechtigkeitszuwachs zu verzeichnen. Bereits das Loslösen der Steuerpflicht vom Kriterium der Staatsangehörigkeit hat zu einer unter Äquivalenzgesichtspunkten gerechteren Besteuerung geführt. Der bis zu dieser Umstellung mögliche Zugriff auf im Ausland lebende Deutsche mit ausschließlich im Ausland erwirtschaftetem Einkommen war nach der hier vertretenen Auffassung nicht zu rechtfertigen. Dagegen ließ sich die Verknüpfung der Einkommensteuerpflicht mit der Ansässigkeit im Inland bereits mit dem allgemeinen Nutzen rechtfertigen, den der Steuerpflichtige aufgrund seiner persönlichen Zugehörigkeit hatte.[691]

Geht man nunmehr von der auf das Einkommensteuerrecht bezogenen Modifikation der Nutzentheorie aus, nach der die Besteuerung mit der Ermöglichung von Leistungsfähigkeitssteigerungen durch den Quellenstaat begründet wird,[692] so entspricht diesem Rechtfertigungsansatz im Zusammenhang mit der Begründung der subjektiven Steuerpflicht der Ersatz des Ansässigkeitskriteriums durch das Kriterium der Wirtschaftszugehörigkeit.

3. Zusammenfassung

Für eine einheitliche, auf die durch die Einkünfteerzielung am Markt dokumentierte Wirtschaftszugehörigkeit abstellende Einkommensteuerpflicht spricht, dass sie sowohl gegenüber einer Kombination von Wohnsitz- und Quellenbesteuerung als auch im Vergleich zu einer ausschließlich an die Ansässigkeit anknüpfenden Steuerpflicht zwei entscheidende Vorteile bietet:

- National steht sie mit dem die Einkommensbesteuerung rechtfertigenden Belastungsgrund im Einklang und
- international führt sie zu einer gerechten Aufteilung der Besteuerung.

Durch die Verbindung der Einkommensteuerpflicht mit der so verstandenen Wirtschaftszugehörigkeit einer Person wird nicht nur das Besteuerungssystem vereinheitlicht und vereinfacht, sondern auch eine historische Entwicklung den gesellschaftlichen Veränderungen - insbesondere in Europa - entsprechend fortgesetzt. Entschei-

(374); ders., DStZ 1997, S. 269 (273); Jacobs, Internationale Unternehmensbesteuerung, 1999, S. 30; P. Kirchhof, in: Kirchhof/Söhn, EStG, § 2 Rdnr. A 146

691 Schanz, FA 1892 (Jg. 9), S. 365 (368, 375 f.)/Bd. 2 S. 1 (4, 11 f.)

692 von Stein, Finanzwissenschaft, 2. Teil, 1. Abt., 1885, S. 401; P. Kirchhof, Gutachten F zum 57. Dt. Juristentag, 1988, S. 17; Wendt, DÖV 1988, S. 710 (715); K. Vogel, in: P. Kirchhof (Hrsg.), Der offene Finanz- und Steuerstaat, 1991, S. 605 (638 f.); s. o. 2. Abschnitt A. III. 4. c., B. III. 2.

dend ist jedoch, dass die Einkommensteuerpflicht auf einen Anknüpfungspunkt bezogen wird, der dem Grundgedanken der Einkommensteuer entspricht und deshalb zwischenstaatlich zu einer gerechten und überzeugenden Aufteilung der Besteuerung führt.

Mit der wirtschaftlichen Zugehörigkeit steht somit ein gegenüber der Ansässigkeit vorzugswürdiges Kriterium für die innerstaatliche Anknüpfung und die zwischenstaatliche Abgrenzung der Besteuerung zur Verfügung.

B. Steuerobjekt - Erfassung der gesamten Inlandseinkünfte

Die Einkünfte einer Person werden ausschließlich und ohne Einschränkungen im Quellenstaat besteuert werden. Das bedeutet:

1. An die Stelle des Nebeneinanders von Welteinkommens- und Quellenbesteuerung tritt eine einheitliche, auf inländische Einkünfte beschränkte, sachliche Steuerpflicht.

2. Der Quellenstaat erfasst alle aus inländischen Quellen resultierenden Einkünfte, die die Voraussetzungen einer der Einkunftsarten des § 2 Abs. 1 EStG erfüllen. Die Beschränkung auf dauerhafte und auf bestimmte Inlandseinkünfte nach Maßgabe des § 49 Abs. 1 EStG entfällt.

3. Die Einkunftsquelle ist dem Staat zuzuordnen, in dem der Vermögenserwerb stattfindet. Entscheidend ist die vorrangige und unmittelbare Ausnutzung der Marktverhältnisse zur Einkünfteerzielung. Aus Vereinfachungsgründen ist grundsätzlich auf den unmittelbaren Ursprung der Leistungsfähigkeitssteigerung abzustellen.

I. Konsequenzen

Die praktischen Auswirkungen dieses Vorschlags lassen sich anhand der Beispielsfälle drei, vier und fünf verdeutlichen.

1. Reichweite der Besteuerung (Beispielsfall 3)

Im dritten Beispielsfall[693] führt die vorgeschlagene Beschränkung der Besteuerung auf Inlandseinkünfte zu folgenden Änderungen:

---

[693] s. o. 1. Abschnitt A. II. 1.

D hat die durch die Verpachtung seines Grundstücks erzielten Einkünfte nur dann in Deutschland zu versteuern, wenn das Grundstück im Inland liegt. Aus der Verpachtung eines ausländischen Grundstücks erzielte Einkünfte werden selbst dann nicht in Deutschland zur Einkommensteuer herangezogen, wenn D in Deutschland ansässig ist.

Zu beachten ist, dass die deutschen Doppelbesteuerungsabkommen gerade Einkünfte, die aus der Verpachtung eines ausländischen Grundstücks durch einen Steuerinländer resultieren, durchgängig von der Besteuerung im Inland befreien.[694] Das Belegenheitsprinzip wird also von Deutschland international schon heute für die Aufteilung der Besteuerung von Einkünften aus unbeweglichem Vermögen akzeptiert. Der Alternativvorschlag zieht daraus für das deutsche Einkommensteuerrecht die Konsequenzen.

2. Bestimmung der Einkunftsquelle (Beispielsfälle 4 und 5)

Die praktischen Konsequenzen des Vorschlags, inländische Einkünfte ohne Einschränkungen zu besteuern, lassen sich am vierten[695] und am fünften Beispielsfall[696] aufzeigen. Dabei zeigt der vierte Beispielsfall die einkommensteuerrechtlichen Auswirkungen des Verzichtes auf ein dauerhaftes inländisches Anknüpfungsmerkmal. Der Anwendung der vorgeschlagenen Neuregelung auf den fünften Beispielsfall ist zu entnehmen, welche Konsequenzen die Ausdehnung des Kreises der inländischen Einkünfte über den durch § 49 Abs. 1 EStG vorgegebenen Rahmen hat.

In Beispielsfall 4 hat E nicht erst im Jahre 02, sondern bereits in 01 alle aus seiner inländischen gewerblichen Betätigung resultierenden Einkünfte in Deutschland zu versteuern. Im Gegensatz zur derzeit geltenden Regelung ist es bedeutungslos, ob E seine Inlandsaktivitäten über eine Zweigniederlassung koordiniert oder unmittelbar aus der Schweiz heraus tätig wird.

Es entfällt die Prüfung, ob die Organisation des Engagements im Inland die Qualität einer Betriebsstätte im Sinne von § 12 AO erreicht.

In Beispielsfall 5 ist der Gewinn des F aus der bereits einen Monat nach dem Erwerb erfolgenden Veräußerung seines Geschäftsanteils in Höhe von 0,5 % an der XY-GmbH auch dann in Deutschland steuerbar, wenn F weder einen Wohnsitz noch seinen gewöhnlichen Aufenthalt im Inland hat. Die Ausnahmen, die § 49 Abs. 1 Nr. 8 EStG im Hinblick auf die Besteuerung von Spekulationsgewinnen durch Steuerausländer macht, entfallen.

Auch auf der Ebene des Steuerobjektes werden unbeschränkte und beschränkte Einkommensteuerpflicht zusammengeführt. Mit der Vereinheitlichung der Anknüpfung des Steuerschuldverhältnisses entfällt die Grundlage für eine Differenzierung bei der Bestimmung steuerbarer Einkünfte.

---

[694] K. Vogel, DBA, 1996, Art. 23 Rn. 41

[695] s. o. 1. Anschnitt A. II. 2.

[696] s. o. 1. Abschnitt A. II. 3.

II. Begründung

Zu begründen ist sowohl die Beschränkung der Einkommensbesteuerung auf Inlandseinkünfte als auch die Ausdehnung des Kreises dieser Einkünfte über den durch § 49 Abs. 1 EStG vorgegebenen Rahmen.

1. Territoriale Anknüpfung des Steuerschuldverhältnisses

Die Beschränkung der Einkommensbesteuerung auf Einkünfte aus inländischen Quellen ist durch die Aufgabe des Ansässigkeitskriteriums in Verbindung mit den völkerrechtlichen Anforderungen an die Begründung der persönlichen Steuerpflicht durch einen Staat vorgegeben.

Nach dem sog. eingeschränkten Territorialitätsprinzip[697] ist die Inanspruchnahme eines Ausländers für eine inländische Abgabe nur dann mit dem Völkerrecht vereinbar, wenn sachgerechte Anknüpfungspunkte für die Abgabenerhebung im Inland gegeben sind.[698] Als Anknüpfungspunkte kommen die rechtliche, die persönliche und die sachliche Zugehörigkeit in Betracht.[699]

Die Einkommensteuerpflicht einer Person soll weder von ihrer durch die Staatsangehörigkeit begründeten rechtlichen Zugehörigkeit noch von ihrer an die Ansässigkeit geknüpften persönlichen Verbindung zur Bundesrepublik Deutschland abhängen. Die Anknüpfung der Einkommensteuer an die Staatsangehörigkeit scheidet im Grundsatz aus Praktikabilitätsgründen aus. Die Ansässigkeit, die unter Praktikabilitätsgesichtspunkten gewisse Vorzüge hat,[700] hat sich als Fremdkörper im Einkommensteuersystem erwiesen und kommt deshalb ebenfalls nicht in Betracht.[701]

---

[697] auch: Gebot der internationalen Rücksichtnahme; vgl. Ritter, BB 1984, S. 1109 (1111 f.); Wassermeyer, in: K. Vogel (Hrsg.), Grundfragen des Internationalen Steuerrechts, JDStJG Bd. 8, 1985, S. 49 (53)

[698] BVerfG, Beschluss v. 22.03.1983 - 2 BvR 475/78 -, BVerfGE 63, 343 (369); BFH, BStBl. III 1964, 253 (256); 1965, 134 (135); BFHE 95, 345 (348 f.); FG Hamburg, v. 22.11.1985 - IV 141/83 N -, EFG 1986, 369; Rudolf, in: FS Bärmann, 1975, S. 769 (777); Mössner, Einführung in das Völkerrecht, 1977, S. 191; ders., in: Haarmann, Die beschränkte Steuerpflicht, 1993, S. 110 (112); ders., in: Mössner u. a., Steuerrecht international tätiger Unternehmen, 1998, Rz. B 3; Verdross/Simma, Universelles Völkerrecht, 1984, § 1183 (S. 778 f.); K. Vogel, DStZ 1997, S. 269 (272)

[699] s. o. 1. Abschnitt A. I. 2.

[700] s. o. 3. Abschnitt C. I. 5. a.

[701] s. o. 2. Abschnitt C. VI.

2. Einkommensteuerrechtfertigung

Unabhängig davon zeigen die aus der Untersuchung zur Rechtfertigung der Einkommensteuer gewonnenen Ergebnisse[702], dass es sachgerecht ist, die Einkommensteuerpflicht an die Belegenheit der Einkunftsquelle zu knüpfen.

Die Einkommensteuer ist dem Grunde nach gerechtfertigt, wenn der besteuernde Staat den Markt schafft, auf dem der Steuerpflichtige Einkünfte erzielt.[703] Die Beschränkung der Einkommensbesteuerung auf inländische Einkunftsquellen gewährleistet die größtmögliche Nähe der Steuer zum Markt eines bestimmten Staates. Dementsprechend stellt sie nicht nur die sachgerechteste Art des innerstaatlichen Steuerzugriffs, sondern auch die gerechteste Methode zur zwischenstaatlichen Abgrenzung der Einkommensbesteuerung dar. Der steuerliche Belastungsgrund wird verdeutlicht und in das allgemeine Bewusstsein gerückt.[704]

3. Leistungsfähigkeitsprinzip

Eine Aufteilung der Besteuerung nach der Herkunft des Vermögenserwerbs wird der individuellen Leistungsfähigkeit des Steuerpflichtigen leichter gerecht als eine Besteuerung des Welteinkommens im Ansässigkeitsstaat. Auch unter Leistungsfähigkeitsgesichtspunkten ist die Besteuerung demnach auf inländische Einkünfte zu beschränken. Das Quellenprinzip ist nicht nur eine mögliche Konkretisierung des Leistungsfähigkeitsprinzips,[705] sondern grundsätzlich die einzige Möglichkeit, bei grenzüberschreitender Einkünfteerzielung dem Leistungsfähigkeitsprinzip gerecht zu werden.

Das Leistungsfähigkeitsprinzip verlangt, Steuerpflichtige in Abhängigkeit von ihren persönlichen Möglichkeiten, Steuern zu zahlen, zu besteuern.[706] Auf den ersten Blick scheinen diese Möglichkeiten nur von der Höhe und nicht von der Herkunft der Einkünfte abhängig zu sein. Die inländische Steuer scheint sich daher auf den Gesamtbetrag der in- und ausländischen Einkünfte als Spiegelbild der Gesamtleistungsfähigkeit beziehen zu müssen, wenn sie dem Leistungsfähigkeitsprinzip entsprechen soll.[707] Tat-

---

[702] s. o. 2. Abschnitt B. IV.

[703] P. Kirchhof, in: Kirchhof/Söhn, EStG, § 2 Rdnr. A 146; ders., in: P. Kirchhof u. a., Steuern im Verfassungsstaat, 1996, S. 27 (37 f.)

[704] BVerfG, Beschluss v. 10.04.1997 - 2 BvL 77/92, E 96, 1 (6); Beschluss v. 10.11.1998 - 2 BvR 1057, 1226, 980/91, E 99, 216 (243)

[705] Dorn, StuW 1928, Sp. 909 (928)

[706] Tipke, Die Steuerrechtsordnung, Band I, 1993, S. 478

[707] vgl. Debatin, DB 1961, S. 785 (785); Horst Vogel, Zur steuerlichen Behandlung zwischenstaatlicher Kapitalinvestitionen, 1964, S. 47; Debatin, FR 1969, S. 277 (278) ; Knechtle, Grundfragen des Internationalen Steuerrechts, 1976, S. 45; Gandenberger, in: K. Vogel (Hrsg.), Grundfragen des Internationalen Steuerrechts, JDStJG Bd. 8, 1985, S. 133; Menck, in Engelschalk/Flick u. a., Steuern auf ausländische Einkünfte, 1985, S. 28 (33); Prokisch, RIW 1991, S. 396 (397); Léger, IStR 1995, S. 27 (27); kritisch: Kluge, Das deutsche Internationale Steuerrecht, 2000, S. 177 f. (M 24)

sächlich sind die persönlichen Möglichkeiten, Steuern zu zahlen, jedoch unterschiedlich, je nachdem, ob Einkünfte im Inland, zugleich im In- und im Ausland oder ausschließlich im Ausland erzielt werden.

a. Besteuerung im Quellenstaat

Das liegt zunächst daran, dass mit ausländischen Einkünften regelmäßig Steuerzahlungen im Ausland verbunden sind. Die meisten Staaten besteuern die auf ihrem Hoheitsgebiet erzielten Einkünfte unabhängig von der Herkunft des Erwerbstätigen.[708] Die Möglichkeit, Steuern im Inland zu zahlen, wird also bereits durch eine im Quellenstaat auf die dort erzielten Einkünfte erhobene Steuer verringert.

Es sind aber auch Extremfälle denkbar, in denen der ausländische Staat die Ausfuhr von Geld verbietet und der Steuerpflichtige im Ansässigkeitsstaat nicht über genügend Mittel zur Steuerzahlung verfügt. Dieser Fall zeigt, dass bei „bloßem" Aufenthalt des Steuerpflichtigen im Gebiet eines Staates mangels tatsächlicher Zugriffsmöglichkeiten des Ansässigkeitsstaates nicht die Einkünfteerzielung, sondern der Steuerpflichtige zum abstrakten Anknüpfungspunkt der „Einkommens -" Besteuerung wird.[709]

Eine am Leistungsfähigkeitsprinzip orientierte Besteuerung kann demnach nur ausnahmsweise zu einer Besteuerung ausländischer Einkünfte berechtigen, nämlich dann, wenn eine solche im Ausland nicht oder nicht in ausreichendem Maße erfolgt und Mittel für die Steuerzahlung im Inland verfügbar sind.

b. Aufwendungen im Quellenstaat

Hinzu kommt, dass sich die individuellen Möglichkeiten, Steuern im Inland zu zahlen, je nach Herkunft der Einkünfte auch aus anderen Gründen unterscheiden. Ausländische Einkünfte werden oftmals unter grundlegend anderen, die Leistungsfähigkeit des Steuerpflichtigen beeinflussenden Umständen erzielt. Demzufolge darf der Erwerb im Ausland unter Leistungsfähigkeitsgesichtspunkten nicht einem inländischen Erwerb gleichgestellt werden.

Die Leistungsfähigkeit, an der sich die Besteuerung zu orientieren hat, hängt also nicht nur von der Höhe der Einnahmen, sondern vor allem davon ab, welche Ausgaben der Steuerpflichtige tätigen muss, um diese zu erwirtschaften. Die Höhe dieser Ausgaben ergibt sich aber aus der Erwerbssituation im Quellenstaat. Diese ist für den Ansässigkeitsstaat nicht unmittelbar einsehbar.

---

[708] Schulze-Brachmann, StuW 1964, Sp. 589 (608 f.); Endriss, FR 1968, S. 338 (338); K. Vogel, in: K. Vogel (Hrsg.), Grundfragen des Internationalen Steuerrechts, 1985, S. 3 (5, 9); Trzaskalik, StuW 1990, S. 380 (380)

[709] Mössner, in: Tipke/Bozza, Besteuerung von Einkommen, 2000, S. 253 (266 f.)

Leistungsfähigkeitsminderungen ergeben sich zudem nicht nur aufgrund einkunftsbezogener Aufwendungen. Die Leistungsfähigkeit des Steuerpflichtigen wird auch durch das Zusammenwirken der Einkommensteuer mit anderen Steuern sowie durch zwangsläufige, dem persönlichen Bereich zuzuordnende Ausgaben beeinflusst. Ein Staat, der einkommensteuerliche Anreize für Investoren schafft, wird möglicherweise seinen Einnahmebedarf durch die Erhebung anderer, den Erwerb oder den Verbrauch vor Ort belastende Steuern decken. Es besteht auch die Möglichkeit, dass geringere Einnahmen mit geringeren Leistungen korrespondieren und der Steuerpflichtige zu besonderen Ausgaben im privaten Bereich gezwungen ist.[710] Diese Umstände vermag lediglich der Quellenstaat steuerlich zu berücksichtigen. Jede Besteuerung im Ansässigkeitsstaat birgt die Gefahr einer Verletzung des Leistungsfähigkeitsprinzips.

4. Internationale Doppelbesteuerung

Das Verhältnis zur internationalen Doppelbesteuerung erweist die nationale Quellenbesteuerung ebenfalls als besonders sachgerecht. Das zeigen neben den Ursachen der Doppelbesteuerung, der Abkommenspraxis und der Abkommenskonzeption vor allem die Gründe, die für eine Vermeidung der Doppelbesteuerung durch die am Quellenprinzip orientierte Freistellungsmethode sprechen.

Das Verhältnis der Besteuerungskonzeptionen zur Doppelbesteuerungsproblematik ist durch eine Wechselwirkung gekennzeichnet. Zu unterscheiden sind positive Auswirkungen des nationalen Einkommensteuersystems auf die Doppelbesteuerungsproblematik von Hinweisen, die die geltenden Doppelbesteuerungsabkommen darauf geben, wie ein sachgerechtes System der Einkommensbesteuerung grenzüberschreitender Sachverhalte auf nationaler Ebene auszugestalten ist.

Zieht man in Betracht, dass die internationale Doppelbesteuerung eines der wichtigsten Probleme des internationalen Steuerrechts darstellt,[711] und dass die Globalisierung mehr als je zuvor dazu zwingt, die nationale Besteuerung von Einkommen lediglich als Teilstück einer inter- und supranationalen Besteuerung zu verstehen,[712] so sind Argumente, die dem Verhältnis zwischen der nationalen Einkommensteuer und der internationalen Doppelbesteuerung entnommen werden können, besonders bedeutsam.

---

[710] Schulze-Brachmann, StuW 1964, Sp. 589 (618); K. Vogel, in: FS Klein, 1994, S. 361 (374)

[711] Spitaler, Das Doppelbesteuerungsproblem bei den direkten Steuern, 1936, S. 219; Bühler, FA 1960 (Nf. Bd. 20), S. 151 (151); Flick, FR 1961, S. 171 (171); Debatin, in: StbJb 1964/65, S. 399 (403)

[712] Lang, DStJG 24 (2001), S. 49 (52)

a. Auswirkungen der Quellenbesteuerung

Das Nebeneinander von unbeschränkter und beschränkter Steuerpflicht stellt die Hauptursache der internationalen Doppelbesteuerung dar.[713] Während der Ansässigkeitsstaat nicht auf den durch die Zugehörigkeit des Steuerpflichtigen legitimierten Steuerzugriff auf ausländische Einkünfte verzichten will, will oder kann[714] der Quellenstaat nicht von der durch die sachliche Zugehörigkeit legitimierte Besteuerung der auf seinem Hoheitsgebiet erzielten Einkünfte absehen. Die Quellenbesteuerung bedeutet jedoch einen Verzicht auf die Besteuerung ausländischer Einkünfte. Die Hauptursache der internationalen Doppelbesteuerung ist ausgeschaltet.

Auch Fälle konkurrierender unbeschränkter Steuerpflicht und solche konkurrierender beschränkter Steuerpflicht führen nach dem geltenden System zu einer Besteuerung grenzüberschreitend erzielter Einkünfte durch mehrere Staaten. Das liegt daran, dass aufgrund nationaler Vorschriften entweder die persönliche oder die sachliche Zugehörigkeit des Steuerpflichtigen zu beiden Staaten angenommen wird. Die Quellenbesteuerung geht mit der Aufgabe des steuerbegründenden Kriteriums der persönlichen Zugehörigkeit einher. Dadurch wird auch eine weitere Ursache der internationalen Doppelbesteuerung, die doppelte unbeschränkte Steuerpflicht, beseitigt.

Das Doppelbesteuerungsproblem wird, sofern sich die Quellenbesteuerung international durchsetzt, auf den Fall der doppelten sachlichen Zugehörigkeit reduziert.[715] Es wird in wesentlichen Teilen gelöst, ohne dass es dazu einer zwischenstaatlichen Verständigung bedarf. Damit wird der einfachste Weg zur Beseitigung unerwünschter Doppelbesteuerungen beschritten.[716] Es ist sachgerechter, der Doppelbesteuerung bereits durch eine Ausrichtung der nationalen Steuersysteme am Quellenprinzip und nicht erst durch den Abschluss entsprechend konzipierter Doppelbesteuerungsabkommen zu begegnen.[717] Eine zwischenstaatliche Verständigung ist nur noch in Fällen erforderlich, in denen die Bestimmung der sachlichen Zugehörigkeit von Einkünften nach den nationalen Einkommensteuerrechtsordnungen dazu führt, dass mehrere Staaten den Vermögenserwerb eines Steuerpflichtigen besteuern.

Auch wenn man nicht sagen kann, dass durch die Quellenbesteuerung die internationale Doppelbesteuerung beseitigt wird,[718] so hat das vorgeschlagene Konzept doch eine

---

713 Roer, AWD 1971, S. 73 (74); Flick, in: Engelschalk/Flick, Steuern auf ausländische Einkünfte, 1985, S. 93 (98 f.); Schaumburg, Internationales Steuerrecht, 1998, S. 138 (Rz. 5.70); Jacobs, Internationale Unternehmensbesteuerung, 1995, S. 10

714 Debatin, BB 1960, S. 1015 (1015); ders., DB 1961, S. 785 (785)

715 Beiser, ÖStZ 2000, S. 413 (420)

716 Adonnino, in: Tipke/Bozza, Besteuerung von Einkommen, 2000, S. 271 (288); Bühler, Prinzipien des Internationalen Steuerrechts, 1964, S. 168

717 Flick, FA 1961 (NF Bd. 21), S. 86 (116); Schaumburg, in: FS Tipke, 1994, S. 125 (132); ders., Internationales Steuerrecht, 1998, S. 138 f. (Rz. 5.70)

718 so aber: Endriss, Wohnsitz- oder Ursprungsprinzip, 1967, S. 73, 105

deutliche Reduzierung des Problems der internationalen Doppelbesteuerung, eine Vereinfachung der Doppelbesteuerungsabkommen und klarere zwischenstaatliche Verhältnisse zur Folge. Die grenzüberschreitende wirtschaftliche Betätigung, „das Fluten der Wellen der Wirtschaft hinüber und herüber“[719], wird dadurch erleichtert.

b. Rückschlüsse aus der Abkommenspraxis

Neben den Auswirkungen der nationalen Einkommensbesteuerung auf die Doppelbesteuerungsproblematik bedürfen auch die Veränderungen, die das nationale Einkommensteuerrecht durch die derzeit geltenden Doppelbesteuerungsabkommen erfährt, besonderer Aufmerksamkeit.

Die tatsächliche Situation in den Doppelbesteuerungsabkommen der Bundesrepublik Deutschland ist dadurch gekennzeichnet, dass regelmäßig noch von der Freistellungsmethode Gebrauch gemacht wird.[720] Diese Methode verschafft im Gegensatz zur Anrechnungsmethode aber nicht der Wohnsitz- und Welteinkommensbesteuerung, sondern der Quellenbesteuerung den entscheidenden Einfluss auf die Höhe der Einkommensteuerbelastung. So tritt die Besteuerung des Ansässigkeitsstaates, die im Bereich des nationalen Steuerrechtes an erster Stelle steht, auf der vorrangigen Besteuerungsebene der Doppelbesteuerungsabkommen hinter diejenige des Quellenstaates zurück. Dieser Widerspruch wird international bestätigt: Nicht ein Staat besteuert heute mehr tatsächlich das weltweit erwirtschaftete Einkommen.[721] Das beweist nicht nur, dass die Welteinkommensbesteuerung zwischenstaatlich schwer durchsetzbar ist,[722] es belegt auch, dass die Anspruchsgrundlage für die Besteuerung ausländischer Einkünfte in der Praxis zweifelhaft geworden ist[723] und die Tendenz besteht, nur noch inländische Einkünfte zu besteuern.[724]

Der nationale Besteuerungszugriff auf das Welteinkommen wird im deutschen internationalen Einkommensteuerrecht zur Randerscheinung, die Quellenbesteuerung tritt in den Vordergrund.[725] Der damit einhergehende Widerspruch zwischen nationaler und internationaler Ebene lässt sich durch die vorgeschlagene Anpassung der nationalen Besteuerungskonzeption an die Abkommenspraxis beseitigen. Das nationale Einkom-

---

719 Dorn, StuW 1928, Sp. 909 (911)

720 Mössner, in: Tipke/Bozza, Besteuerung von Einkommen, 2000, S. 253 (256); K. Vogel, DBA, 3. Aufl., Art. 23 Rn. 76

721 Kaufman, Law and Policy in International Business, vol. 29 (1998), p. 145 (175)

722 Schulze-Brachmann, StuW 1964, Sp. 589 (615)

723 Flick, in: Engelschalk/Flick, Steuern auf ausländische Einkünfte, 1985, S. 93 (98)

724 Dautzenberg, BB 1995, S. 2397 (2399); Endriss, FR 1968, S. 338 (342); Roer, AWD 1971, S. 73 (74 f.)

725 Schulze-Brachmann, StuW 1964, Sp. 589 (608 f.); Endriss, FR 1968, S. 338 (338); K. Vogel, in: K. Vogel (Hrsg.), Grundfragen des Internationalen Steuerrechts, 1985, S. 3 (5, 9); Trzaskalik, StuW 1990, S. 380 (380)

mensteuerrecht wird so transparenter und eine Betätigung im Inland attraktiver für ausländische Investoren.[726]

c. Rückschlüsse aus der Abkommenskonzeption

Auch aus der Konzeption der Doppelbesteuerungsabkommen und dem Vergleich der Methoden zur Vermeidung der Doppelbesteuerung lassen sich Anhaltspunkte für eine sachgerechte und zweckmäßige Ausgestaltung des nationalen Einkommensteuerrechtes ableiten.

Doppelbesteuerungsabkommen zeigen diejenigen Defizite der nationalen Steuersysteme auf, zu deren Beseitigung sie abgeschlossen werden. Das größte Defizit besteht, bezogen auf die zwischenstaatliche Situation, in dem kollisionsbegründenden Nebeneinander von Welteinkommens- und Quellenbesteuerung in den nationalen Einkommensteuergesetzen.[727] Die doppelte Zuordnung der Ansässigkeit oder der Einkunftsquelle, auf die die Abkommen ebenfalls reagieren, resultiert aus den Unterschieden in der nationalen Besteuerung und ist als Folge nicht harmonisierter Steuersysteme unvermeidbar.

aa. Vorrang der Quellenbesteuerung

Zunächst ist festzustellen, dass sich die an das OECD-Musterabkommen angelehnten Doppelbesteuerungsabkommen konzeptionell am Quellenprinzip orientieren. Das Postulat der Welteinkommensbesteuerung wird in ihnen durch eine auf dem Quellenprinzip basierende Betrachtung geschwächt. Diese kommt darin zum Ausdruck, dass je nach Intensität der durch inländische Anknüpfungspunkte vermittelten Beziehung zwischen der Einkünfteerzielung und dem Quellenstaat entweder dem Ansässigkeitsstaat oder dem Quellenstaat die Besteuerung zugewiesen wird.

Es ist also eine Abstufung innerhalb der einzelnen Einkunftsarten festzustellen. Je enger die Verbindung der Einkünfteerzielung zum Markt des Quellenstaates ist, desto eher wird die Besteuerung auch diesem Staat zugewiesen. Je schwächer dagegen die Zuordnung der Einkünfte zum Quellenstaat wird, desto weniger werden dessen steuerliche Interessen bilateral berücksichtigt. Statt dessen werden die Einkünfte dem Ansässigkeitsstaat zur Besteuerung belassen. Das geschieht jedoch nur aus Praktikabilitätsgründen.[728] Der systematische Vorrang der Quellenbesteuerung wird dadurch nicht aufgehoben.

Zur Verdeutlichung lassen sich zahlreiche Beispiele nennen: So können etwa Unternehmensgewinne, die einer Betriebsstätte im Quellenstaat zuzurechnen sind, gem. Art.

---

[726] Vann, International Aspects of Income Tax, in: Tax law drafting and design, 2000, p. 718 (728)

[727] Kaufman, Law and Policy in International Business, vol. 29 (1998), p. 145 (149)

[728] s. o. 1. Abschnitt A. II. 2.

7 Abs. 1 S. 2 OECD-MA in dem Staat besteuert werden, in dem sich die Betriebsstätte befindet. Gleiches gilt gem. Art. 14 Abs. 1 S. 2 OECD-MA für Einkünfte aus selbständiger Arbeit, die einer festen Einrichtung zugeordnet werden können, und gem. Art. 15 Abs. 1 S. 2 OECD-MA für Einkünfte aus einer nichtselbständigen Arbeit, die im Quellenstaat ausgeübt wird. Die Rechtslage ist dagegen eine andere, wenn eine Zuordnung zum Quellenstaat über die Merkmale der Betriebsstätte, der festen Einrichtung oder der Tätigkeit nicht möglich ist. In diesen Fällen werden Einkünfte gem. Art. 7 Abs. 1 S. 1, 14 Abs. 1 S. 1 bzw. 15 Abs. 1 S. 1 OECD-MA im Ansässigkeitsstaat des Steuerpflichtigen besteuert.

bb. Ausrichtung der Methoden zur Beseitigung der Doppelbesteuerung

Bemerkenswert ist außerdem, dass beide Methoden zur Vermeidung der internationalen Doppelbesteuerung die sachliche Zugehörigkeit im Vergleich zur persönlichen Zugehörigkeit als vorrangiges Anknüpfungskriterium anerkennen und damit der Quellenbesteuerung den Vorrang geben. Demnach ist es international anerkannt, dass der Quellenstaat die vorrangige Besteuerungszuständigkeit hat und der Ansässigkeitsstaat für die Vermeidung der Doppelbesteuerung verantwortlich ist.[729]

Sowohl bei der Freistellungs- als auch bei der Anrechnungsmethode steht die Zuordnung des Steuerobjektes und nicht diejenige des Steuersubjektes im Vordergrund.[730] Nur der Ansässigkeitsstaat verzichtet auf die Einkommensbesteuerung oder beschränkt den Steuerzugriff durch eine Anrechnung der ausländischen Einkommensteuer, wenn das Steuerobjekt hinreichend eng mit dem Quellenstaat verknüpft ist. Die Besteuerung durch den Quellenstaat bleibt hingegen unberührt.

Systematisch konsequent ist es vor diesem Hintergrund, die Quellenbesteuerung bereits auf nationaler Ebene zur Grundlage der Einkommensbesteuerung zu machen und damit eine Korrektur durch die Doppelbesteuerungsabkommen überflüssig zu machen.

cc. Kritik der Methoden zur Beseitigung der Doppelbesteuerung

Die an den Methoden zur Beseitigung der Doppelbesteuerung geübte Kritik zeigt Vorteile der das Quellenprinzip ohne ergänzenden Besteuerungszugriff des Ansässigkeitsstaates umsetzenden Freistellungsmethode gegenüber der Anrechnungsmethode, die eine konsequente Quellenbesteuerung schon auf nationaler Ebene als vorzugswürdig erweisen.

So bereitet die Anrechnungsmethode konzeptionsbedingt erhebliche Schwierigkeiten in der praktischen Anwendung,[731] während die Freistellungsmethode einfach zu hand-

---

[729] Vann, International Aspects of Income Tax, in: Tax law design and drafting, 2000, p. 718 (722)

[730] Bühler, Prinzipien des Internationalen Steuerrechts, 1964, S. 184

[731] Bühler, FA 1960 (Nf. Bd. 20), S. 151 (158); Flick, FA 1961 (NF Bd. 21), S. 86 (116)

haben ist. Die Probleme der Anrechnungsmethode resultieren aus dem Umstand, dass sie die Durchführung der Besteuerung nach dem Welteinkommensprinzip im Ansässigkeitsstaat unberührt lässt.[732] Als Ausdruck des Welteinkommensprinzips behandelt sie in- und ausländische Einkünfte gleich.[733] Das hat zur Folge, dass der Ansässigkeitsstaat ausländische Verhältnisse in erheblichem Umfang in Betracht ziehen muss, obwohl ihm Ermittlungen und Kontrollen im Quellenstaat völkerrechtlich verwehrt sind.[734] Eine gerechte Besteuerung hängt damit letztlich von den Erklärungen des Steuerpflichtigen und der Amtshilfe des Quellenstaates ab. Dem gegenüber können bei der Freistellungsmethode die Verhältnisse im Ausland in der Regel gänzlich außer Acht gelassen werden. Der Ansässigkeitsstaat verzichtet damit auf eine ihm aufgrund der auf sein Hoheitsgebiet beschränkten Hoheitsgewalt ohnehin nur schwer mögliche Besteuerung.

Hinzu kommt, dass die Anrechnungsmethode auch unter staatswirtschaftlichen Gesichtspunkten Nachteile gegenüber der Freistellungsmethode aufweist. Die Anrechnungsmethode verknüpft die ausländische mit der inländischen Besteuerung. Jede Steuererhöhung im Quellenstaat hat Einnahmeeinbußen des Ansässigkeitsstaates zur Folge.[735] Damit ist die Einnahmeentwicklung des Ansässigkeitsstaates von autonomen Entscheidungen anderer Staaten abhängig.

Die Freistellung ausländischer Einkünfte gewährleistet darüber hinaus Besteuerungsneutralität zwischen den Vertragsstaaten. Damit wird eine internationale Harmonisierung der Einkommensbesteuerung zur Vermeidung einkommensteuerbedingter Wettbewerbsverzerrungen überflüssig.[736]

Auch die Situation der Einkünfte erzielenden Person verbessert sich durch die Freistellung ausländischer Einkünfte. Ein Nachteil der Anrechnungsmethode besteht nämlich darin, dass der Steuerpflichtige gezwungen ist, sich mit Behörden verschiedener Staaten auseinander zu setzen.[737] Aufwand und Risiko des Steuerpflichtigen sind folglich höher als bei einer Freistellung ausländischer Einkünfte.[738] Erklärungen sind grundsätzlich mehrfach abzugeben und zu beweisen. Die Gefahr einer ungesetzlichen Besteuerung verdoppelt sich.

Für die Freistellung ausländischer Einkünfte spricht aus der Sicht des Steuerpflichtigen schließlich auch, dass die Anrechnungsmethode im Gegensatz zur Freistellungsmetho-

---

732 Bühler, Prinzipien des Internationalen Steuerrechts, 1964, S. 136

733 Mössner, in: Tipke/Bozza (Hrsg.), Besteuerung von Einkommen, 2000, S. 253 (257)

734 K. Vogel, DStR 1968, S. 427 (429); Rudolf, in: FS Bärmann, 1975, S. 769 (784); Wassermeyer, in: K. Vogel (Hrsg.), Grundfragen des Internationalen Steuerrechts, JDStJG Bd. 8, 1985, S. 49 (52)

735 Spitaler, Das Doppelbesteuerungsproblem bei den direkten Steuern, 1936, S. 413

736 K. Vogel, StuW 1993, S. 380 (388)

737 Spitaler, Das Doppelbesteuerungsproblem bei den direkten Steuern, 1936, S. 411 f.; Bühler, Prinzipien des Internationalen Steuerrechts, 1964, S. 168

738 Spitaler, Das Doppelbesteuerungsproblem bei den direkten Steuern, 1936, S. 412 f.

de die internationale Doppelbesteuerung nicht vollständig beseitigt.[739] Sie ist damit weniger effektiv als die Freistellungsmethode.

5. Effizienz erwerbswirtschaftlicher Betätigung

Auch Gesichtspunkte der Effizienz sprechen für das Quellenprinzip.[740] Das Maß an Produktivität, das in einer Volkswirtschaft erreicht wird, ist am höchsten, wenn die für die Einkommenserzielung erforderlichen Faktoren nicht durch Steuergesetze, sondern nur durch Marktmechanismen beeinflusst werden. Unter dem Aspekt der Effizienz sind daher möglichst neutrale Steuergesetze anzustreben, also solche, die das Marktgeschehen möglichst wenig verändern.[741]

Durch die generelle Beschränkung der sachlichen Einkommensteuerpflicht auf inländische Einkünfte wird die Effizienz erwerbswirtschaftlicher Betätigung auf das bei Fortbestand der nationalen Einkommensteuerhoheit realisierbare Maximum erhöht. Der Grund dafür besteht darin, dass die Quellenbesteuerung das größtmögliche Maß an einkommensteuerrechtlicher Neutralität gewährleistet.[742]

Die Einkommensteuer knüpft an einen der Wirtschaftssphäre zuzuordnenden Vorgang, den individuellen Vermögenserwerb, an. Dieser Vermögenserwerb ist von den durch den Quellenstaat vorgegebenen Rahmenbedingungen abhängig. Zu diesen Rahmenbedingungen zählt die Einkommensbesteuerung, die damit einen Standortfaktor des Quellenstaates darstellt.[743] Das hat auf der einen Seite zur Folge, dass sie die Entscheidung von Ausländern, im Quellenstaat zu investieren oder eine Investition zu unterlassen, beeinflusst. Es bedeutet auf der anderen Seite, dass sie den Wettbewerb prägt, der auf dem Markt des Quellenstaates stattfindet.

Die Neutralität der Quellenbesteuerung im Hinblick auf die Investitionsentscheidung wird gestört, wenn ein anderer Staat die Entscheidung über das „ob" einer erwerbswirtschaftlichen Betätigung durch eine ergänzende Einkommensbesteuerung auf den Vermögenserwerb im Quellenstaat beeinflusst. Unabhängig davon verzerrt eine solche Besteuerung den Wettbewerb, also das „wie" einer Betätigung im Quellenstaat. Dem Quellenstaat wird die Möglichkeit genommen, durch die Gestaltung der Rahmenbedingungen für einen freien Wettbewerb auf seinem Territorium zu sorgen.

---

739 Flick, FA 1961 (NF Bd. 21), S. 86 (112)

740 Gandenberger, in: K. Vogel (Hrsg.), Grundfragen des Internationalen Steuerrechts, JDStJG Bd. 8, 1985, S. 33 (47); K. Vogel, DStZ 1997, S. 269 (273)

741 Gandenberger, in: K. Vogel (Hrsg.), Grundfragen des Internationalen Steuerrechts, JDStJG Bd. 8, 1985, S. 33 (37)

742 so auch: K. Vogel, DStZ 1997, S. 269 (273)

743 Endriss, Wohnsitz- oder Ursprungsprinzip, 1967, S. 69

Damit dient es der einkommensteuerrechtlichen Neutralität, wenn sich ein Staat auf die Besteuerung der auf seinem Hoheitsgebiet erzielten Einkünfte beschränkt. Ein vom Einkommensteuerzugriff des Ansässigkeitsstaates befreiter Wettbewerb im Quellenstaat wird ermöglicht. Die Freiheit der Entscheidung über ein erwerbswirtschaftliches Engagement wird lediglich durch Unterschiede in den Einkommensteuersystemen verschiedener, für eine Investition in Frage kommender Staaten beeinflusst. Dieser Einfluss ist als Folge nicht harmonisierter Steuerrechtsordnungen hinzunehmen. Störungen, die aus der doppelten steuerlichen Anknüpfung im Ansässigkeitsstaat des Investors und im Staat der Investition resultieren, entfallen.

6. Verwaltungspraktikabilität

Durch die generelle Beschränkung der sachlichen Einkommensteuerpflicht auf inländische Einkünfte wird jedoch nicht nur die Effizienz der individuellen erwerbswirtschaftlichen Betätigung auf das bei Fortbestand der nationalen Steuerhoheit in steuerlicher Hinsicht realisierbare Maximum erhöht, sondern auch die Effizienz staatlicher Ausübung der Besteuerungshoheit. Die Quellenbesteuerung ist trotz der hier vorgeschlagenen Aufhebung der dauerhaften inländischen Anknüpfungskriterien für die Finanzverwaltung grundsätzlich einfacher zu handhaben als der mit der Welteinkommensbesteuerung verbundene Steuerzugriff auf ausländisches Einkommen. Eine verwaltungsmäßige Erfassung der Einkunftsquelle ist leicht möglich.[744] Der Grund dafür besteht in den inländischen wirtschaftlichen Interessen[745] des Steuerpflichtigen, die einen wirksamen und Kosten sparenden Zugriff der Steuerbehörden ermöglichen.

Das liegt zum einen daran, dass bei der Quellenbesteuerung grundsätzlich keine Verwaltungstätigkeit erforderlich ist, die über das eigene Territorium hinaus reicht.[746] Die „Divergenz zwischen dem Verwaltungsauftrag einerseits und der Verwaltungsmacht andererseits“[747] entfällt. Die zur Gewährleistung einer gerechten Einkommensbesteuerung erforderlichen Erfassungs- und Kontrolltätigkeiten können sich auf das eigene Hoheitsgebiet beschränken. Dadurch werden Schwierigkeiten vermieden, die aus dem völkerrechtlichen Grundsatz der formellen Territorialität resultieren. Dieses Prinzip untersagt es jedem Staat, hoheitlich auf dem Gebiet eines anderen Staates tätig zu werden.[748]

[744] Endriss, Wohnsitz- oder Ursprungsprinzip, 1967, S. 102; Flick, in: Engelschalk/Flick, Steuern auf ausländische Einkünfte, 1985, S. 93 (96)

[745] Seligman, Essays in Taxation, 1895 (1931), S. 113

[746] Schanz, FA 1892 (Jg. 9), S. 365 (373)/Bd. 2 S. 1 (9)

[747] Crezelius, IStR 2002, S. 433 (433)

[748] Adonnino, in: Tipke/Bozza, Besteuerung von Einkommen, 2000, S. 271 (274); Rudolf, in: FS Bärmann, 1975, S. 769 (784); K. Vogel, DStR 1968, S. 427 (429); Wassermeyer, in: K. Vogel (Hrsg.), Grundfragen des Internationalen Steuerrechts, JDStJG Bd. 8, 1985, S. 49 (52)

Im Gegensatz zur Situation bei der Besteuerung ausländischer Einkünfte eines Ansässigen sind außerdem immer Erfolg versprechende inländische Anknüpfungspunkte für die Verwaltungstätigkeit gegeben. Auch dafür sorgen die wirtschaftlichen Interessen des Steuerpflichtigen im Inland.[749] Dem kann nicht entgegnet werden, dass die Individualisierung des Ortes der Einkunftsquelle aufgrund der Entwicklungen im Bereich der Kommunikation immer schwieriger werde.[750] Im Regelfall geht nämlich bereits der die Leistungsfähigkeitssteigerung des Auslandsansässigen bewirkende Zahlungsfluss vom Inland aus. Auf ihn kann durch das Mittel der Quellensteuer, abgesichert durch die Haftungsinanspruchnahme des inländischen Vertragspartners, zugegriffen werden. Sollte das ausnahmsweise nicht möglich sein, ergeben sich andere Zugriffsmöglichkeiten aus dem Umstand, dass die Einkünfte unter Ausnutzung des Marktes des Quellenstaates erzielt werden und dort Spuren hinterlassen.

Vor diesem Hintergrund ist es erfolgversprechend, im Hinblick auf die Erfassung der einkommensteuerlich relevanten Sachverhalte auf die für die Umsatzsteuer entwickelten Techniken zurückzugreifen. Einkommen- und Umsatzsteuer spiegeln die beiden, schon von Georg von Schanz herausgestellten Seiten der Wirtschaftszugehörigkeit einer Person wider.[751] Während die Einkommensteuer auf im Inland erwirtschaftetes Einkommen erhoben werden soll, wird von der Umsatzsteuer die Einkommensverwendung im Inland erfasst. Das Bestimmungslandprinzip ergänzt den Kreis der von der Umsatzsteuer erfassten inländischen Rechtsvorgänge grundsätzlich um den Tatbestand der Einfuhr über die Grenze.[752]

Das bedeutet, dass die derzeit praktizierte Umsatzbesteuerung im Grundsatz das Gegenstück zur Einkommensbesteuerung an der Einkunftsquelle darstellt. Einkommen- und Umsatzsteuer knüpfen damit an zwei Seiten desselben Geschäftsvorfalls an. Ist es aber verwaltungstechnisch möglich, die eine Seite steuerlich zu erfassen, so muss das auch für die andere Seite gelten. Der Einkommensbesteuerung an der Quelle kann daher auch dann, wenn auf das Vorliegen eines dauerhaften inländischen Anknüpfungsmerkmals verzichtet wird, nicht als unpraktikabel kritisiert werden.

Statt dessen sind prinzipiell sogar Praktikabilitätsvorteile der Einkommensbesteuerung an der Einkunftsquelle gegenüber dem zur Zeit geltenden System zu erwarten. Durch die Verknüpfung der Erhebung von Einkommen- und Umsatzsteuer werden zwei selbständige Besteuerungsverfahren in wesentlichen Teilbereichen zusammengefasst. Dadurch wird Verwaltungsaufwand gespart, der zur Erfassung nicht umsatzsteuerrelevanter Sachverhalte oder zur Gewährleistung einer leistungsfähigkeitsgerechten Quellenbesteuerung eingesetzt werden kann.

---

[749] Seligman, Essays in Taxation, 1895 (1931), S. 113

[750] Adonnino, in: Tipke/Bozza, Besteuerung von Einkommen, 2000, S. 271 (285)

[751] Schanz, FA 1892 (Jg. 9), S. 365 (368)/Bd. 2 S. 1 (4); s. o. 3. Abschnitt A. I. 5.

[752] K. Vogel, DStZ 1997, S. 269 (272)

Problematisch ist, dass sowohl die Lohnbesteuerung gem. § 38 Abs. 1 S. 1 EStG als auch die Sozialversicherungspflicht gem. § 30 SGB-AT an die als nicht sachgerecht verworfenen Ansässigkeitskriterien Wohnsitz- und gewöhnlichen Aufenthalt anknüpfen. In beiden Fällen ist jedoch der Ansässigkeitsort des Arbeitgebers für das Verwaltungsverfahren von Bedeutung. Dieser wird in vielen Fällen dem Tätigkeitsort des Arbeitnehmers entsprechen. Es zeigt sich allenfalls, dass Praktikabilitätsgesichtspunkte der Ansässigkeit für Zwecke der Verwaltungsvereinfachung in Teilbereichen wieder Geltung verschaffen können, ohne dass dadurch die Grundaussage in Frage gestellt wird.

7. Vereinfachung des Einkommensteuerrechtes

Das rechtsstaatliche Gebot der Voraussehbarkeit und der Berechenbarkeit von Steuerleisten sowie die Gleichmäßigkeit der Besteuerung fordern einfache und klare einkommensteuergesetzliche Regelungen, die es auch dem Steuerrechts-Unkundigen ermöglichen, seinen Erklärungspflichten sachgerecht nachzukommen.[753]

Die generelle Beschränkung der sachlichen Steuerpflicht auf Inlandseinkünfte trägt dazu bei, dass das Einkommensteuergesetz diesen Anforderungen wieder in größerem Maße genügt. Sie führt zu einer konzeptionellen Vereinfachung der Einkommensbesteuerung. Das gilt sowohl für das nationale als auch für das internationale Einkommensteuerrecht.

Die innerstaatliche Einkommensbesteuerung wird durch die Quellenbesteuerung von einigen, die Rechtsanwendung erschwerenden Differenzierungen befreit. So entfällt die Notwendigkeit, zwischen zwei Arten der Steuerpflicht zu unterscheiden, auch auf der Ebene des Steuerobjektes. Die Prüfung der sachlichen Steuerpflicht beinhaltet in jedem Fall die des Vorliegens inländischer Einkünfte.

Die Aufgabe der besonderen inländischen Anknüpfungsmerkmale hat zur Folge, dass, wie Beispielsfall 4 zeigt,[754] nicht mehr zwischen inländischen Einkünften, die sich an einem solchen Merkmal verankern lassen, und solchen, bei denen das nicht möglich ist, unterschieden werden muss. Darüber hinaus vereinfacht auch die Vereinheitlichung des Begriffs der inländischen Einkünfte die Rechtsanwendung. Bei der Bestimmung des Kreises der steuerbaren Einkünfte muss nicht mehr zwischen §§ 2 Abs. 1, 13 - 24 EStG auf der einen und § 49 Abs. 1 EStG auf der anderen Seite differenziert werden. Diese Rechtsvereinfachung verdeutlicht Beispielsfall 5.[755]

---

753 BVerfG, Beschluss v. 10.11.1998 - 2 BvR 1057, 1226, 980/91, E 99, 216 (243)

754 s. o. 1. Abschnitt A. II. 2.; 4. Abschnitt B. I. 2.

755 s. o. 1. Abschnitt A. II. 3.; 4. Abschnitt B. I. 2.

Aber auch das internationale Einkommensteuerrechtes wird grundlegend vereinfacht.[756] Das System des internationalen Steuerrechts wird klarer, Problemlösungen werden widerspruchsfrei und damit einleuchtend. Zweifelsfragen können durch eine Fortentwicklung der Grundentscheidung beantwortet werden.[757]

Wird in vielen Staaten das Quellenprinzip umgesetzt, so kann zunächst sowohl unilateral als auch bilateral auf ein einheitliches Einkommensteuersystem mit einem sach- und systemgerechten Grundgedanken zurückgegriffen werden. Doppelbesteuerungsabkommen sind nur noch bei einer doppelten territorialen Zuordnung der Einkunftsquelle erforderlich. Damit erhalten die Abkommen nicht nur eine klarere Struktur, sondern verlieren auch einen großen Teil ihres Einflusses auf das nationale Einkommensteuerrecht. Es ist zu erwarten, dass die einkommensteuerrechtlichen Folgen grenzüberschreitender Einkünfteerzielung in einer Vielzahl von Fällen wieder nach dem Einkommensteuerrecht eines einzigen Staates beurteilt werden können.[758]

Die Einkommensbesteuerung an der Quelle ist damit sowohl für die Finanzverwaltung als auch für den Steuerpflichtigen selbst einfacher zu handhaben. Sie wird wie kein anderes Einkommensteuerkonzept der dritten und vierten Maxime des Adam Smith[759] gerecht, nach der die Bequemlichkeit der Steuerzahlungen und die Senkung der Erhebungskosten erstrebenswert sind.[760]

8. Einnahmeausfälle

Aufgrund der vorgeschlagenen Quellenbesteuerung sind schließlich insgesamt keine Einnahmeausfälle Deutschlands aus der Einkommensteuer zu erwarten, die nicht durch die aus der Systemumstellung resultierenden Steuer- und Besteuerungsvorteile ausgeglichen werden könnten.

Zu bedeutenden Steuerausfälle kommt es bei einer Umstellung der Besteuerung insbesondere deshalb nicht, weil schon heute die Tendenz besteht, im Grundsatz nur inländische Einkünfte zu besteuern.[761] Der Umstand, dass die Welteinkommensbesteuerung sich in Doppelbesteuerungsabkommen nur in Ausnahmefällen uneingeschränkt durchsetzt, schwächt so das Argument, ein Verzicht auf die Besteuerung ausländischer Einkünfte sei aufgrund der zu erwartenden Auswirkungen auf den Staatshaushalt untragbar.[762]

---

[756] Schulze-Brachmann, StuW 1964, Sp. 589 (616); Endriss, FR 1968, S. 338 (342)

[757] K. Vogel, in: K. Vogel (Hrsg.), Grundfragen des Internationalen Steuerrechts, JDStJG Bd. 8, 1985, S. 3 (31)

[758] Vann, International Aspects of Income Tax, in: Tax law drafting and design, 2000, p. 718 (737)

[759] vgl. Smith, Wealth of Nations, 1776, p. 778 (book 5, chapter 2, part 2)

[760] Mann, Steuerpolitische Ideale, 1937, S. 224

[761] Endriss, FR 1968, S.338 (342)

[762] Schulze-Brachmann, StuW 1964, Sp. 589 (622); Endriss, FR 1968, S. 338 (342)

Bei der Mehrzahl der ausländischen Einkünfte, bei denen die Besteuerung international dem Quellenstaat zugewiesen wird, wird es also wegen der auf deutscher Seite festzustellenden Tendenz zur Freistellungsmethode[763] nicht zu Einnahmeausfällen kommen. Hier belässt Deutschland dem Quellenstaat ohnehin das Steueraufkommen. In Fällen, in denen zur Zeit die sog. Anrechnungsmethode zur Anwendung kommt, wird nur eine die ausländische Besteuerung berücksichtigende Einkommensteuer erhoben, so dass auch hier die gänzliche Steuerbefreiung im Inland keine gravierenden Folgen haben dürfte.

Nur bei Gläubigerstaaten, die zur Wohnsitzbesteuerung tendieren, sind kurzfristige Einnahmeausfälle einzukalkulieren.[764] Zu Mindereinnahmen kann es demnach nur in den Fällen und auch nur insoweit kommen, als Deutschland nach Maßgabe der geltenden Doppelbesteuerungsabkommen an einer Besteuerung von ausländischen Einkünften eines Steuerinländers festhält. Das geschieht regelmäßig bei ausländischen Kapitaleinkünften sowie bei aus dem Ausland stammenden Einkünften aus Dividenden und Lizenzgebühren, bei denen die DBA die Besteuerung durch den Ansässigkeitsstaat vorsehen. Bei Kapitaleinkünften eines Inlandsansässigen wird schon jetzt dem Quellenstaat ein geringer Teil des Steueraufkommens belassen.

Den Mindereinnahmen stehen allerdings nicht unbedeutende Mehreinnahmen gegenüber. Sie resultieren zunächst aus der Aufgabe der inländischen Anknüpfungskriterien und aus der Erweiterung des Kreises der Inlandseinkünfte. Diesen Effekt belegt die Anwendung des Alternativvorschlags im vierten und fünften Beispielsfall.[765]

Im Übrigen hängen die Auswirkungen einer am Quellenprinzip orientierten Einkommensbesteuerung auf die Einnahmesituation der Bundesrepublik Deutschland entscheidend davon ab, nach welchen Kriterien die Quellen bei den verschiedenen Einkünften bestimmt werden. Dieses Problem, das auch weiterhin die Interessen anderer Staaten berührt, ist auf der Grundlage eines nationalen Vorschlags letztlich bilateral oder, besser noch, multilateral zu lösen.[766] Dabei besteht entsprechend dem Grundsatz der Reproduktivität, hier verstanden im Sinne einer nationalen Belastungsgrenze,[767] die Möglichkeit einer zwischenstaatlichen Aufteilung der Einkommensbesteuerung nach Maßgabe der Ausnutzung staatlich geschaffener Rahmenbedingungen zur Einkünfteerzielung.

Schließlich sind den Mindereinnahmen auch die Einsparungen der Verwaltung aus der einfacheren Handhabung einer einseitig am Quellenprinzip ausgerichteten Einkommensteuer gegenüberzustellen, und es ist zu beachten, dass die mit der Umstellung des

---

763 K. Vogel, DBA, 1996, Art. 23 Rn. 76

764 Endriss, Wohnsitz- oder Ursprungsprinzip, 1967, S. 63, 78

765 s. o. zu I. 2.

766 Endriss, Wohnsitz- oder Ursprungsprinzip, 1967, S. 102 f.

767 s. o. 2. Abschnitt B. III. 3. a.

Einkommensteuersystems verbundene Förderung des internationalen Wirtschaftsverkehrs zusätzliche Steuereinnahmen aller Staaten erwarten lässt.[768]

9. Ergebnis zu II.

Die Beschränkung der Einkommensbesteuerung auf inländische Einkünfte ist die völkerrechtlich vorgegebene Konsequenz der Entscheidung, die Einkommensteuerpflicht nicht an die rechtliche oder die persönliche, sondern an die sachliche Zugehörigkeit einer Person zum Inland zu knüpfen.

Die Quellenbesteuerung erweist sich zudem als sachgerecht, weil sie im Einklang mit dem die Einkommensteuer rechtfertigenden Grundgedanken und dem Leistungsfähigkeitsprinzip steht. Setzt sich das Quellenprinzip international durch, so kommt hinzu, dass die internationale Doppelbesteuerung und einkommensteuerbedingte Einbußen der Effizienz grenzüberschreitender erwerbswirtschaftlicher Betätigung auf ein Minimum reduziert werden.

Die Rechtsanwendung wird sowohl für die Verwaltung als auch für den Steuerpflichtigen erleichtert. Die Aufgabe der dauerhaften inländischen Anknüpfungsmerkmale erfordert allerdings eine Neuorientierung bei der Erfassung der Einkünfte. Hier bietet sich eine Anknüpfung an die Umsatzbesteuerung an.

Einnahmeausfälle sind nicht zu erwarten. Das liegt an der in den derzeit geltenden Doppelbesteuerungsabkommen vorgenommenen Korrektur der Welteinkommensbesteuerung, der vorgeschlagenen Ausweitung der Quellenbesteuerung und daran, dass die vereinfachte Struktur Einsparungen in der Steuerverwaltung ermöglicht. Nicht zuletzt lässt die Erleichterung des grenzüberschreitenden Handelns und Handels ein höheres Steueraufkommen erwarten.

C. Bemessungsgrundlage/Steuertarif - Besteuerung nach der Gesamtleistungsfähigkeit

Einkunftsbezogene Leistungsfähigkeitsminderungen werden in dem Staat berücksichtigt, aus dem die entsprechenden Einkünfte stammen und der demzufolge auch die der entsprechenden Quelle zuzuordnenden Leistungsfähigkeitssteigerungen besteuern darf.

Unabwendbare personenbezogene Aufwendungen sind, sofern die Einkunftsquelle in Deutschland liegt, nach Maßgabe des deutschen Steuerrechtes und der Höhe nach begrenzt durch den Anteil der inländischen Einkünfte an den

[768] Endriss, Wohnsitz- oder Ursprungsprinzip, 1967, S. 63, 78

Gesamteinkünften des Steuerpflichtigen zum Abzug zuzulassen. Die Erfassung der weltweit erzielten Einkünfte obliegt dem Staat, in dem der Steuerpflichtige seinen melderechtlichen Wohnsitz hat. Hat der Steuerpflichtige keinen solchen Wohnsitz, geht die Verpflichtung auf den Staat über, dessen Staatsangehörigkeit der Steuerpflichtige hat. Legt dieser keine Bescheinigung über die Höhe seiner Einkünfte vor, bleiben die persönlichen Leistungsfähigkeitsminderungen insgesamt unberücksichtigt.

Die Quellenbesteuerung wird mit einem Progressionsvorbehalt versehen.

Tarifliche Vorteile werden ohne Rücksicht auf die Ansässigkeit gewährt,

Anzustreben ist, personenbezogene Aufwendungen und Umverteilungsgesichtspunkte nicht mehr steuerlich, sondern durch direkte Leistungsfähigkeitstransfers zu erfassen. Gelingt das, kann die Berücksichtigung des Welteinkommens eines Steuerpflichtigen für Zwecke der deutschen Einkommensbesteuerung entfallen.

I. Konsequenzen

Die praktischen Konsequenzen der Vorschläge zur Ausgestaltung der Einkommensbesteuerung zeigen die Beispielsfälle sechs, sieben und acht.

1. Abzug einkunftsbezogener Aufwendungen (Beispielsfall 6)

Am sechsten Beispielsfall[769] lässt sich die vorgeschlagene Berücksichtigung einkunftsbezogener Leistungsfähigkeitsminderungen verdeutlichen.

> G kann die Aufwendungen für die Fahrten zu seiner inländischen Arbeitsstätte in Deutschland als Werbungskosten bei den Einkünften aus nichtselbständiger Arbeit geltend machen. Der Grund dafür besteht darin, dass er im Inland berufstätig ist.
>
> Ob G im In- oder im Ausland wohnt, ist sowohl für die Abzugsfähigkeit als auch für das Besteuerungsverfahren bedeutungslos. Die Einschränkungen, denen G nach derzeitiger Rechtslage unterworfen ist, wenn er im Ausland wohnt, entfallen.

Das objektive Nettoprinzip bleibt damit in der zur Zeit für Steuerinländer gültigen Ausgestaltung erhalten. Es wird allerdings seinem Zweck entsprechend auf die zu besteuernden Einkünfte und nicht mehr auf die Person des Steuerpflichtigen bezogen. Seine Anwendung hängt nicht mehr von der Ansässigkeit des Steuerpflichtigen, sondern von der Belegenheit der Quelle der Einkünfte ab, auf die sich die Aufwendungen beziehen.

---

[769] s. o. 1. Abschnitt A. III. 1.

2. Abzug personenbezogener Aufwendungen (Beispielsfall 7)

Der siebte Beispielsfall[770] zeigt die Auswirkungen des Vorschlags zum Abzug unabwendbarer, personenbezogener Leistungsfähigkeitsminderungen.

H kann danach als alleinerziehende Mutter sowohl den Kinderfreibetrag in Höhe von 1.782 € als auch den Haushaltsfreibetrag in Höhe von 2.916 € bei der Veranlagung geltend machen, auch wenn sie im Ausland ansässig ist. Der Grund dafür besteht darin, dass die Einkommensteuer an die Einkünfteerzielung im Inland anknüpft und H im Inland berufstätig ist.

Als Steuerausländerin kann sie den Freibetrag jedoch nur dann in voller Höhe in Anspruch nehmen, wenn sie ihre gesamten Einkünfte im Inland erzielt und dieses durch eine Bescheinigung ihres Wohnsitzstaates glaubhaft macht.

Erwirtschaftet sie dagegen einen Teil ihres Einkommens im Ausland, so ermäßigt sich der Kinderfreibetrag um den Betrag, der dem Anteil der ausländischen Einkünfte an den gesamten Einkünften von H entspricht. Erzielt H also insgesamt Einkünfte in Höhe von 50.000 € und beläuft sich der ausländische Anteil an diesen Einkünften auf 25.000 €, dann verringert sich der H im Inland zu gewährende Kinderfreibetrag entsprechend dem Verhältnis ihres inländischen Einkommens zum Gesamteinkommen um den Faktor ½ auf 891 €, der Haushaltsfreibetrag auf 1.458 €.

Auch das subjektive Nettoprinzip knüpft damit nicht mehr an die Ansässigkeit der steuerpflichtigen Person, sondern an die territoriale Zuordnung der Einkünfte an. Im Gegensatz zu den einkunftsbezogenen Aufwendungen können die unabwendbaren personenbezogenen Leistungsfähigkeitsminderungen jedoch nicht bestimmten Einkünften zugeordnet werden. Die Aufteilung dieser Leistungsfähigkeitsminderungen erfolgt daher nach einem allgemeineren Maßstab: der zwischenstaatlichen Abgrenzung der Besteuerung der objektiven Leistungsfähigkeitssteigerung.

3. Steuertarif (Beispielsfälle 8 und 9)

Die vorgeschlagene tarifliche Gleichstellung von Steuerin- und Steuerausländern wirkt sich im achten Beispielsfall[771] wie folgt aus:

I ist der Splittingvorteil zu gewähren, auch wenn er, seine Frau oder beide Eheleute nicht im Inland ansässig sind.

Zu beachten ist jedoch, dass der Splittingtarif gem. § 32 a Abs. 5 EStG die Zusammenveranlagung der Eheleute nach §§ 26, 26 b EStG voraussetzt. Daraus folgt, dass seine Gewährung auch nach dem Alternativkonzept die Erfassung der gesamten Einkünfte beider Ehegatten für die Bemessung der zu berücksichtigenden subjektiven Leistungsfähig-

[770] s. o. 1. Abschnitt A. III. 2.

[771] s. o. 1. Abschnitt A. IV. 1.

keitsminderungen oder für die Anwendung des Progressionsvorbehaltes erfordert, wenn diese den Splittingtarif in Anspruch nehmen wollen.

Erfasst wird allerdings auch insofern nicht im Sinne eines tatsächlichen Zugriffs auf das Welteinkommen, sondern die Erfassung beschränkt sich auf die Berücksichtigung einer Bescheinigung des Wohnsitzstaates über die gesamten Einkünfte der Ehegatten bei der Besteuerung des I im Inland.

Die gleichmäßige Anwendung von Progressionsvorbehalt und tariflicher Vorteile auf Gebietsansässige wie Gebietsfremde führt dazu, dass das Ansässigkeitskriterium auch für die Bestimmung des Einkommensteuertarifs nicht mehr unmittelbar bedeutsam ist. Der Progressionsvorbehalt schließt aus, dass durch die Erzielung von Einkünften in mehreren Staaten ein Progressionsvorteil im Inland entsteht. Er kommt nicht mehr im Ansässigkeitsstaat, sondern, wie Beispielsfall 9 zeigt,[772] in den Quellenstaaten zur Anwendung. Im Übrigen wird gewährleistet, dass Steuerausländer unter denselben Voraussetzungen wie Steuerinländer in den Genuss tariflicher Vorteile kommen.

II. Begründung

Die individuelle Leistungsfähigkeit bildet den Maßstab für eine gerecht ausgestaltete Einkommensteuer.[773] Die Vorschläge zur Bemessungsgrundlage und zum Einkommensteuertarif haben also nicht nur der vorgeschlagenen Grundkonzeption der Einkommensteuerpflicht, sondern auch und vor allem dem Leistungsfähigkeitsprinzip gerecht zu werden. Dabei ist eine der Gesamtleistungsfähigkeit des Steuerpflichtigen entsprechende Einkommensbesteuerung nicht mehr durch den Ansässigkeitsstaat, sondern durch einen oder mehrere Quellenstaaten sicherzustellen.

Die Wahrung des Leistungsfähigkeitsprinzips durch den Ansässigkeitsstaat scheidet aus. Sie widerspräche der Aufgabe des Ansässigkeitskriteriums für die Begründung der Steuerpflicht.[774] Außerdem verstieße sie gegen das hier sog. Korrespondenzprinzip, nach dem das Recht zur Besteuerung von Leistungsfähigkeitsmehrungen mit der Pflicht zur Berücksichtigung von Leistungsfähigkeitsminderungen einhergeht. Wird also dem Ansässigkeitsstaat das Recht zur Besteuerung des Welteinkommens eines Steuerpflichtigen entzogen, so trifft ihn auch nicht die Pflicht, dessen persönliche Situation umfassend zu berücksichtigen.

Die Gesamtleistungsfähigkeit eines Steuerpflichtigen ergibt sich aus dem Zusammenwirken von Leistungsfähigkeitssteigerungen und Leistungsfähigkeitsminderungen. Bezogen auf eine beide Aspekte der Leistungsfähigkeit erfassende Quellenbesteuerung

---

[772] s. o. 1. Abschnitt A. IV. 2.

[773] Tipke, in: Raupach/Tipke/Uelner, Niedergang oder Neuordnung des deutschen Einkommensteuerrechts?, 1985, S. 133 (136)

[774] s. o. 2. Abschnitt C. VI.

bedeutet das, dass nicht nur die Besteuerung der Leistungsfähigkeitssteigerungen, sondern auch die Berücksichtigung von Leistungsfähigkeitsminderungen unter den Quellenstaaten nach sachgerechten Maßstäben aufzuteilen ist. Ziel ist es, die Einkommensbesteuerung sowohl im Verhältnis der besteuernden Staaten zum Steuerpflichtigen als auch bezogen auf das Verhältnis mehrerer, eine Person besteuernder Quellenstaaten untereinander gerecht auszugestalten.

1. Gerechtigkeit

Die Vorschläge zur Ausgestaltung der deutschen Einkommensteuer sind somit vor allem im Hinblick auf ihren Gerechtigkeitsgehalt zu begründen. Zu differenzieren ist zwischen dem Abzug einkunftsbezogener Aufwendungen, der Berücksichtigung unabwendbarer persönlicher Leistungsfähigkeitsminderungen und der nationalen Ausgestaltung des Steuertarifs.

a. Einkunftsbezogene Abzüge

Gem. § 50 Abs. 1 S. 1 EStG dürfen beschränkt Steuerpflichtige Betriebsausgaben oder Werbungskosten nur insoweit abziehen, als sie wirtschaftlich mit inländischen Einkünften zusammenhängen. Damit wird die Anwendung des objektiven Nettoprinzips im Rahmen der beschränkten Einkommensteuerpflicht bereits nach geltendem Recht auf solche Aufwendungen begrenzt, die der Erzielung inländischer Einkünfte dienen. Darüber hinaus wird aber auch der Abzug von Aufwendungen, die zur Erzielung inländischer Einkünfte gemacht werden, stark eingeschränkt.[775] Das ist weder aus der Perspektive des Steuerpflichtigen noch im Hinblick auf die zwischenstaatliche Abgrenzung der Besteuerung sachgerecht.

Gegenüber dem Steuerpflichtigen ist zu gewährleisten, dass das in § 2 Abs. 2 EStG verankerte objektive Nettoprinzip gewahrt wird und demzufolge nur um Betriebsausgaben oder Werbungskosten geminderte Einkünfte besteuert werden.[776] Werden nur Inlandseinkünfte besteuert, so ist es gerechtfertigt, auch nur die auf diese Einkünfte bezogenen Aufwendungen zum Abzug zuzulassen.

Zwischenstaatlich erweist sich die Begrenzung der einkunftsbezogenen Abzüge als sachgerecht. Der Staat, dem die Besteuerung von bestimmter Einkünfte zugeordnet wird, hat auch die mit diesen Einkünften korrespondierenden Aufwendungen zu berücksichtigen.[777]

[775] s. o. 1. Abschnitt, A. III. 1.

[776] Lang, in: Tipke/Lang, Steuerrecht, 2002, § 9 Rz. 42, 54

[777] im Grundsatz ebenso: Tipke, in: Tipke/Bozza, Besteuerung von Einkommen, 2000, S. 9 (26)

b. Personenbezogene Abzüge

Nach dem Korrespondenzprinzip hat der Quellenstaat grundsätzlich auch die persönlichen Verhältnisse des Steuerpflichtigen in dem Maße zu berücksichtigen, in dem er das Gesamteinkommen besteuert. Allerdings lassen sich die personenbezogenen im Gegensatz zu den einkunftsbezogenen Aufwendungen nicht bestimmten, territorial verankerten Einkünften zuordnen. Deshalb ist es sachgerecht, wenn der jeweilige Quellenstaat personenbezogene Abzüge nach Maßgabe des Verhältnisses zwischen dem durch ihn besteuerten Einkommen und dem Gesamteinkommen des Steuerpflichtigen zulässt.

Gegenüber dem Steuerpflichtigen wird dadurch grundsätzlich eine seiner persönlichen Leistungsfähigkeit entsprechende Besteuerung gewährleistet. Das zeigt der Idealfall, in dem der Steuerpflichtige nur Einkünfte in Staaten mit Einkommensteuersystemen erzielt, die sich an seiner Gesamtleistungsfähigkeit orientieren. In diesem Fall werden durch das Zusammenwirken der nationalen Steuersysteme nicht nur die gesamten Leistungsfähigkeitsmehrungen, sondern auch die gesamten personenbezogenen Leistungsfähigkeitsminderungen berücksichtigt.

Aber auch im Normalfall, in dem personenbezogene Abzüge in verschiedenen Staaten in unterschiedlichem Maße zugelassen werden, ist die verhältnismäßige Berücksichtigung der nach dem jeweiligen innerstaatlichen Einkommensteuerrecht zulässigen Abzüge sachgerecht. Die rechtliche Situation eines Steuerpflichtigen, der sich für einen Vermögenserwerb in einem bestimmten Staat entscheidet, wird im Hinblick auf diesen Vermögenserwerb durch die Rechtsordnung des Quellenstaates geprägt. Dementsprechend ist auch die einkommensteuerrechtliche Situation eine andere, je nachdem, in welchem Staat der Steuerpflichtige Einkünfte erzielt. Das Maß der Berücksichtigung der persönlichen Verhältnisse eines Steuerpflichtigen ist folglich ein Standortfaktor des Quellenstaates.

Die Einkommensteuer als eine Steuer, die auf den Vermögenserwerb einer Person erhoben wird, hat der Zuordnung dieses Vermögenserwerbs im Grundsatz auch im Hinblick auf die Berücksichtigung persönlicher Umstände Rechnung zu tragen. Wird die persönliche Situation von Steuerpflichtigen in Abhängigkeit von der Herkunft ihrer Einkünfte in unterschiedlichem Maße berücksichtigt, so bedeutet das keinen Verstoß gegen den Grundsatz der Gleichmäßigkeit der Besteuerung. Der Grund dafür besteht darin, dass sich Personen, die Einkünfte in unterschiedlichen Staaten erzielen, im Hinblick auf die Einkommensteuer nicht in einer vergleichbaren Situation befinden.[778]

---

[778] EuGH, Urteil v. 11.08.1995 - Rs. C-80/94 (G. H. E. J. Wielockx ./. Inspecteur der directe belastingen), Slg. 1995, I 2493, 2508 (2515, Rn. 18); Urteil v. 27.06.1996 - Rs. C-107/94 (P. H. Asscher ./. Staatssecretaris van Financien) -, Slg. 1996, I 3089, 3113 (3125, Rn. 41.); BVerfG, Beschluss v. 24.02.1989 - I BvR 519/87 -, StRK EStG 1975 § 36 b R. 2 a (S. 9)

c. Steuertarif

Für die tarifliche Gleichstellung von Steuerpflichtigen unabhängig von der Herkunft ihrer Einkünfte spricht ebenfalls der Grundsatz der Gleichmäßigkeit der Besteuerung. Er besagt, dass die Steuerlasten auf die Steuerpflichtigen, ihrer wirtschaftlichen Leistungsfähigkeit entsprechend, gleichmäßig zu verteilen sind.[779]

Wirtschaftliche Leistungsfähigkeit resultiert indes sowohl aus inländischen als auch aus ausländischen Einkünften. Wird die Besteuerung nach dem hier unterbreiteten Vorschlag auf inländische Einkünfte beschränkt, so bedeutet das nicht, dass bei der Bestimmung der Höhe der Einkommensteuerbelastung ausländische Verhältnisse gänzlich außer Acht zu lassen sind. Vielmehr erfordert es der Grundsatz der Gleichmäßigkeit der Besteuerung sogar, diese in bestimmten Fällen solange in die Besteuerung einzubeziehen, wie nach nationalem Einkommensteuerrecht Ziele verfolgt werden, die nicht von dem Belastungsgrund der Einkommensteuer gedeckt sind, weil sie sich keiner Einkünfteerzielung zuordnen lassen.

aa. Progressionsvorbehalt (Beispielsfall 9)

So sind die Auslandseinkünfte von Personen, die auch im Inland Einkünfte erzielen, aufgrund der Einkommensteuerprogression bei der Bemessung des Steuertarifs zu berücksichtigen, um Progressionsvorteile auszuschließen. Die grundgesetzlich gebotene Gleichbehandlung der Steuerpflichtigen im Hinblick auf ihre inländischen Einkünfte erfordert es, den Steuertarif unter Einbeziehung der gesamten Einkünfte einer Person zu ermitteln und den so ermittelten Tarif auf die Inlandseinkünfte anzuwenden, solange an der progressiven Ausgestaltung des Tarifs festgehalten wird.

Dadurch, dass der Progressionsvorbehalt nicht mehr im Ansässigkeitsstaat, sondern in allen Quellenstaaten gilt, ergibt sich gegenüber dem derzeitigen System ein bedeutender Vorteil: Wurde bisher durch die Anwendung des progressiven Einkommensteuertarifs nur im Ansässigkeitsstaat lediglich eine relativ gleiche Steuerbelastung der im Ansässigkeitsstaat erzielten Einkünfte erreicht, so lässt sich bei konsequenter Anwendung in jedem Quellenstaat eine absolute Belastungsgleichheit erreichen. Diese Belastungsgleichheit steht allerdings auch weiterhin in Abhängigkeit zu dem jeweiligen Einkommensteuersystem und führt nur bei identischen Systemen zu einer identischen Einkommensteuerbelastung. Diese Wirkung verdeutlicht

Beispielsfall 9:[780]

J erzielt sein gesamtes Einkommen in Höhe von 100.000 € im Ansässigkeitsstaat X. K erzielt sein Gesamteinkommen in Höhe von ebenfalls 100.000 € zur einen Hälfte in X und zur anderen Hälfte im Quellenstaat Y. Sowohl in X als auch in Y beläuft sich die

[779] BVerfG, Beschluss v. 11.10.1977 - 1 BvR 343/73, 83/74, 183 und 428/75 -, E 47, 1 (29)

[780] s. o. 1. Abschnitt A. IV. 2.

Steuerbelastung bezogen auf 50.000 € auf 10.000 € und bezogen auf 100.000 € auf 40.000 €.

Ohne Progressionsvorbehalt trägt J eine Steuerbelastung von 40.000 € und K eine Steuerbelastung von insgesamt 20.000 €, obwohl die Gesamtleistungsfähigkeit der beiden Steuerpflichtigen identisch ist. Die Einkommensteuerbelastung des K halbiert sich nur deshalb, weil er in zwei Staaten Einkünfte erzielt. Sachliche Gründe für diesen Progressionsvorteil bestehen nicht.

Bei Anwendung des Progressionsvorbehaltes nur im Ansässigkeitsstaat X erhöht sich die Gesamtsteuerbelastung des K auf 30.000 €. Damit entspricht sie indes noch nicht derjenigen des J in Höhe von 40.000 €. Das lässt sich nur durch eine Anwendung des Progressionsvorbehaltes in X und Y, also eine Verbindung des Progressionsvorbehaltes mit der Quellenbesteuerung, erreichen.

Danach werden sowohl im Quellenstaat X als auch im Quellenstaat Y die Gesamteinkünfte des K ermittelt. Der effektive Steuersatz, der auf die jeweils im Inland erzielten Einkünfte des K anzuwenden ist, richtet sich folglich nach einem zu versteuernden Einkommen von 100.000 €. Das hat zur Folge, dass sich sowohl in X als auch in Y die Einkommensteuerbelastung des K auf 20.000 € beläuft. Damit entspricht die Gesamtsteuerbelastung von 40.000 € aufgrund des Progressionsvorbehaltes derjenigen des J, der seine Einkünfte nur in X erzielt.

Allein aus dem Umstand, dass ein Steuerpflichtiger Einkünfte in mehr als einem Staat erzielt, erwachsen ihm also keine systembedingten Belastungsvorteile, sofern und solange progressiver Tarif und Progressionsvorbehalt beibehalten und in allen Quellenstaaten durchgesetzt werden. Beides wird indes vor allem aufgrund der Schwierigkeiten bei der Ermittlung der ausländischen Einkünfte in Frage gestellt. So setzt die Anwendung des Progressionsvorbehaltes im Quellenstaat die Erfassung der gesamten Einkünfte des Steuerpflichtigen voraus. Dieser müsste also auch im Falle des für ihn ungünstigen Progressionsvorbehaltes zur Vorlage einer seine Einkünfte belegenden Bescheinigung im Quellenstaat gezwungen werden. Dieses wäre nur durch die Anwendung eines übermäßigen Steuersatzes bei Nichtvorlage der Bescheinigung zu erreichen.

Zweckmäßiger und sachgerechter ist daher die Abschaffung des progressiven Tarifs. Zum einen ermöglicht sie es, ohne Erfassung der weltweit erzielten Einkünfte national eine der Gesamtleistungsfähigkeit gerecht werdende Besteuerung durchzuführen. Zum anderen wird die Einkommensteuer aus der Umklammerung des Sozialstaatsprinzips und damit von einer den Belastungsgrund verschleiernden Idee befreit. „Wer eine durchgreifende Steuervereinfachung im klassischen Einkommensteuerrecht befürwortet, wird sich letztlich für einen Proportionaltarif entscheiden müssen."[781]

Wird sowohl in X als auch in Y der progressive Tarif durch einen solchen Tarif ersetzt und beläuft sich die Einkommensteuerbelastung bezogen auf 50.000 € auf 20.000 € und bezogen auf 100.000 € auf 40.000 €, so ergibt sich folgendes Bild:

---

[781] Schön, StuW 2002, S. 23 (33 f.)

Bei J bleibt es bei einer Steuerbelastung von 40.000 €. K wird ebenfalls insgesamt mit 40.000 €, zur einen Hälfte in X und zur anderen Hälfte in Y, belastet. Weder in X noch in Y bedarf es eines Progressionsvorbehaltes und der damit verbundenen schwierigen Erfassung ausländischer Einkünfte zur Erreichung des Ziels: der Vermeidung eines Steuervorteils allein aufgrund einer Einkünfteerzielung in mehr als einem Staat.

bb. Tarifliche Vorteile

Die Gewährung tariflicher Vorteile unabhängig von der Ansässigkeit des Steuerpflichtigen oder, wie im Fall des Splittingtarifs, seiner Angehörigen ist sowohl europa- als auch verfassungsrechtlich geboten.[782] Darüber hinaus ist sie eine Konsequenz der Aufgabe des Ansässigkeitskriteriums. Die durch die Ansässigkeit vermittelte persönliche Zuordnung eines Steuerpflichtigen zu einem Staat rechtfertigt keine besondere Besteuerung dieses Steuerpflichtigen im Vergleich zu anderen Steuerpflichtigen.[783] Das bedeutet, dass tarifliche Vorteile generell unabhängig von der Ansässigkeit des Steuerpflichtigen zu gewähren sind.

Hinzu kommt, dass sich tarifliche Vorteile ohnehin nur auf die Besteuerung inländischer Einkünfte auswirken. Das hat zur Folge, dass einer Begünstigung von Steuerpflichtigen, die Einkünfte in mehreren Staaten erzielen, bereits durch das Quellenprinzip begegnet wird. Die Versagung tariflicher Vorteile lässt sich demnach bei einer konsequenten Ursprungsbesteuerung erst recht nicht mehr durch das Argument der Begünstigungsgefahr[784] rechtfertigen.

2. Effizienz

Die vorgeschlagene Ausgestaltung der Einkommensteuer gewährleistet das größtmögliche Maß an einkommensteuerlicher Neutralität.

Die Entscheidung eines Steuerpflichtigen, in einem bestimmten Staat zu investieren, wird ebenso wie die Wettbewerbssituation in diesem Staat nur durch die Einkommensteuer dieses Staates beeinflußt. Störende Einflüsse eines anderen Staates unterbleiben sowohl auf der Einnahme- als auch auf der Ausgabeseite. Leistungsfähigkeitsminderungen werden wie Leistungsfähigkeitssteigerungen in dem Staat einkommensteuerlich berücksichtigt, dem sie nach sachgerechten Erwägungen zuzuordnen sind.

---

782 Herzig/Dautzenberg, DB 1997, S. 8 (10); Grams, DStZ 1997, S. 635 (642)

783 s. o. 2. Abschnitt C. VI.

784 s. o. 2. Abschnitt C. V. 5. b.

3. Wettbewerb der Steuersysteme

Durch die Aufteilung der Berücksichtigung von Leistungsfähigkeitsminderungen und eine Bestimmung des Steuertarifs ohne korrigierenden Eingriff des Ansässigkeitsstaates wird außerdem ein nur an Gerechtigkeitsüberlegungen orientierter, ansonsten aber freier Wettbewerb der Steuersysteme unterschiedlicher Staaten ermöglicht. Ein solcher Wettbewerb, wie ihn der EG-Vertrag mangels Harmonisierungsauftrag im Bereich der direkten Steuern bewirkt,[785] führt dazu, dass sich Staaten insgesamt an der Effizienz ihrer Steuersysteme messen lassen müssen. So erlangt der Grundsatz der Reproduktivität[786] der Steuer auch zwischenstaatlich Bedeutung.

Die Wettbewerbssituation eines Staates resultiert aus den Rahmenbedingungen, die er für den Vermögenserwerb einer Person bietet. Zu diesen Rahmenbedingungen zählen die staatlichen Leistungen ebenso wie die Pflichten, die eine Person im Hinblick auf den Vermögenserwerb in dem betreffenden Staat treffen.[787] Eine dieser Pflichten ist die Einkommensteuerpflicht, die eine Einkommensteuerbelastung des Steuerpflichtigen im Hinblick auf den Vermögenserwerb zur Folge hat. Die Höhe der Einkommensteuerbelastung richtet sich dabei nicht nur nach der tariflichen Belastung des zu versteuernden Einkommens, sondern auch nach der Ausgestaltung der Einkommensteuerbemessungsgrundlage.

Der Wettbewerb zwischen den Staaten ist vor diesem Hintergrund nur dann frei, wenn sie über die Besteuerung des auf ihrem Territorium realisierten Vermögenserwerbs ebenso frei bestimmen können wie über die sonstigen Rahmenbedingungen. Das setzt unter anderem voraus, dass die Bemessung der Einkommensteuer von der Einflussnahme anderer Staaten befreit wird.

Ein ruinöser Steuerwettbewerb ist auch bei konsequenter Umsetzung der Besteuerung nach der Wirtschaftszugehörigkeit nicht zu erwarten. Die Attraktivität eines Staates resultiert nicht nur aus Steuervorteilen, sondern auch aus anderen Standortvorteilen. Diese können ohne adäquate Steuereinnahmen dauerhaft nicht gewährt werden. Demzufolge ist nur ein Wettbewerb zu erwarten, bei dem es darum geht, welcher Staat bei gegebenen Steuern die höchsten Leistungen erbringt.[788]

Die Aufteilung der Abzüge zwischen den Quellenstaaten und die eigenständige Bestimmung des Steuertarifs gewährleistet damit nicht nur die Erfassung der Gesamtleis-

[785] EuGH, Urteil v. 14.02.1995 - Rs. C-279/93 (Finanzamt Köln-Altstadt ./. Roland Schumacker) -, Slg. 1995, I 225, 249 (257, Rn. 21); Urteil v. 11.08.1995 - Rs. C-80/94 (G. H. E. J. Wielockx ./. Inspecteur der directe belastingen) -, Slg. 1995, I 2493, 2508 (2514, Rn. 16); Urteil v. 27.06.1996 - Rs. C-107/94 (P. H. Asscher ./. Staatssecretaris van Financien) -, Slg. 1996, I 3089, 3113 (3124, Rn. 36)

[786] s. o. 2. Abschnitt A. IV. 1., B. III. 3. a.

[787] anschaulich zum Beispiel der Wohnungsbauförderung: Bilsdorfer, IStR 2001, S. 403 (403)

[788] K. Vogel, in: K. Vogel (Hrsg.), Grundfragen des Internationalen Steuerrechts, JDStJG Bd. 8, 1985, S. 3 (31)

tungsfähigkeit des Steuerpflichtigen, sondern zudem, dass die Einkommensteuer ihrem Wesen entsprechend zu einem Standortfaktor des jeweiligen Quellenstaates wird. Ist die Steuerbelastung im Quellenstaat geringer als im Ansässigkeitsstaat, so wird dieser Vorteil nicht durch eine ergänzende Besteuerung im Ansässigkeitsstaat beseitigt. Vielmehr kann der Steuerpflichtige den Steuervorteil als Standortfaktor in die Planung seines Vermögenserwerbs einbeziehen und rechnerisch etwaige Standortnachteile kompensieren, die das Auslandsengagement, beispielsweise wegen einer schlechteren Infrastruktur, mit sich bringt.

4. Wettbewerb der Steuerpflichtigen

Im Übrigen spricht für die Berücksichtigung von Leistungsfähigkeitsminderungen nach der Herkunft der Einkünfte bzw. nach Maßgabe der zwischenstaatlichen Aufteilung der Besteuerung, dass auch innerstaatlich eine der Gesamtleistungsfähigkeit entsprechende, wettbewerbsneutrale Einkommensbesteuerung der Steuerpflichtigen erreicht wird.

In einem integrierten Wirtschaftssystem muss die Besteuerung für die Steuerpflichtigen weitgehend neutral sein.[789] Eine konsequente Ausrichtung des internationalen Einkommensteuerrechts am Quellenprinzip fördert ebenfalls diese Wettbewerbsneutralität.[790] Es entfällt insbesondere die wettbewerbsverzerrende Wirkung der unterschiedlichen Besteuerung von Ansässigen und Nichtansässigen.[791]

Zwar ist aufgrund der unterschiedlichen Steuersysteme bei grenzüberschreitender Einkünfteerzielung völlige Wettbewerbsneutralität nicht zu erreichen. Entscheidend ist aber, dass sich der Steuerpflichtige auf einem ausländischen Markt betätigt und deshalb alle Kosten einschließlich der Steuern nach den dortigen Marktverhältnissen zu tragen hat, weil er am Markt mit Ausländern konkurriert. Vor diesem Hintergrund muss sich die Steuerbelastung nach den Gegebenheiten am Markt richten.[792] Die Einkommensteuer ist ihrem Wesen entsprechend als Standortfaktor auszugestalten.[793]

5. Rechtsvereinfachung/Praktikabilität

Grundlage der vorgeschlagenen Neuregelung des Nettoprinzips im internationalen Kontext ist auf der einen Seite das hier sog. Korrespondenzprinzip und auf der anderen

---

[789] Mössner, in: Haarmann, Die beschränkte Steuerpflicht, 1993, S. 110 (115, 131); Trzaskalik, StuW 1990, S. 380 (389)

[790] Endriss, FR 1968, S. 338 (341); Flick, in: Engelschalk/Flick, Steuern auf ausländische Einkünfte, 1985, S. 93 (96, 102); Morgenthaler, IStR 1993, S. 258 (261)

[791] Endriss, FR 1968, S. 341; ders. Wohnsitz- oder Ursprungsprinzip, 1967, S. 70, 75, 104

[792] Endriss, Wohnsitz- oder Ursprungsprinzip, 1967, S. 70; Jacobs, Internationale Unternehmensbesteuerung, 1999, S. 25

[793] Endriss, Wohnsitz- oder Ursprungsprinzip, 1967, S. 69, 75, 104

Seite das Leistungsfähigkeitsprinzip. Nach dem Korrespondenzprinzip hat jeder Staat grundsätzlich in dem Maße Leistungsfähigkeitsminderungen zu berücksichtigen, in dem er zur Besteuerung entsprechender Leistungsfähigkeitsmehrungen berechtigt ist. Nach dem Leistungsfähigkeitsprinzip hat jeder Staat die Einkommensteuerbelastung nach der Fähigkeit des Steuerpflichtigen zu bemessen, Steuerleistungen aus dem weltweit erwirtschafteten Einkommen und in Abhängigkeit von diesem zu erbringen.[794]

Auf diesen beiden Grundgedanken lässt sich der Vorschlag für die Ausgestaltung der am Quellenprinzip orientierten Einkommensteuer zurückführen. Dieser Umstand bewirkt, dass die internationale Einkommensbesteuerung an Klarheit gewinnt. Damit stellt die vorgeschlagene Neukonzeption auch im Hinblick auf Steuerbemessungsgrundlage und Steuertarif einen Beitrag zur Rechtsvereinfachung dar.[795]

Die Praktikabilität der vorgeschlagenen Regelungen hängt im wesentlichen davon ab, inwieweit die Staaten zunächst zwischenstaatlich bereit sind, die dem Wohnsitzstaat obliegenden Aufgaben auch für die Besteuerung in anderen Staaten zu übernehmen. Dazu bedarf es eines umfassenden Informationsaustausches, der wiederum durch Amtshilfeabkommen rechtlich abzusichern ist. Innerhalb der Europäischen Union bestehen aufgrund der Umsetzung der Amtshilferichtlinie[796] in den Rechtsordnungen der Mitgliedstaaten entsprechende Möglichkeiten.[797] Im Verhältnis zu Drittstaaten kann die Gewährung von Steuervorteilen bilateral von der Gewährung entsprechender Möglichkeiten abhängig gemacht werden.

Gerade dieser Umstand zeigt jedoch, dass die Einkommensteuer letztlich nur dann überzeugend und praktikabel bleibt, wenn sachfremde Elemente wie die Berücksichtigung zahlreicher persönlicher Leistungsfähigkeitsminderungen und die progressive Ausgestaltung des Einkommensteuertarifs abgeschafft werden. Der mit ihnen verbundene Systembruch ist es, der zwischenstaatlich zu einem weit über die Bestimmung hinausgehenden Abstimmungsbedarf und damit zu Praktikabilitätsnachteilen führt.

6. Ergebnis zu II.

Die vorgeschlagenen Änderungen bei Bemessungsgrundlage und Steuertarif sind im Wesentlichen bereits durch die Aufgabe des Ansässigkeitskriteriums für die Begründung der Steuerpflicht und dic damit einhergehende Entscheidung für eine Einkommensbesteuerung im Quellenstaat vorgegeben.

[794] Tipke, Die Steuerrechtsordnung, Band I, 2000, S. 478

[795] ebenso: Endriss, Wohnsitz- oder Ursprungsprinzip, 1967, S. 103 f.

[796] Richtlinie Nr. 77/799/EWG des Rates über die gegenseitige Amtshilfe im Bereich der direkten Steuern v. 19.12.1977, Abl. Nr. L 336/15

[797] BFH, Beschluss v. 14.04.1993 - I R 29/92 -, BStBl. II 1994, 27 (30); Rädler, DB 1995, S. 793 (796)

Auch auf zwischenstaatlicher Ebene ist der Vorschlag sachgerecht, weil mit dem Recht eines Staates zur Besteuerung von Leistungsfähigkeitssteigerungen die Pflicht zur Berücksichtigung von Leistungsfähigkeitsminderungen verbunden wird (sog. Korrespondenzprinzip).

Die Berücksichtigung persönlicher Leistungsfähigkeitsminderungen, die Verbindung der Quellenbesteuerung mit einem Progressionsvorbehalt sowie die Gewährung tariflicher Vorteile ist bis zur Abschaffung aller systemwidrigen Steuervorteile geboten, um innerstaatlich eine gleichmäßige Besteuerung nach der Gesamtleistungsfähigkeit der Steuerpflichtigen zu gewährleisten.

D. Ergebnis des vierten Abschnitts

Die grundlegenden Erwägungen zur Ausgestaltung des derzeitigen Systems der Besteuerung grenzüberschreitend erzielter Einkünfte in Deutschland, zu seiner Rechtfertigung und zu möglichen Alternativen führen zu folgendem Alternativvorschlag:

I. Anknüpfung der Steuerpflicht an die Wirtschaftszugehörigkeit

Die Einkommensteuerpflicht einer Person hängt generell und ausschließlich von ihrer, durch die Erzielung inländischer Einkünfte vermittelten Wirtschaftszugehörigkeit zum Inland ab. International wird die Besteuerung nach Maßgabe der wirtschaftlichen Zugehörigkeit der Steuerpflichtigen zu einem Staat aufgeteilt.

Das Wohnsitzprinzip wird aufgegeben. Die Ansässigkeit einer Person ist sowohl für die Begründung der Steuerpflicht als auch für die Ausgestaltung und die internationale Aufteilung der Besteuerung bedeutungslos.

II. Erfassung der gesamten Inlandseinkünfte

Die Einkünfte einer Person werden ausschließlich und ohne Einschränkungen im Quellenstaat besteuert werden. Das bedeutet:

An die Stelle des Nebeneinanders von Welteinkommens- und Quellenbesteuerung tritt eine einheitliche, auf inländische Einkünfte beschränkte, sachliche Steuerpflicht.

Der Quellenstaat erfasst alle aus inländischen Quellen resultierenden Einkünfte, die die Voraussetzungen einer der Einkunftsarten des § 2 Abs. 1 EStG erfüllen. Die Beschränkung auf dauerhafte und auf bestimmte Inlandseinkünfte nach Maßgabe des § 49 Abs. 1 EStG entfällt.

Die Einkunftsquelle ist dem Staat zuzuordnen, in dem der Vermögenserwerb stattfindet. Entscheidend ist die vorrangige und unmittelbare Ausnutzung der Marktverhältnisse zur Einkünfteerzielung. Aus Vereinfachungsgründen ist grundsätzlich auf den unmittelbaren Ursprung der Leistungsfähigkeitssteigerung abzustellen.

III. Besteuerung nach der Gesamtleistungsfähigkeit

Einkunftsbezogene Leistungsfähigkeitsminderungen werden in dem Staat berücksichtigt, aus dem die entsprechenden Einkünfte stammen und der demzufolge auch die der entsprechenden Quelle zuzuordnenden Leistungsfähigkeitssteigerungen besteuern darf.

Unabwendbare personenbezogene Aufwendungen sind, sofern die Einkunftsquelle in Deutschland liegt, nach Maßgabe des deutschen Steuerrechtes und der Höhe nach begrenzt durch den Anteil der inländischen Einkünfte an den Gesamteinkünften des Steuerpflichtigen zum Abzug zuzulassen. Die Erfassung der weltweit erzielten Einkünfte obliegt dem Staat, in dem der Steuerpflichtige seinen melderechtlichen Wohnsitz hat. Hat der Steuerpflichtige keinen solchen Wohnsitz, geht die Verpflichtung auf den Staat über, dessen Staatsangehörigkeit der Steuerpflichtige hat. Legt dieser keine Bescheinigung über die Höhe seiner Einkünfte vor, bleiben die persönlichen Leistungsfähigkeitsminderungen insgesamt unberücksichtigt.

Die Quellenbesteuerung wird mit einem Progressionsvorbehalt versehen, durch den sich der auf die inländischen Einkünfte beziehende Steuersatz nach den Gesamteinkünften des Steuerpflichtigen richtet.

Tarifliche Vorteile werden ohne Rücksicht auf die Ansässigkeit gewährt.

Anzustreben ist, personenbezogene Aufwendungen und Umverteilungsgesichtspunkte nicht mehr steuerlich, sondern durch direkte Leistungsfähigkeitstransfers zu erfassen. Gelingt das, kann die Berücksichtigung des Welteinkommens eines Steuerpflichtigen für Zwecke der deutschen Einkommensbesteuerung entfallen.

Ergebnisse

Auf die aufgeworfenen Fragen nach den Konzeptionen zur Besteuerung grenzüberschreitend erzielter Einkünfte in Deutschland, ihrer Rechtfertigung und möglichen Alternativen sind folgende Antworten zu geben:

A. Besteuerungskonzeptionen (1. Abschnitt)

1. Ob eine Person unbeschränkt oder beschränkt einkommensteuerpflichtig ist, hängt davon ab, ob sie im Inland ansässig ist. Die unbeschränkte Einkommensteuerpflicht einer Person wird durch die Ansässigkeit im Inland und die Erzielung von Einkünften gleich welchen Ursprungs, die beschränkte Einkommensteuerpflicht durch die Erzielung inländischer Einkünfte begründet.

2. Das Leistungsfähigkeitsprinzip ist für die Ausgestaltung der unbeschränkten und der beschränkten Einkommensteuerpflicht maßgeblich. Bei unbeschränkter Einkommensteuerpflicht wird die Leistungsfähigkeit des Steuerpflichtigen umfassend, bei beschränkter Einkommensteuerpflicht lediglich teilweise berücksichtigt.

3. Unbeschränkte und beschränkte Einkommensteuerpflicht stehen als Besteuerungskonzepte selbständig nebeneinander. Verbindendes Element ist der Charakter einer Personensteuer.

4. Nicht nur in den Einkommensteuerrechtsordnungen anderer Staaten, sondern auch in Doppelbesteuerungsabkommen wird nach der Ansässigkeit differenziert. Anders als im nationalen Steuerrecht hängt allerdings hier nicht die tatsächliche Reichweite der Besteuerung, sondern nur das Verfahren ihrer Zuordnung unmittelbar von der Ansässigkeit ab. Die tatsächliche Besteuerung wird im Ergebnis, von Ausnahmen abgesehen, vorrangig dem Quellenstaat überlassen.

B. Rechtfertigung der Besteuerungskonzeptionen (2. Abschnitt)

1. Steuerrechtfertigung nach dem Gesamtnutzen

Die allgemeine Rechtfertigung der Steuer ergibt sich aus ihrer verfassungsrechtlichen Rechtfertigung und dem Gesamtausgleich zwischen Steueraufwand und Nutzen.

2. Steuerbegrenzung durch den Grundsatz der Reproduktivität

Dem Einzelnen darf durch die Steuer nicht genommen werden, was zur Erhaltung seiner Wirtschafts- und Steuerkraft erforderlich ist.

3. Einkommensteuerrechtfertigung durch Markteinkommenstheorie und Leistungsfähigkeitsprinzip

Bezogen auf die Einkommensteuer verdichtet sich der Nutzenaspekt zu dem Belastungsgrund des staatlichen Anteils am Vermögenserwerb des Steuerpflichtigen. Der Höhe nach ist eine Besteuerung nach Maßgabe des staatlichen Anteils am wirtschaftlichen Erfolg und der individuellen Leistungsfähigkeit vorzunehmen.

4. Rechtfertigung der Besteuerung grenzüberschreitend erzielter Einkünfte durch Wirtschaftszugehörigkeit und Korrespondenzprinzip

Die Ansässigkeit erweist sich als ein Fremdkörper im System der Einkommensteuerrechtfertigung. Demzufolge kann weder der Zugriff auf ausländische Einkünfte eines Gebietsansässigen noch die nach Maßgabe der Ansässigkeit unterschiedliche Berücksichtigung von Leistungsfähigkeitsminderungen gerechtfertigt werden.

Statt dessen ist die Besteuerung grenzüberschreitend erzielter Einkünfte dem Grunde nach gerechtfertigt, wenn eine durch die Einkünfteerzielung vermittelte Wirtschaftszugehörigkeit gegeben ist. Der Höhe nach erfordert eine an der Gesamtleistungsfähigkeit orientierte Besteuerung, dass Leistungsfähigkeitsminderungen insoweit berücksichtigt werden, als Leistungsfähigkeitssteigerungen besteuert werden.

C. Alternativvorschläge (3. Abschnitt)

1. Grundlegend für die Alternativkonzepte zur Besteuerung grenzüberschreitend erzielter Einkünfte ist die Suche nach einem sachgerechten Anknüpfungspunkt der internationalen Einkommensbesteuerung.

2. Richtungweisend sind die Vorschläge von Georg von Schanz und Herbert Dorn, nach denen die Steuerpflicht auf die wirtschaftliche Zugehörigkeit von Einkünften zu einem Gemeinwesen zurückzuführen ist.

3. Die zwischen einer isolierten Anknüpfung an die Ansässigkeit und der Aufgabe jeglicher Anknüpfung an diese variierenden Vorschläge stellen wiederholt auf Praktikabilitätsgesichtspunkte ab.

D. Eigener Alternativvorschlag (4. Abschnitt)

1. Die Einkommensteuerpflicht einer Person hängt generell und ausschließlich von ihrer, durch die Erzielung inländischer Einkünfte vermittelten Wirtschaftszugehörigkeit zum Inland ab.

2. Die Einkünfte einer Person werden ausschließlich und ohne Einschränkungen im Quellenstaat besteuert. Die Einkunftsquelle ist dem Staat zuzuordnen, dessen Marktverhältnisse vorrangig und unmittelbar ausgenutzt werden.

3. Einkunftsbezogene Leistungsfähigkeitsminderungen werden in dem Staat berücksichtigt, aus dem die entsprechenden Einkünfte stammen.

4. Unabwendbare personenbezogene Aufwendungen sind nach Maßgabe des deutschen Steuerrechtes und der Höhe nach begrenzt durch den Anteil der inländischen Einkünfte an den Gesamteinkünften des Steuerpflichtigen zum Abzug zuzulassen.

5. Die Quellenbesteuerung wird mit einem Progressionsvorbehalt versehen. Tarifliche Vorteile werden ohne Rücksicht auf die Ansässigkeit gewährt.

6. Dem Ansässigkeitsstaat obliegt solange, bis personenbezogene Leistungsfähigkeitsminderungen und Umverteilungsgesichtspunkte nicht mehr mittels der Einkommensteuer verfolgt werden, die Erfassung der weltweiten Einkünfte einer Person.

FSC
www.fsc.org
MIX
Papier | Fördert gute Waldnutzung
FSC® C083411

Kolibri 360 GmbH
Ferdinand-Jühlke-Straße 7
99095 Erfurt, Deutschland
produktsicherheit@kolibri360.de

Druck:
CPI Druckdienstleistungen GmbH
im Auftrag der
Kolibri 360 GmbH
Ferdinand-Jühlke-Str. 7
99095 Erfurt